I0797478

BIBLIOTHÈQUE DU XIXe SIÈCLE
sous la direction de Pierre Glaudes et Paolo Tortonese
56

Gérard de Nerval

Œuvres complètes

Tome X bis

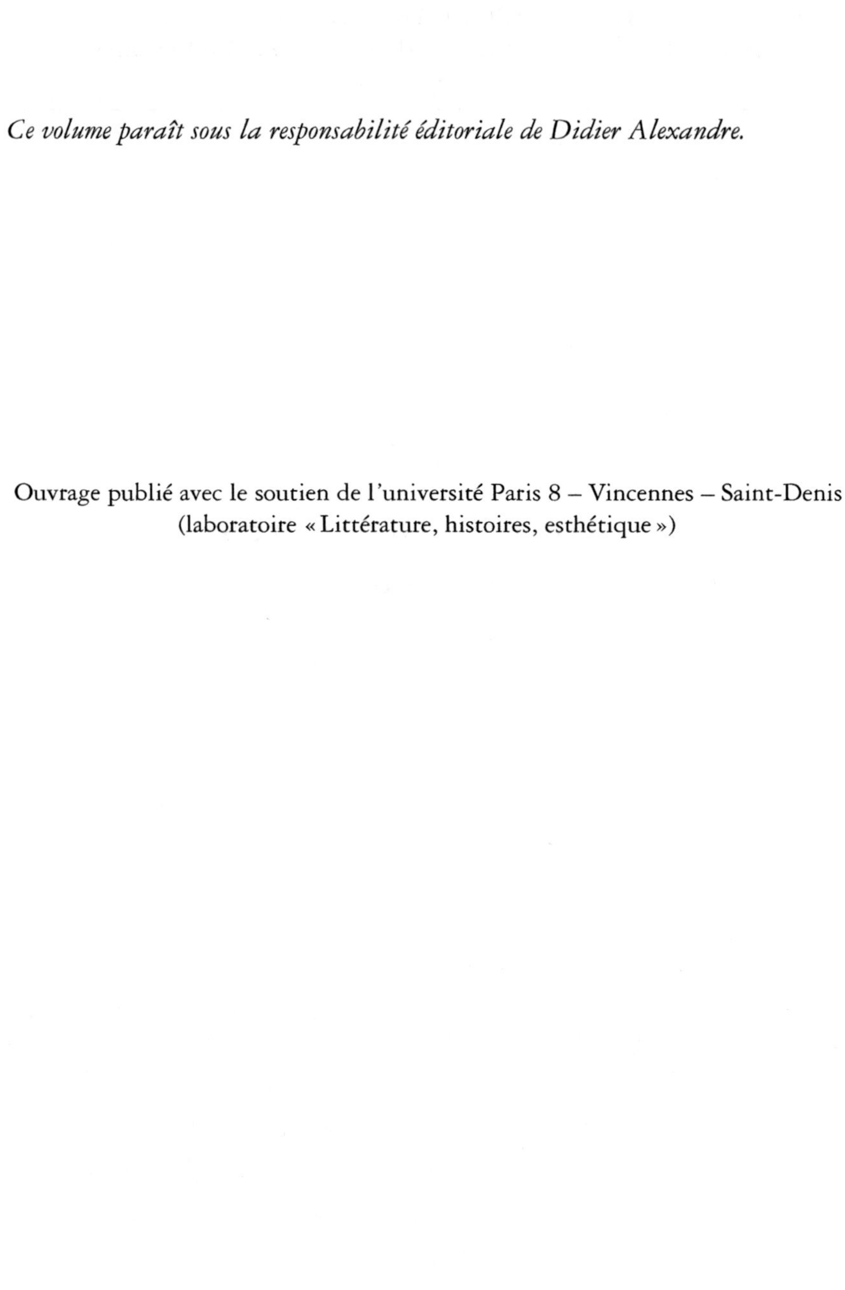

Ce volume paraît sous la responsabilité éditoriale de Didier Alexandre.

Ouvrage publié avec le soutien de l'université Paris 8 – Vincennes – Saint-Denis
(laboratoire « Littérature, histoires, esthétique »)

Gérard de Nerval

Œuvres complètes

sous la direction de Jean-Nicolas Illouz

Tome X bis

Les Nuits d'octobre – Contes et Facéties

Édition critique par Gabrielle Chamarat
et Jean-Nicolas Illouz

PARIS
CLASSIQUES GARNIER
2018

Gabrielle Chamarat-Malandain est professeur émérite à l'université Paris – Nanterre. Spécialiste de Gérard de Nerval, elle est l'auteur de *Nerval ou l'Incendie du théâtre* (Paris, 1986) et de *Nerval. Réalisme et Invention* (Orléans, 1997). Elle a procuré aussi des éditions de Victor Hugo, Honoré de Balzac, et publié de nombreux articles sur les écrivains romantiques.

Jean-Nicolas Illouz est professeur à l'université Paris 8 – Vincennes – Saint-Denis. Ses travaux portent sur Gérard de Nerval, sur la crise du lyrisme dans la modernité poétique (*L'Offrande lyrique*, Paris, 2009), sur la prose des poètes (*Crise de prose*, Paris, 2002), sur le symbolisme, sur le rapport entre les arts, sur Rimbaud ou Mallarmé. Il dirige les *Œuvres complètes* de Nerval, et codirige la *Revue Nerval*.

ISBN 978-2-406-07101-3 (livre broché)
ISBN 978-2-406-07102-0 (livre relié)
ISSN 2103-4877

ABRÉVIATIONS

NPl, suivi du numéro du tome	Nerval, Gérard de, *Œuvres complètes*, édition de Jean Guillaume et Claude Pichois, Paris, Gallimard, Bibliothèque de la Pléiade, t. I (1989), t. II (1984), t. III (1991).
OC, suivi du numéro du tome	*Œuvres complètes* de Gérard de Nerval, sous la direction de Jean-Nicolas Illouz, Paris, Classiques Garnier.
OC I	*Choix des poésies de Ronsard, Dubellay, Baïf, Belleau, Dubartas, Chassignet, Desportes, Régnier*, édition de Jean-Nicolas Illouz et Emmanuel Buron, Paris, Classiques Garnier, 2011.
OC VII, vol. 1 et 2	*Scènes de la vie orientale*, édition de Philippe Destruel, Paris, Classiques Garnier, 2014.
OC IX	*Les Illuminés*, édition de Jacques-Remi Dahan, Paris, Classiques Garnier, 2015.
OC X bis	*Les Nuits d'octobre*, édition de Gabrielle Chamarat, et *Contes et facéties*, édition de Jean-Nicolas Illouz, Paris, Classiques Garnier, 2018.
OC XI	*Les Filles du feu*, édition de Jean-Nicolas Illouz, Paris, Classiques Garnier, 2015 (édition reprise en format de poche, Classiques Garnier, « Classiques Jaunes », 2018).
OC XIII	*Aurélia*, édition de Jean-Nicolas Illouz, Paris, Classiques Garnier, 2013 (édition reprise en format de poche, Classiques Garnier, « Classiques Jaunes », 2014).

INTRODUCTION

« *FANTAISISTE ! RÉALISTE ! ! ESSAYISTE ! ! !* »
À propos des *Nuits d'octobre*

Les Nuits d'octobre paraissent en feuilleton, dans *L'Illustration – Journal universel*, les 9, 23, 30 octobre et 6 et 13 novembre 1852[1]. *L'Illustration*, hebdomadaire fondé en 1843, est un journal libéral qui fonde sa réputation sur la qualité de ses illustrateurs et graveurs et qui sera le premier à produire des gravures exécutées à partir du daguerréotype. Journal d'actualité, il touche à tous les domaines y compris artistique. Il se trouve que *Les Nuits d'octobre* sont en effet illustrées par un dessin à charge de Gavarni (voir annexe, p. 159), et que la publication en bas de page accompagne, en ses débuts, le reportage illustré du voyage du prince-président, Louis-Napoléon, qui a obtenu ce titre après le coup d'État du 2 décembre 1851 ; il parcourt la province en vue du rétablissement à son profit de la dignité impériale qui est plébiscitée fin novembre. Il sera désigné empereur le 2 décembre 1852. Double ironie car *Les Nuits d'octobre* se présentent, elles aussi, sous la forme d'un reportage « littéraire » et qu'elles sont fortement orientées contre la politique ambiante, leur réalisme fantaisiste permettant d'échapper à une censure de plus en plus prégnante.

Les publications ayant Paris pour objet y compris Paris la nuit sont multiples à l'époque[2]. Bien sûr, il y a les grands prédécesseurs comme

1 Il existe quelques notes manuscrites conservées dans la collection Lovenjoul. Elles sont écrites au crayon et le plus souvent très mal lisibles, corrigées à bon escient sur épreuves. Nous signalerons les cas où elles méritent d'être relevées. – Le texte de *L'Illustration* sera repris en continu dans *La Bohème galante* en 1855, recueil apocryphe publié après la mort de l'auteur chez Michel Lévy.

2 Sur ce sujet, voir Karlheinz Stierle, *La Capitale des signes : Paris et son discours*, préface de Jean Starobinski, traduit de l'allemand par Mariane Rocher Jacquin, Paris, éditions

Sébastien Mercier et son *Tableau de Paris*[3], Restif de la Bretonne dont Nerval a publié la biographie et commenté les œuvres en 1850, dans la *Revue des Deux Mondes*, articles repris dans *Les Illuminés* en 1852 sous le titre « Les Confidences de Nicolas », avec plusieurs allusions aux *Nuits de Paris*[4]. Le XIXe siècle reprend ce qui est devenu une tradition avec la mode des « panoramas » et surtout des « physionomies » qui s'appliquent à l'observation des petits métiers et des personnages excentriques de la ville. Des auteurs comme Privat d'Anglemont dans son *Paris anecdote*, Alfred Delvau, dans *Les Dessous de Paris*, Champfleury dans ses *Fantaisies*, Edmond Texier dans son *Tableau de Paris* exploitent, dans la tradition de la Bohème, ce sujet à succès fondé sur les personnages originaux de la vie quotidienne parisienne. La déambulation dans la capitale reprend au XVIIIe siècle le personnage-narrateur du flâneur, dont le but est essentiellement d'observer les spectacles de la vie parisienne et leur étrangeté.

L'intérêt de Nerval pour Paris, ancien et nouveau, est bien antérieur aux *Nuits*. Citons pour exemple les deux longs articles sur le faubourg du Temple de mai 1844, dans l'*Artiste*[5]. L'appréhension des destructions à venir touchant justement les quartiers populaires du centre de Paris va augmentant avec la loi de 1852 sur l'expropriation qui permet l'ouverture des travaux haussmanniens. Haussmann est nommé préfet en 1853. S'ajoute le fait que, comme le narrateur le dit dans le premier chapitre, « la passion des grands voyages s'éteint », ce qui est vrai et faux car Nerval retournera encore en Allemagne et que son rêve de retour en Orient ne cessera pas. Ce qui est sûr, c'est que peu à peu le goût des grands voyages s'est accompagné d'un plaisir au « rétrécissement » du

de la Maison des Sciences de l'homme, 2001. On pourra consulter également l'édition suivante qui rassemble deux sources de Nerval : *Paris le jour, Paris la nuit*, comprenant Louis Sébastien Mercier, *Tableau de Paris* (édition Michel Delon), et Restif de la Bretonne, *Les Nuits de Paris*, (édition Daniel Baruch), Paris, Robert Laffont, 1990.

3 Louis-Sébastien Mercier, *Tableau de Paris*, [1781-1788], édition de Jean-Claude Bonnet, Paris, Mercure de France, 2 tomes, 1994.

4 Voir par exemple *Les Illuminés*, OC IX, p. 248 : « Où allait-il ? *Les Nuits de Paris* nous l'apprennent : il allait errer quelque temps qu'il fît, le long des quais, surtout autour de la Cité et de l'Île Saint-Louis ; il s'enfonçait dans les rues fangeuses des quartiers populeux, et ne rentrait qu'après avoir fait une bonne récolte d'observations sur les désordres et les scènes sanglantes dont il avait été le témoin. Souvent il intervenait dans ces drames obscurs et devenait le Don Quichotte de l'innocence persécutée ou de la faiblesse vaincue. »

5 *L'Artiste*, 3 mai 1844, et 12 mai 1844, « Le Boulevard du Temple », NPl I, p. 791-795, et p. 796-801.

cercle de ses déambulations, comme il le dit ensuite. Après l'opposition littéraire très sensible en 1850 dans *Les Faux Saulniers* entre un Paris asphyxiant et le Valois aéré et chantant, et bien que *Les Nuits d'octobre* soient encore placées sous le signe de cette dichotomie, Paris devient ici un objet d'observation privilégié. La nuit mettant d'une certaine façon en valeur l'étrangeté des lieux éclairés du centre où se trouvent les Halles : foyers allumés par les commerçants, réverbères, lampes à gaz des estaminets… Il s'agit des quartiers populaires, Paris ou Pantin, Paris « canaille ». Espace de vie pour la partie de la population qui travaille la nuit, le peuple des commerçants, les plus riches, qui ne sont là que pour leurs affaires, et surtout les petits et les noctambules désœuvrés qui hantent les tavernes. Toute une population qui ne relève pas de la classe des bourgeois, à l'abri, dans les quartiers environnants, dans des logis protégés par des portiers. Monde étrange, quelquefois inquiétant, mais dont l'évocation est à l'abri de la censure car il relève de la seule réalité « historique » exigée, comme l'ont longuement développé *Les Faux Saulniers.* Cette réalité doit être connue, montrée au lecteur, en ces temps de dictature, où s'annoncent les destructions haussmanniennes, assainissement et prévention contre les désordres qu'un passé proche a rendus menaçants.

Cette observation au plus près doit trouver son mode d'écriture. Deux courants se croisent à l'époque. Le courant réaliste[6], bien représenté par le bruit fait autour de Courbet et la campagne en sa faveur de Champfleury[7]. La querelle se précise avec l'exposition d'*Un enterrement à Ornans*, en 1851. On reproche à l'artiste son objet, petit peuple de la province, son mauvais goût, le fameux choix du « laid » pour lui opposer le « beau », l'idéal. À ces objections Champfleury répond que l'art n'a pas comme but l'objet de la perception, mais sa représentation, qu'il n'a donc pas à se fixer les limites d'un goût présupposé, sociales en particulier. Il repose sur ce qu'a éprouvé l'artiste comme vrai, une « manière » individuelle, donc forcément originale, fondée sur son « génie » spécifique. C'est le contraire de ce que Nerval semble apprécier avec humour

6 Sur la question du réalisme, voir Gabrielle Chamarat et Pierre-Jean Dufief (dir.), *Le Réalisme et ses paradoxes*, Mélanges offerts à Jean-Louis Cabanès, Paris, Classiques Garnier, 2015. Philippe Hamon, *Puisque réalisme il y a*, La Baconnière, 2015. Hisashi Mizuno, « Nerval face au réalisme. *Les Nuits d'octobre*, et l'esthétique nervalienne », *RHLF*, 2005/4, vol. 105.

7 Champfleury, « Du réalisme, – Lettre à Madame Sand », repris sous le titre « Sur M. Courbet. – Lettre à Madame Sand », dans *Le Réalisme*, Paris, Lévy frères, 1857.

chez les Anglais, ou plutôt chez un pseudo-Dickens auquel il se réfère dans le premier chapitre : le romanesque est inutile car l'observation de la réalité suffit pour peu que le regard de l'artiste sache en saisir « les combinaisons bizarres », ce que le regard commun précisément ne perçoit pas. Le personnage de l'ami au chapitre suivant va préciser le point de vue du narrateur. L'observation de l'ami est le fait d'« une contemplation distraite », elle lui appartient en propre, et c'est sa vision de la réalité qui fascine les passants qui font cercle autour de lui. Cette option pour le réalisme bien compris est d'autant plus une évidence pour Nerval que celui-ci a participé à un courant qui le croise et qu'il pratique lui aussi, à l'époque des *Nuits*. Dans les années 1830, une tendance « fantaisiste » s'affirme en effet, et se répand, en particulier dans les petits journaux, dont Nerval et ses amis sont de fidèles rédacteurs[8]. Elle se caractérise par la représentation subjective de la réalité et donc par l'imaginaire qui s'attache à toute perception, jouant de la caricature, du caprice, de la provocation formelle et du rire. Cet entrecroisement des deux mouvements va permettre à Nerval de préciser ce qu'il entend par « réalisme ». S'y ajoute enfin une pratique d'origine journalistique à laquelle Nerval fait allusion dans la fameuse scène du tribunal du chapitre XXV, qui clôt presque le texte et revient sur la question du genre posée au tout début du récit : il s'agit de « l'essayisme », dont Champfleury dit, en 1849, qu'il est une caractéristique de la prose littéraire nervalienne. Cette pratique mêle « les réflexions et opinions, souvenirs et impressions[9] » à l'observation des scènes de la vie. Elle était déjà elle aussi à l'œuvre dans *Les Faux Saulniers*. Le récit fragmenté, excentrique, qu'on trouve dans les récits de voyage de Nerval et qui distingue sa prose narrative à partir de 1850 relève tout aussi bien des trois modes d'écriture en jeu ici.

Le réalisme intègre ces trois tendances sans renier son objet : étendre le plus possible le champ que la subjectivité ouvre à la vision sans franchir les bornes de l'expérience empirique de la réalité. Celle-ci se dévoile dans toute l'étrangeté des spectacles présents et quelquefois passés qu'offre au flâneur la nuit parisienne. Elle va progressivement se faire plus menaçante au risque d'ébranler l'équilibre psychique de

8 Sur la fantaisie nervalienne, voir la thèse dirigée par Bertrand Marchal de Filip Kekus, *Nerval fantaisiste*, à paraître.

9 Voir Henri Scepi, « L'essayisme nervalien, étude d'une déviation », dans Pierre Glaudes et Boris Lyon-Caen (dir.), *Essai et essayisme en France au XIXe siècle*, Paris, Classiques Garnier, 2014, p. 152.

l'observateur. Le récit abandonne alors la flânerie et dans sa deuxième partie entraîne le narrateur en province. C'est toutefois pour se recentrer sur l'effet produit sur le sujet par un spectacle, au sens propre cette fois, qui se présente comme précisément allant au-delà de ce que la réalité objective propose, semblant défier la vraisemblance. L'affect provoqué par le spectacle du « phénomène » exposé s'épanche alors dans les rêves avant que le réveil ne rétablisse progressivement une appréhension « réaliste » de ce qui a été vécu et observé. La fantaisie n'y contrarie plus que le réalisme de convention, décidemment incompatible avec la littérature. L'essayisme permet à la réflexion à bâtons rompus de tirer les leçons de cette expérience de la vie ou de la lecture.

Ces trois mouvements ont en commun d'être l'objet de la charge négative des critiques académiques de la littérature à l'époque. Ils sont condamnés avec la plus grande sévérité : le réalisme en raison de son mépris des règles du Beau, de sa complaisance avec le bas, de son immoralité, par, entre autres, Pontmartin ; l'essayisme moderne par Nisard ; le fantaisisme en raison de son « brouillard » imaginatif, par Saint-Marc Girardin dans son *Cours de littérature dramatique* à la Sorbonne, ou Alfred Crampon, tous deux en 1852 précisément[10]. On pourrait citer tous les habitués de la rédaction de la *Revue des Deux Mondes*. Cela permet de bien apprécier ce que ces tendances ont en commun : le refus, fond et forme confondus, des normes littéraires et sociales classiques encore en vigueur, refus qui rappelle la querelle contre le romantisme des années 1820-1830. *Les Nuits d'octobre* se présentent comme une réponse à ces condamnations.

Ceci nous ramène au rapport étroit des *Nuits d'octobre* avec l'histoire contemporaine. L'option pour une narration fondée sur l'observation incluant la diversité mais aussi l'étrangeté méconnue du réel permet d'inclure son caractère inquiétant. Elle renvoie naturellement à une certaine situation de la société de l'époque et à ses laissés pour compte. Car l'ordre doit régner et son obsession ne fait qu'empirer avec la perspective d'un avenir décidemment dictatorial. Il ne touche pas seulement

---

10 Alfred de Pontmartin, « La poésie française en 1861 », *Revue des Deux Mondes*, 1er aout 1861, p. 697-718 ; Désiré Nisard, *Contre la littérature facile* [*Revue de Paris*, 1833], suivi du *Manifeste de la jeune littérature de Jules Janin*, et de *Vieille chanson sur Nisard*, éditions Mille et une nuits, 2003 ; Saint-Marc Girardin, *Cours de littérature dramatique, ou de l'Usage des passions dans le drame*, Paris, Charpentier, 1843-1868 ; Alfred Crampon, « Les Fantaisistes », *Revue des Deux Mondes*, novembre 1852, p. 581-597.

les écrivains, comme le narrateur sanctionné dans le rêve du tribunal au chapitre XXV, mais toute une part de la population. Le réalisme de Champfleury reprend à son compte la position de Proudhon, lui aussi ami de Courbet, sur l'utilité sociale de l'art. L'écriture « fantaisiste réaliste, essayiste » dévoile, sous forme de plans successifs et dans un apparent désordre, cette réalité que l'ordre bourgeois ne veut pas voir, dûment représenté par les sergents de ville, le portier gardien de la tranquillité publique, l'arrestation du voyageur sans autorisation officielle, l'académisme littéraire exigé… Elle contrarie à plaisir cet ordre détourné par l'arabesque du récit. On peut dire à juste titre que *Les Nuits d'octobre* sont au même titre que *Les Faux Saulniers*, et peut-être allant plus loin encore, le défi le plus acerbe dans l'œuvre nervalienne lancé à la « paix » dont se réclame, au même moment, l'Empire annoncé, défi socio-historique, moral, philosophique et esthétique.

Gabrielle CHAMARAT-MALANDAIN

NERVAL CONTEUR
À propos de *Contes et facéties*

En 1857, Alexandre Dumas publiait un recueil intitulé *L'Homme aux contes*, où il feignait de transcrire, tels quels, des contes que Gérard de Nerval, alors à Francfort, aurait racontés devant lui à de petits enfants, les tenant éveillés « pendant huit jours » « de sept heures à neuf heures du soir[11] ». Bien d'autres contemporains de Nerval ont également souligné l'extraordinaire qualité de conteur de Gérard. Alexandre Weill parle de lui comme du « plus charmant des conteurs et des causeurs » : « La parole sourdait de ses lèvres comme l'eau claire d'une source vive[12] ». Georges Bell évoque la douceur de sa voix, qui donnait à ses récits une force d'envoûtement particulière : « Il avait dans la voix des inflexions si douces, qu'on se prenait à l'écouter comme on écoute un chant. [...] On l'écoutait pour avoir le plaisir de l'entendre parler ; et, peu à peu, cette voix douce et mélodieuse vous tenait sous le charme. Votre esprit suivait l'esprit du poète dans le monde de ses rêves et se laissait bercer comme dans une ravissante illusion[13] ». Charles Asselineau rapporte cet art de conter à « l'esprit de société et de conversation du XVIIIe siècle » auquel « Nerval tenait par tant de côtés » ; il y voit un mélange d'érudition et de fantaisie, associant les souvenirs de voyage les plus surprenants et les lectures les plus inouïes, qui tenait « attentif pendant des heures l'auditoire le plus impatient et le plus rétif » ; et il va jusqu'à soutenir que certains des articles de Nerval « n'étaient, mot pour mot, que le texte de conversations précédentes[14] ». Charles Monselet le montre aimant causer « à ses heures et à ses aises », « un peu prolixe, amoureux des détails infinitésimaux », et il insiste lui aussi sur la qualité de sa voix qui avait « une lenteur et un chant auxquels on se laissait agréablement

11 Alexandre Dumas, *L'Homme aux contes – Le Soldat de plomb et la danseuse de papier. Petit-Jean et Gros-Jean. Le Roi des taupes et sa fille. La Jeunesse de Pierrot*, Bruxelles, 1857.

12 Alexandre Weill, « Gérard de Nerval. Souvenirs intimes », *L'Événement*, 16 avril 1841. Article recueilli par Jean Richer, *Nerval par les témoins de sa vie*, Paris, Minard, 1970, p. 129.

13 Georges Bell, *Gérard de Nerval*, 1855. Texte repris par Jean Richer, ouvrage cité, p. 38.

14 Charles Asselineau, *Revue fantaisiste*, septembre 1861. Article recueilli par Jean Richer, ouvrage cité, p. 303-304.

accoutumer[15] ». Auguste de Belloy se souvient des « bizarreries historiques et littéraires » dont la « prodigieuse mémoire » de Nerval était pleine, et que Nerval débitait « avec une imperturbable sérénité[16] ». Quant à Théophile Gautier, il suggère que l'art du conte, en tirant le meilleur parti du libre déploiement de l'imagination, était aussi pour Nerval une victoire sur la folie, transmuée par la parole en fable mémorable :

> L'accès passé, il rentrait dans la pleine possession de lui-même et racontait, avec une éloquence et une poésie merveilleuses, ce qu'il avait vu dans ces hallucinations, mille fois supérieures aux fantasmagories du haschich et de l'opium. Il est bien regrettable qu'un sténographe n'ait pas reproduit ces étonnants récits, qu'on eût pris plutôt pour les rêves cosmogoniques d'un dieu ivre de nectar que pour les confessions et les réminiscences du délire[17].

Le petit recueil des *Contes et facéties*, que Nerval constitue en 1852 en rassemblant trois textes parus auparavant et déjà plusieurs fois publiés, donne un échantillon de cet art de conter dans lequel Nerval excellait. Il convient ici de rappeler l'histoire et la valeur de ces textes – *La Main enchantée*, *Le Monstre vert*, *La Reine des poissons* –, dont chacun illustre quelques-unes des possibilités poétiques que revêt pour Nerval le conte, – quand par exemple il condense les idées esthétiques d'une « camaraderie » romantique (*La Main enchantée*), – quand il procède du *canard* journalistique tout en donnant libre cours à un certain fantastique ironique (*Le Monstre vert*), – ou quand il imite la manière des contes folkloriques en puisant librement au fonds des légendes conservées dans les campagnes (*La Reine des poissons*). Mais il convient aussi de comprendre la signification que revêt la reprise de ces textes dans le recueil de 1852, – alors que la figure archétypale du *conteur*, et le paradigme poétique que celle-ci implique, sont déjà en train de s'estomper, laissant l'écrivain dans une solitude nouvelle en cette orée de la modernité, alors que Nerval est aux prises avec une expérience (celle de la folie) qu'il ne peut plus aussi sûrement partager ni transmettre.

15 Charles Monselet, *Portraits après décès* (1866), et *Les Ressuscités* (1876). Texte repris par Jean Richer, ouvrage cité, p. 198.

16 Auguste de Belloy, « Les piliers du café Valois », *Portraits et souvenirs* (1866). Texte repris par Jean Richer, ouvrage cité, p. 109-116.

17 Théophile Gautier, *Histoire du romantisme* (1872). Texte repris par Jean Richer, ouvrage cité, p. 27.

LA MAIN ENCHANTÉE

La Main enchantée, sous le titre *La Main de Gloire. Histoire maccaronique* (les deux « c » rappelant l'étymologie italienne de l'adjectif), est parue pour la première fois dans *Le Cabinet de lecture* du 24 septembre 1832, avec en note l'indication suivante : « Extrait des *Contes du Bousingo*, par une camaraderie, 2 vol. in-8°, qui paraîtront vers le 15 novembre[18] ».

Cette petite œuvre nous ramène donc au temps où Gérard, âgé de seulement vingt-quatre ans, fréquentait la camaraderie du *Bousingo*. Les orthographes de ce mot – qui peut s'écrire aussi *Bouzingo*, *Bousingot*, ou même *Bousingoth* –, comme ses origines, sont sans doute facétieuses, mais, comme l'a montré Paul Bénichou[19], elles n'en impliquent pas moins des positionnements politiques autant qu'esthétiques qui ont marqué la représentation que le Romantisme se fait de lui-même. « Bousingot » désigne d'abord un chapeau de cuir porté par des marins ; il vaut alors comme une allusion aux volontaires havrais qui étaient venus lutter aux côtés des insurgés parisiens pendant les Trois Glorieuses. Le Bousingot est donc d'abord un Républicain, et même, notamment après les insurrections de juin 1832, un farouche émeutier, situé à l'extrême gauche du champ politique. Plus tard, Nerval revendiquera encore cette acception du terme et assumera ce positionnement politique[20]. Mais très tôt – dès une série d'articles satiriques parus dans *Figaro* entre 1831 et 1833[21] – un glissement s'opère et fait se confondre, dans une même passion émancipatrice,

18 Deux autres publications suivront : – dans *Le Messager*, 13, 14, 15, 16, 20 et 21 août 1838, sous le titre « Une cause célèbre du Parlement de Paris, 1617 » ; – et dans la *Revue pittoresque, Musée littéraire illustré par les premiers artistes*, juillet 1843, t. I, p. 353-370, sous le titre « La Main de gloire, histoire macaronique » (le texte y est illustré de quatre vignettes).

19 Paul Bénichou, « Jeune-France et Bousingots », *Revue d'Histoire Littéraire de la France*, LXII, n° 3, 1971, p. 440-562. Voir aussi Jean-Luc Steinmetz, le chapitre « La Camaraderie du Bousingo », dans *Pétrus Borel. Vocation : "poète maudit"*, Paris, Fayart, 2002, p. 83-120 ; et Mélanie Leroy-Terquem, « Jeunes-France, bousingots et petits romantiques : d'un trouble des classements dans l'histoire littéraire », *Les Cahiers du XIXe siècle*, n° 3-4, dossier « Autour des Jeunes-France » sous la direction d'Anthony Glinoer, 2008-2009, p. 19-36.

20 Voir la lettre « au rédacteur en chef du *Messager des théâtres et des arts* », du 5 ou 6 mai 1849, où Nerval, répondant à un article que lui a consacré Champfleury, revendique son appartenance à « l'association » (le terme est saint-simonien) des bousingots : « Je ne suis pas un sceptique ne m'occupant ni de politique ni de socialisme… Dans ce dernier cas, comment notre ami Champfleury aurait-il pu me classer parmi les membres de cette association, mal appréciée jusqu'ici, qu'on appela les bousingots ? » (NPl I, p. 1430).

21 L'ensemble de ces articles de *Figaro* est généralement attribué au journaliste Léon Gozlan.

révolution politique et révolution esthétique, au point que la distinction entre les Bousingots, *a priori* plus politiques, et les Jeunes-France, *a priori* plus artistes (et républicains seulement par amour du pittoresque), se fait plus incertaine. À ce premier sens du mot « Bousingo », s'en greffe d'ailleurs un second, sollicitant cette fois une autre origine, venue de la langue argotique : *faire du bousin* ou *du bouzin*, qui signifie *faire du tapage.* Philothée O'Neddy (c'est-à-dire Théophile Dondey) racontera plus tard que la fortune du mot « Bouzingo » viendrait du refrain d'une chanson chantée au cours d'une nuit tapageuse qui avait conduit trois ou quatre jeunes gens, dont Gérard, à Sainte-Pélagie[22]. Les Bouzingos sont ainsi ceux de cette jeunesse romantique qui, en défiant les règles de l'art, défient aussi l'ordre bourgeois par leur manière excentrique de vivre plus encore que par leurs affinités républicaines, – à un moment il est vrai où les chahuts de la bohème artiste apparaissent comme des substituts à une opposition politique devenue impossible : « On avait la prétention de s'enivrer au cabaret ; on était raffiné, truand et talon rouge tout à la fois », écrit Nerval dans ses souvenirs de prison[23]. Arsène Houssaye quant à lui, en minimisant rétrospectivement la charge politique du mot, rapportera que « Bousingot » ou « Bousingoth » fut conçu avant tout pour rimer avec « Victor Hugo[24] », tandis que la terminaison *-th* dans la graphie « Bousingoth » devait rappeler la vogue du romantisme *gothique* : l'opposition des Bousingots, comme celle des Jeunes-France, était ainsi comprise comme une opposition essentiellement artistique ralliant à elle tous les « hugolâtres » qui s'étaient déjà reconnus lors de la bataille d'*Hernani.*

Le sculpteur Jehan Duseigneur exécuta, entre 1830 et 1833, des médaillons en plâtre figurant, sous le titre *Une camaraderie*, les portraits

22 *Lettre inédite de Philothée O'Neddy, auteur de Feu et Flamme, sur le groupe littéraire romantique dit des Bousingos (Théophile Gautier, Gérard de Nerval, Pétrus Borel, Bouchardy, Alphonse Brot, etc.)*, Paris, Rouquette, 1875, p. 12-13.

23 « Mémoires d'un parisien. Sainte-Pélagie, en 1832 », *L'Artiste*, 7 mars 1841, NPl I, p. 744.

24 Arsène Houssaye, *Confessions* (1885), Genève, Slatkine Reprints, 1971, Livre VI, « La Bohème romantique », p. 313 : « J'ai conté dans le *Figaro* que ce fut dans un de ces punchs au Petit-Moulin-Vert que fut créé le mot Bousingoth, qu'on appliqua mal à propos aux républicains. Nous tournions autour de la flamme bleue comme des possédés, avec des femmes de hasard, tout en improvisant une ronde. La rime était Go ou Goth. Cette rime avait été donnée par le nom de Hugo. Nous épuisâmes bientôt le dictionnaire des rimes, mais nous prîmes tous les mots qui nous vinrent à l'esprit en les terminant avec la rime voulue. Et voilà comment le mot Bousin-goth eut ses petites entrées dans la langue française. C'était trop d'honneur ».

de ces avant-gardes turbulentes du romantisme[25]. Gautier, évoquant le Petit Cénacle, les rappellera encore dans son *Histoire du Romantisme*[26]. Et Nerval en dira les prolongements dans la bohème, plus rêveuse, du Doyenné, évoquée avec nostalgie dans *La Bohême galante* et les *Petits châteaux de Bohême*, – mais aussi dans *Sylvie* quand il décrit et analyse le romantisme désenchanté de 1830, idéaliste et révolté tout à la fois[27].

La Main de Gloire apparaît en tout cas comme une réalisation remarquable de ces projets de créations *collectives* qui animaient alors les camaraderies romantiques. Les *Contes du Bousingo*, annoncés chez Renduel, étaient prévus pour comporter au départ deux volumes, sans doute anonymes (« *par une camaraderie* »), mais devant impliquer, outre la participation de Nerval, des participations de Gautier, de Mac-Keat (c'est-à-dire Auguste Maquet), ou encore, sans doute, de Pétrus Borel, considéré comme la figure centrale de ce groupement romantique[28]. De ce projet, qui ne vit pas le jour, ne subsistent que deux textes : – *La Main de Gloire* de Nerval, – et *Onuphrius Wphly* de Gautier, qui fut publié d'abord dans *La France littéraire* d'août 1832, puis dans *Le Cabinet de lecture* du 4 octobre 1832 (c'est-à-dire là même où venait

---

25 Ces médaillons – parmi lesquels ceux de Nerval, de Gautier, de Pétrus Borel ou de Philothée O'Neddy (Théophile Dondey) – furent exposés au Salon de 1833. Ils sont évoqués à la fin de l'ode À Jean Duseigneur que Théophile Gautier publia dans *Le Mercure de France au XIXe siècle* du 22 octobre 1831 (voir Théophile Gautier, *Œuvres poétiques complètes*, Édition établie par Michel Brix, Paris, Bartillat, 2004, p. 620-625).

26 Gautier, *Histoire du romantisme* (1872), édition préfacée et établie par Adrien Goetz, Paris, Gallimard, Folio classique, 2011. Voir aussi, toujours de Gautier, « Le château du souvenir » (*Émaux et Camées*, dans *Œuvres poétiques complètes*, édition citée p. 542-550).

27 OC XI, p. 169-170.

28 Dans ses *Lundis d'un chercheur* (Paris, Calmann-Lévy, 1894, p. 4-6), Spoelberch de Lovenjoul, qui évoque la participation de Nerval, Gautier et Mac-Keat aux *Contes du Bousingo*, ne mentionne pas explicitement Pétrus Borel ; mais ces *Contes du Bousingo* sont annoncés sur la couverture de la seconde édition des *Rhapsodies* de Borel (1833) ; on peut donc penser que Pétrus Borel était partie prenante du projet. Quoi qu'il en soit Pétrus Borel est bien la figure centrale de cette « camaraderie », – ainsi que le soulignera plus tard avec force Baudelaire : « Pétrus Borel fut l'expression la plus outrecuidante et la plus paradoxale de l'esprit des *Bousingots* ou du *Bousingo* [...]. Cet esprit à la fois littéraire et républicain, à l'inverse de la passion démocratique et bourgeoise qui nous a plus tard si cruellement opprimés, était agité à la fois par une haine aristocratique sans limites, sans restrictions, sans pitié, contre les rois et contre la bourgeoisie, et d'une sympathie générale pour tout ce qui en art représentait l'excès dans la couleur et dans la forme, pour ce qui était à la fois intense, pessimiste et byronien » (*Revue fantaisiste*, 15 juillet 1861 ; Baudelaire, *Œuvres complètes*, t. II, édition de Claude Pichois, Paris, Bibliothèque de la Pléiade, t. II, 1976, p. 155).

de paraître *La Main de Gloire*, avec en outre la même mention : « Cet article est un deuxième extrait des *Contes du Bousingot* qui seront publiés très prochainement, en deux vol. in-8° »). Une fois abandonné le projet d'une publication collective, Gautier reprendra son texte – sous le titre *Onuphrius, ou les vexations fantastiques d'un admirateur d'Hoffmann* – dans *Les Jeunes-France, romans goguenards* publiés en 1833, tandis que, vingt ans plus tard, en 1852, Nerval insérera *La Main de Gloire* – sous le titre *La Main enchantée* – dans *Contes et facéties*.

À considérer les caractéristiques intrinsèques de ce premier conte nervalien, il est aisé de remarquer combien celui-ci est imprégné des préoccupations esthétiques qui agitaient la jeunesse de 1830.

L'époque est au goût des reconstitutions historiques et de « la couleur locale ». Nerval, pour faire revivre le vieux Paris du temps de Henri IV[29], a recours à l'ouvrage de Jacques-Antoine Dulaure, *Histoire physique, civile et morale de Paris*, déjà utilisé par Victor Hugo pour *Notre-Dame de Paris* (1831), et auquel se référera encore Théophile Gautier pour *Le Capitaine Fracasse* (1863). Mais aux travaux d'historiens et aux documents d'archives[30], Nerval ajoute des sources proprement littéraires quand il emprunte à tous ceux qui alors « médiévalisaient » : pour l'évocation du Pré-aux-clercs et pour la mise en scène du duel qui conduit Eustache Bouteroue à tuer l'arquebusier Joseph, il se souvient de la *Chronique du règne de Charles IX* de Mérimée (1829) ; *Notre-Dame de Paris* de Victor Hugo, paru un an avant *La Main de Gloire*, nourrit son intérêt pour le Prince des Sots et sa curiosité pour l'argot de la Grande Truanderie. Nerval imite encore Paul Lacroix, le futur bibliophile Jacob, qui avait déjà publié les *Soirées de Walter Scott* à Paris (1829) : Nerval y avait puisé le sujet de son *Nicolas Flamel*[31] ; pour *La Main de Gloire*, il se souvient

29 Plusieurs chapitres de *La Main enchantée* ont pour titres des noms de lieu : « La Place Dauphine », « Le Pont-Neuf », « Le Château-Gaillard », « Le Pré-aux-Clercs » ; et Nerval manifeste un plaisir évident à évoquer des rues disparues et des lieux d'autrefois : l'île de la Gourdaine ; la Tour de Nesle et la Tour du Bois ; ou encore les rues de la Monnaie, du Borrel et Tirechappe, de la Boucherie-de-Beauvais ; ou le Carreau des Halles, devant les tréteaux des *Enfants-Sans-Soucy*. Sur le Paris de *La Main enchantée*, à la fois réaliste et fantastique, voir Jean-Pierre Saïdah, « Les facéties enchantées de Nerval dans *La Main de Gloire* », *Modernités*, n° 16, *Enchantements. Mélanges offerts à Yves Vadé*, 2002.

30 Jean-Luc Steinmetz signale que, dans le milieu du Petit Cénacle, figuraient un bon nombre de chartistes, – notamment Douët d'Arcq, familier de Nerval (notice de *La Main enchantée*, NPl III, p. 1117).

31 *Nicolas Flamel* paraît dans *Le Mercure de France au XIX*^e^ *siècle* du 25 juin 1831 et du 9 juillet 1831. Dans ses *Soirées de Walter Scott à Paris*, Paul Lacroix consacrait deux chroniques à

probablement d'une nouvelle intitulée *Le Guet* (parue d'abord, elle aussi, dans *Le Cabinet de lecture*, le 14 mars 1831).

Au reste, Nerval donne lui-même deux sources pour son conte : il renvoie ses lecteurs aux « *Arrêts mémorables du Parlement de Paris*, qui sont à la bibliothèque des manuscrits, et dont M. Paris leur facilitera la recherche avec son obligeance accoutumée » ; et au « *Recueil des histoires tragicques de Belleforest* (édition de La Haye, celle de Rouen étant incomplète) », où, prétend-il, l'histoire du malheureux Eustache Bouteroue s'intitule *La Main possédée*[32]. Ces sources, données avec une précision bibliographique qui semble en vérité vite suspecte, sont en réalité de fausses pistes : Gérard – qui se définira bientôt lui-même comme un « frivole écrivain, mais non pas écrivain facile[33] » – mystifie son lecteur ; et, s'autorisant encore ironiquement de Belleforest, il donne finalement son conte comme « une de ces *baies* [c'est-à-dire « une de ces supercheries »] bonnes pour amuser les enfants autour du feu, et qui ne doivent pas être adoptées légèrement par des personnes graves et de sens rassis[34] ».

La Main enchantée est donc pour une part une mystification littéraire ; et cette veine, fantaisiste et parodique, est impliquée dès le premier sous-titre de l'œuvre : « Histoire macaronique ». Après Nodier, Nerval réhabilite l'épopée grotesque du *Baldus* de Teofilo Folengo, soit *L'Histoire macaronique de Merlin Coccaïe, prototype de Rabelais où est traicté les ruses du Cingar, les tours de Boccal, les adventures de Léonard, les forces de Fracasse, les enchantements de Gelfore et de Pandrague et les rencontres heureuses de Balde.* Malicieusement, Nerval met ce livre entre les mains du magistrat Godinot Chevassut, qui est censé représenter l'ordre, mais qui est aussi un grand admirateur de Villon – « célèbre dans l'art poétique autant que dans l'art de la pince et du croc » –, qui préfère les *Repues franches* ou la *Légende de maître Faifeu* à l'*Iliade*, à l'*Énéide* ou à la chanson de geste de Huon de Bordeaux, et qui donnerait volontiers les œuvres de Du Bellay, d'Aristote, ou encore de Bonaventure des Périers, pour un dictionnaire d'argot, – qu'il s'agisse de l'ouvrage de Péchon de Ruby, *La Vie généreuse des mercelots, gueux et bohesmiens, contenant leur façon de vivre, subtilitez et gergon*, – ou qu'il s'agisse du livre d'Ollivier Chéreau,

---

Flamel : « Le Trésor, 1394 », et « Le Grand Œuvre, 1418 ».

32 *La Main enchantée*, OC X bis, p. 137.

33 *Le Carrousel*, fin mars 1836, NPl I, p. 342.

34 *La Main enchantée*, OC X bis, p. 140.

le *Jargon ou Langage de l'Argot réformé*[35]. Dans les années 1830, ces références à la littérature « facétieuse » ou « goguenarde » portent un programme esthétique évident : il s'agit, parallèlement à l'entreprise des *Grotesques* de Théophile Gautier, de réhabiliter tous ceux que le Grand Siècle a rejetés dans l'ombre, et, ce faisant, de revendiquer pour le style littéraire moderne une verdeur que le goût classique a proscrit. Mieux encore, Nerval conçoit son récit comme une *satire* au sens étymologique, – c'est-à-dire comme une *farcissure*, faite d'emprunts à la littérature du XVIe siècle ou du XVIIe siècle pré-classique : Rabelais, Béroalde de Verville, Bonaventure des Périers, l'Agrippa d'Aubigné des *Aventures du baron de Fæneste*, Cyrano de Bergerac, les farces de Tabarin, les œuvres de Bruscambille, *Le Roman comique* de Scarron, ou le *Roman bourgeois* de Furetière. D'où, partout dans le texte, des mots anciens ou expressions imagées empruntés à la langue argotique ou populaire, ainsi que toutes sortes de locutions pittoresques qui sont la transposition dans le conte romantique de souvenirs de la littérature « grotesque » : « être de l'âge d'un vieil bœuf », « rentrer de pic noir », « trouver le vin sans chandelle », « envoyer garder des moutons à la lune », « être étonné comme fondeurs de cloches », « rire comme un tas de mouches », « piler de l'eau dans un mortier », « trembler le grelot », etc.

Ce goût affiché pour la facétie porte une vision carnavalesque du monde. À côté des bonimenteurs et des escamoteurs du Pont-Neuf, Nerval évoque le théâtre des *Enfants sans soucy*, et la lignée des Princes des Sots. Les personnages du conte eux-mêmes relèvent d'emplois dramatiques caractéristiques : Eustache tient du benêt amoureux, même si son sort, au nom du mélange des genres, est finalement tragique ; Javotte est l'ingénue séduite par les beaux militaires ; et l'arquebusier Joseph est explicitement rapporté au type du *miles gloriosus* dont Nerval décline les différents avatars, – des « Taillebras » et des « Capitans Matamores » des pièces comiques du XVIe siècle jusqu'aux pièces baroques de Corneille en passant par le baron de Fæneste d'Agrippa d'Aubigné. Quant au magicien Maître Gonin, il introduit dans l'univers comique le thème fantastique ; et s'il emprunte quelques-uns de ses traits à Faust ou à Flamel, son type « bohémien » est l'occasion pour Nerval de railler,

---

35 Ces références sont données au chapitre II, où Nerval brosse le portrait de Maître Chevassut, en faisant ironiquement de lui, censé représenter l'ordre,… un « bousingot » avant l'heure, égaré au début du XVIIe siècle.

par contraste, « la laideur et l'insignifiance de nos têtes bourgeoises[36] ». Le récit lui-même s'apparente à un tréteau où les personnages, comme des marionnettes, viennent jouer leur rôle et accomplir leur destin, – ce même destin, avatar du *fatum* tragique, que Maître Gonin lit dans la main d'Eustache Bouteroue. En outre, le narrateur lui-même commente la fable qu'il agence, et en dévoile les rouages : ainsi quand il est temps de congédier « *mons le Prologue* », en priant le lecteur d'en excuser la longueur excessive comme le faisait jadis Bruscambille[37] ; ainsi quand le narrateur relève ironiquement l'entorse qu'il doit faire aux règles des trois unités, tant critiquées par les romantiques[38] ; ainsi encore quand il ajoute à son conte un prolongement fantastique, rappelant ses lecteurs comme un bonimenteur rappellerait « des gens qui ont cru la pièce finie, tandis qu'il reste encore un acte[39] ». Le conte tout entier est une variation romantique sur le thème baroque du *theatrum mundi*, – qui implique aussi pour l'écrivain fantaisiste une manière de vivre en tout point opposée au mode de vie bourgeois : « Vous nous savez des gens à traiter sérieusement toute folle pensée, à soutenir gravement toute thèse inutile ; vous nous savez des poètes à prendre le théâtre pour la réalité, et la réalité pour la pièce qu'on joue », écrira encore Nerval dans *Le Carrousel* en 1836[40].

La Main enchantée comporte plusieurs scènes que l'on pourrait rapporter à ce que Baudelaire nommera, dans son essai sur *l'essence du rire* (1855), le « comique absolu », – non pas le « comique significatif » qui comporte une leçon morale, – mais un comique en quelque sorte « supernaturaliste », composant avec le surréel, le merveilleux ou, ici, le fantastique. Pour Baudelaire, les contes d'Hoffmann sont un des modèles de ce « comique absolu ». Dans *La Main enchantée*, cette forme comique se manifeste notamment dans deux scènes en miroir l'une de l'autre : celle (au chapitre x) où Eustache, si mal assuré sur ses jambes mais entraîné par sa main, tue le fier arquebusier Joseph ; et celle (au chapitre xi) où Eustache, voulant obtenir la clémence du magistrat Chevassut, se voit conduit, au moment de le remercier, à le souffleter, puis, alors qu'il se

36 *La Main enchantée*, OC X bis, p. 107. Le bourgeois est évidemment la cible privilégiée de la bohème bousingot.

37 *Ibid.*, OC X bis, p. 103.

38 *Ibid.*, OC X bis, p. 116.

39 *Ibid.*, OC X bis, p. 140.

40 *Le Carrousel*, fin mars 1836, NPl I, p. 342.

confond en excuses, à le souffleter encore… Il en résulte cet effet de « mécanique plaqué sur du vivant » qui, selon Bergson[41], suscite immanquablement le rire, – mais un rire « satanique », dirait Baudelaire, qui ne cache guère l'agressivité qu'il recouvre[42]. Tout l'art de Nerval est de fondre ainsi le thème fantastique et le thème comique, et, ce faisant, de fondre les sources littéraires en apparence les plus opposées : non plus seulement la littérature « grotesque », « facétieuse », « goguenarde » ou « fantaisiste », mais, à la manière de Hoffmann, la littérature fantastique, impliquant notamment, reprises au *Faust* de Goethe, des références aux grimoires d'occultisme et de magie, – comme le « livre du grand Albert, commenté par Corneille Agrippa et l'abbé Trithème[43] », utilisé par Maître Gonin pour prendre possession de la main d'Eustache, et cité par Nerval lui-même, avec force précisions érudites, au chapitre XII de son conte.

La Main enchantée décline ainsi quelques-unes des valeurs que peut revêtir le conte pour Nerval. Le conte n'est pas, ici, un genre tout uniment « populaire » ou « naïf », mais un genre « savant » ou plutôt, dirait Friedrich Schiller[44], « sentimental », – non seulement par la prodigieuse mémoire intertextuelle qu'il concentre et affiche à plaisir[45], – mais aussi par la conscience des mécanismes de la fiction qu'il manifeste, – devenant, alors, selon les termes de Friedrich Schlegel pour définir l'ironie, non plus simplement « poésie », mais « poésie de la poésie », – une poésie au carré, ironique et réflexive, et *s'infinitisant dans sa propre réflexion*[46].

41 Voir Henri Bergson, *Le Rire* (1900), présentation par Daniel Grojnowski et Henri Scepi, Paris, GF Flammarion, 2013, p. 83.

42 Cette agressivité a une dimension inconsciente : elle se tourne contre une figure paternelle (le magistrat Godinot Chevassut), et contre une figure fraternelle (l'arquebusier Joseph), l'une et l'autre étant rassemblées dans la figure de Maître Gonin qui sanctionne l'agressivité d'Eustache en conduisant celui-ci à sa perte ; la sanction met en scène une angoisse de castration à travers le motif de la pendaison et à travers le motif de la main coupée. Dans ce contexte, l'aspect comique du texte, en retournant l'angoisse en rire, vaut comme une défense inconsciente, permettant à la fois l'expression de l'agressivité et sa neutralisation. Jacques Bony a déployé ce fil analytique dans « La Main enchantée : magie pour rire, ou magie pour dire ? », *Aspects de Nerval. Histoire – Esthétique – Fantaisie*, Paris, Eurédit, 2006, p. 371-384.

43 *La Main enchantée*, OC X bis, p. 125.

44 Schiller, *De la poésie naïve et sentimentale* (1795), Traduit de l'allemand par Sylvain Fort, L'Arche, coll. « tête-à-tête », 2002.

45 Voir Michel Glatigny, « *La Main enchantée* de Gérard de Nerval : quelques sources du XVIIe siècle », *Revue des Sciences Humaines*, juillet-septembre 1965, p. 329-352.

46 Voir le fragment 238 de l'*Athenaeum* recueilli dans Ph. Lacoue-Labarthe et J.-L. Nancy, *L'Absolu littéraire*, Paris, Seuil, 1978, p. 132.

Si par là le conte de *La Main enchantée* est bien un manifeste esthétique en faveur du romantisme, – on remarquera que cette dimension s'accomplit dans le cadre d'une « camaraderie » (celle des Bousingos), – le conte supposant un public complice, une connivence avec le lecteur ou l'auditoire, une communauté immédiate rassemblée par le lien vivant de la parole.

Un trait doit encore attirer l'attention : si le conte est une fable, Nerval s'engage dans sa fable beaucoup plus profondément qu'il n'y paraît. Car *La Main enchantée* est aussi une métaphore de la main de l'écrivain, mue par une force qui la dépasse, et produisant alors un conte qui est toujours déjà un conte de *seconde main*, nourri de tous les contes qui l'ont précédé et qu'il prolonge dans une invention toujours renouvelée[47]. Si le conte romantique participe de la magie, celle-ci n'est pas la magie des grimoires ésotériques que Nerval se plaît à évoquer, mais celle de la littérature comme telle[48], à laquelle, dès ses premiers écrits, Nerval voue sa vie, – un peu comme Faust donnait son âme au diable.

LE MONSTRE VERT

Le deuxième « conte » – ou la deuxième « facétie » – que Nerval recueille en 1852 dans *Contes et facéties* s'intitule *Le Monstre vert*, alors que le texte avait été déjà publié à trois reprises, toutes trois à la fin de l'année 1849, sous le titre *Le Diable vert*, avec en outre, dans sa première publication, la mention « Légende parisienne[49] ».

Comme *La Main enchantée*, *Le Monstre vert* a en effet pour cadre le Paris du début du XVIIe siècle. Et c'est une locution proverbiale, « C'est au diable Vauvert ! Allez au diable Vauvert[50] ! », qui lance le récit, – Nerval s'appuyant sur des historiens anciens – Sauval, Félibien, Saint-Foix,

47 Cet aspect a été développé par Gérard Macé dans *Ex libris. Nerval – Corbière – Rimbaud – Mallarmé*, Paris, Gallimard, 1980, p. 15-24.

48 Voir les pages consacrées à *La Main enchantée* par Yves Vadé, dans *L'Enchantement littéraire. Écriture et magie de Chateaubriand à Rimbaud*, Paris, Gallimard, 1990 (p. 155-158).

49 Ces trois publications sont les suivantes : – *La Silhouette*, 7 octobre 1849 (avec le sous-titre « Légende parisienne », et, en bas de page, la mention « Extrait inédit d'un almanach de 1850 ») ; – *La Revue comique à l'usage des gens sérieux. Histoire morale, philosophique, politique, critique, littéraire et artistique de l'année 1849*, 38e livraison, décembre 1849, p. 181-184 ; – et *Le Diable vert, almanach satirique, pittoresque et anecdotique, donnant en regard du calendrier grégorien le calendrier républicain, d'après l'annuaire de la Convention, avec l'explication raisonnée des divisions de l'année, renfermant le lorgnon du Diable vert à l'aide duquel on verra le passé, le présent et l'avenir daguerréotypés dans une suite de vignettes*, 1850 (p. 17-22).

50 *Le Monstre vert*, OC X bis, p. 141.

et à nouveau Dulaure[51] – pour en élucider le sens, et pour cautionner savamment ses propres fantaisies.

Ce conte parisien est aussi un conte fantastique, qui, comme tel, se souvient de Hoffmann, mais aussi de Gautier, – non sans tirer parti, en outre, de diverses « facéties scientifiques » portant sur les pouvoirs du magnétisme dont les journaux sont alors pleins[52].

Toutefois le ton alerte et pince-sans-rire du récit, paru d'abord dans des journaux satiriques, signale une autre veine littéraire que Nerval a abondamment exploitée et interrogée : celle du *canard* journalistique, qui décline alors le genre du conte selon une forme sans doute mineure, mais bien adaptée à l'époque de la « littérature industrielle », et, en vérité, riche d'implications esthétiques et philosophiques pour l'écrivain « fantaisiste » que fut le Nerval « feuilletoniste ».

La figure du « monstre vert » est en effet d'abord une *scie* journalistique qui remonte aux années 1830, puisque Théophile Gautier la mentionne dans la préface de *Mademoiselle de Maupin* : évoquant ceux qu'il nomme « les journalistes blasés », toujours enclins à refuser une quelconque nouveauté aux choses, Gautier dit de ceux-ci qu'ils ont été cause de ces scies inlassablement ressassées que sont « *Jocko* », le « *Monstre vert* », les « *Lions de Mysore* » et « mille autres belles inventions[53] ». Un monstre vert, également mentionné dans le récit intitulé « Le Bol de punch » des *Jeunes-France* et renvoyant probablement à une pièce à succès de Merle et Antoni représentée à la Porte-Saint-Martin en 1826[54],

---

51 *Idem*. Les ouvrages en question sont les suivants : Henri Sauval, *Histoire et recherches des antiquités de la ville de Paris*, Moette et Chardon, 1724, 3 vol. ; Michel Félibien, *Histoire de la ville de Paris*, Desprez et Desessartz, 1725, 5 vol. ; Georges François Poullain de Saint-Foix, *Essais historiques sur Paris*, 1754-1758, in *Œuvres complètes*, Vve Duchesne, 1778, t. III et IV ; Jacques-Antoine Dulaure, *Histoire civile, physique et morale de Paris*, 1825, [6e éd., Furne, 1839].

52 Jacques Bony signale en effet plusieurs échos du *Monstre vert* dans la littérature fantastique, où, comme dans *Le Monstre vert*, des objets s'animent : ainsi dans *Le Pot d'or* d'Hoffmann, ou dans *La Cafetière* de Gautier. À la suite de Max Milner (*Le Diable dans la littérature française de Cazotte à Baudelaire*), Jacques Bony signale également que, à la fin des années 1840, « les journaux retentissent d'affaires de "magie" ou de "magnétisme" où l'on voit des objets se déplacer sans cause » (NPl III, p. 1139). Une autre source est possible : *Le Château de Vauvert*, roman noir de 1812, attribué à Mme de Méré.

53 Théophile Gautier, *Romans, contes et nouvelles*, édition établie sous la direction de Pierre Laubriet, Paris, Gallimard, « Bibliothèque de la Pléiade », 2002, *Mademoiselle de Maupin*, « Préface », p. 237.

54 Telle est l'hypothèse de Paolo Tortonese qui, dans son annotation du « Bol de punch » (*Les Jeunes-France*), mentionne la pièce *Le Monstre et le Magicien* de Merle et Antoni représentée

hante donc déjà dans les cercles de la bohème bousingot et les milieux de la petite presse.

Pour Nerval, donner à son récit le titre de *Monstre vert*, ou d'abord de *Diable vert*, revient donc à déployer sous forme de « conte », ou sous forme de « facétie », ce qui est d'abord un « canard » de presse. Daniel Sangsue a montré à quel point Nerval s'est intéressé à cette pratique du canard[55], non seulement par goût d'« humoriste » (ce qu'il était aussi aux yeux de ses contemporains[56]), mais encore parce que le canard lui apparaît comme étant au principe même de toute invention littéraire et vaut donc comme une métaphore ironique du conte et de ses pouvoirs de mystification. En témoigne l'article intitulé « Histoire véridique du canard » que Nerval a publié en octobre 1844 dans *Le Diable à Paris* : après avoir énuméré plaisamment les supercheries qui, de l'Antiquité à l'époque contemporaine, aussi bien en littérature que dans les religions, les sciences ou encore les systèmes politiques utopistes, ont *fait foi* auprès d'un public crédule ou fervent, Nerval définit le canard comme « *l'accouplement* du paradoxe et de la fantaisie[57] », – comme une *chimère* donc, associant les pouvoirs de l'esprit à ceux de l'imagination, et propre à mettre en question les frontières du vrai et du faux, de la réalité et de la fiction, de l'invention et de l'histoire véridique, – comme le récit d'*Aurélia* mettra en question les frontières du songe et de la vie réelle.

Le lien entre *Le Diable vert* et le canard de presse est d'autant plus manifeste qu'à la fin de la version de la *Revue comique à l'usage des gens sérieux* comme à la fin de celle de l'*Almanach satirique, pittoresque et anecdotique* de 1850, Nerval ajoute à son conte fantastique un développement facétieux où il énumère les « inexplicables lutineries » dont le diable vert se serait encore rendu coupable dans l'actualité récente : des coups de pistolets tirés d'on ne sait où, des applaudissements mystérieux, des pluies de crapauds, « une pluie de pièces de cent sous qui eut lieu vers 1821 », des chutes de pierres dans le quartier d'Enfer ; une mission secrète lui aurait même été confiée,

à la Porte-Saint-Martin le 10 juin 1826, où il est question d'un « homme vert » (Gautier, *Œuvres*, édition de Paolo Tortonese, Paris, Robert Laffont, 1995, p. 1563).

55 Daniel Sangsue, « Le canard de Nerval », *Europe*, n° 935, mars 2007, p. 52-67.

56 Voir le témoignage de Champfleury, « Gérard de Nerval », *Grandes figures d'hier et d'aujourd'hui*, 1861, Genève, Slatkine Reprints, 1968, p. 171 : « [Gérard] tiendra certainement une haute place de conteur et de voyageur humoriste ».

57 *Le Diable à Paris*, octobre 1844, « Histoire véridique du canard », NPl I, p. 860.

dit-on, par le chef de la police, M. Carlier[58] ; et ce diable serait lui-même un « canardier » puisqu'il aurait tenu (en images[59]) la revue des événements politiques de l'année 1848. Plus encore dans la « note essentielle » qui termine la version de l'*Almanach satirique, pittoresque et anecdotique* de 1850, Nerval amalgame plaisamment deux types de sources pour cautionner ses dires : des ouvrages d'occultisme – le *Comte de Gabalis* de l'abbé de Villars, le *Monde enchanté* de Bekker –, mais aussi un autre *almanach* qualifié de *cabalistique*, publié en octobre 1849 et intitulé *Le Diable rouge* que Nerval dit « un peu cousin » du *Diable vert* : Nerval y racontait déjà les mésaventures du Diable en suivant les divers récits qui ont été faits de sa Chute, – de la Bible à Milton en passant par Dante ou par le père Kircher ; et, de fil en aiguille, il associait la malédiction qui pèse sur cet éternel vaincu à la malédiction qui pèse sur « les prophètes rouges » et autres socialistes utopistes auxquels la récente Révolution de 1848 a semblé un temps redonner voix. De la politique, Nerval revient au conte fabuleux et facétieux, puisque le dernier des textes qu'il insère dans *Le Diable rouge* évoque un de ces « évêques de la mer », attestés par Henri Heine, – et dont voici l'histoire :

> L'un d'eux fut, dit-on, pêché au seizième siècle dans la mer du Nord et présenté au pape avec lequel il eut un long entretien. Le chagrin qu'il éprouvait d'être séparé de ses ouailles fut cause que le pape donna ordre ensuite de le replonger à l'endroit où on l'avait pris[60].

Derrière le plaisir manifeste de conter, ces diverses histoires, toutes plus ou moins *diaboliques*, dévoilent quelques nouveaux enjeux du conte selon Nerval. Il est clair ici que le conte est investi d'une charge politique implicite, que les périodes révolutionnaires font revenir à la surface : non seulement parce que le diable, rouge ou vert, est, dans l'actualité immédiate, partie prenante de la Révolution de 1848 dont il serait le plus zélé « canardier » en même temps que « l'imagier » le plus facétieux ; non seulement aussi parce qu'à ce titre Nerval l'inclut implicitement

---

58 Au début du *Diable vert* dans la version de la *Revue comique à l'usage des gens sérieux*, on peut voir une gravure portant la légende suivante : « M. Carlier conduisant l'expédition de la rue Rumfort ». On y voit M. Carlier, qui était alors chef de la police, investir une masure et ne trouver, au lieu des conspirateurs (monarchistes) recherchés, que deux pauvres chats (voir reproduction p. 166).

59 La version de *L'Almanach* de 1850 est en effet illustrée d'images retraçant les événements de 1848, – car le diable est alors autant « imagier » que « canardier ».

60 *Le Diable rouge. Almanach cabalistique*, octobre 1840, « L'Évêque de mer », NPl I, p. 1275.

dans la lignée *oppositionnelle* de ceux qu'il nommera bientôt *les fils et filles du feu* ; mais surtout parce qu'il incarne, en les mettant en abyme, les pouvoirs mêmes du conte, et donc de la littérature, – pouvoirs qui consistent à faire passer pour vrai ce qui est faux, à donner l'invention pour authentique, et à conférer aux « chimères » une efficace, sinon magique, du moins *poétique*, capable de compenser littérairement le déclin des croyances anciennes, – serait-ce, en l'occurrence, sur le mode de l'humour, du canard ou de la blague.

LA REINE DES POISSONS

Avant d'être reprise dans *Contes et facéties*, *La Reine des poissons* a d'abord été publiée, sans titre spécifique, dans un article du *National*, le 29 décembre 1850, consacré aux « Livres d'enfants » ; de là, toujours sans titre propre, le conte passera dans *La Bohême galante* lors de la livraison de *L'Artiste* du 15 décembre 1852 ; et cette version, ainsi raccordée à la veine valoisienne et intimiste que Nerval développe alors, essaimera à son tour, cette fois sous le titre explicite de *La Reine des poissons*, d'une part dans *Contes et facéties* (1852) où la question du « genre » revient au-devant de la scène, et d'autre part, deux ans plus tard, dans *Les Filles du feu* (1854) à la fin des *Chansons et légendes du Valois* qui sont elles-mêmes annexées à *Sylvie*, alors que la question du « conte » est maintenant subsumée dans celle, plus mystérieuse, du « mythe personnel » de Nerval[61].

La première publication en feuilleton dans *Le National* à la fin de l'année 1850 mérite qu'on s'y arrête. Le conte de *La Reine des poissons* y est associé à une réflexion sur « Les Livres d'enfants », où Nerval, avant de rendre compte de *Gribouille* de George Sand, des *Fées de la mer* d'Alphonse Karr, et du *Royaume des roses* d'Arsène Houssaye[62], remonte,

---

61 Il faut ajouter que Nerval a songé à publier *La Reine des poissons* à la suite immédiate de *Sylvie* alors qu'il cherchait à faire éditer à part sa nouvelle et à la faire illustrer par Maurice Sand. C'est ce qu'atteste la lettre du 5 novembre 1853 à Maurice Sand : « J'ajouterai au livre [*Sylvie*] un conte de veillée : *La Reine des poissons* que j'ai écrit dans *Le National* en rendant compte de *Gribouille* » (NPl III, p. 821). Ce projet, qui ne vit pas le jour, aurait fait de *Sylvie* un livre illustré, un peu à la manière des contes littéraires pour enfants dont Nerval rend compte dans *Le National* du 29 décembre 1850 ; et réciproquement il aurait fait de *La Reine des poissons*, plus qu'un conte de veillée, un conte symbolique, – à la manière de *Sylvie* et à la manière du *märchen* romantique.

62 Ces trois contes ont été publiés au début de l'année 1851 dans une collection destinée aux enfants, chez Blanchard, et chacun d'entre eux est illustré.

à travers le relais des *Contes de ma mère l'Oye*, à l'origine même des contes pour enfants, – c'est-à-dire, écrit-il, aux « récits de la campagne », aux « veillées », ou à « ces vieilles chansons de grand-mères qui se perdent de plus en plus[63] ». La parution, à la fin de l'année 1850, de « ces trois publications d'étrennes, illustrées si richement[64] » que sont *Gribouille*, *Les Fées de la mer* et *Le Royaume des roses* est donc l'occasion pour Nerval de revenir à son intérêt ancien pour les traditions poétiques orales qui s'était manifesté, dès son article de 1842 sur « Les Vieilles Ballades françaises[65] », – si bien que c'est en « folkloriste » que Nerval aborde maintenant la question du conte. De fait, dans la version du *National*, le conte de *La Reine des poissons* est donné comme le fruit d'une enquête, ethnographique autant que poétique, que l'écrivain-feuilletoniste vient de faire en quelque sorte *sur le terrain*, – dans le Valois :

> Nous venons de visiter un pays de légendes situé à quelques lieues seulement au-dessus de Paris, mais appartenant aux contrées traversées par l'ancien courant des invasions germaniques qui y a laissé quelque chose des traditions primitives qu'apportaient ces races chez les Gallo-Romains.
>
> Voici un de ces récits qui nous a frappé vivement par sa couleur allemande et que nous ne citons que parce qu'il a quelque affinité avec la légende de Gribouille, admirablement rendue par George Sand.
>
> C'était un pâtre qui racontait cela aux assistants assis autour d'un feu de bruyère, tandis qu'on travaillait autour de lui à des filets et à des paniers d'osier.
>
> Il parlait d'un petit garçon et d'une petite fille [...][66].

Nerval se fait donc le « collecteur » d'un conte populaire qu'il prétend avoir entendu dire par un pâtre, – en mettant d'ailleurs en scène cette oralité quand il note, au cours de son récit, les réactions de l'assistance[67]. Ce faisant, Nerval a conscience, comme Nodier ou comme Hugo[68], de sauver de l'oubli un patrimoine oral, précaire par nature et de plus en

63 *Le National*, 29 décembre 1850, NPl II, p. 1252.

64 *Le National*, 29 décembre 1850, NPl II, p. 1258.

65 « Les Vieilles Ballades françaises », *La Sylphide*, 10 juillet 1842, NPl I, p. 754-761.

66 *Le National*, 29 décembre 1850, NPl II, p. 1252.

67 Par exemple : « À ce moment du conte, les vanniers écoutaient avec une grande attention, car, comme on sait, leur industrie se rapporte à la pêche par de grandes nasses d'osier [...] » (NPl II, p. 1254).

68 Dans la *Légende de sœur Béatrix* (1837), Nodier souligne en effet la précarité du répertoire oral qu'il s'agit de recueillir : « Hâtons-nous d'écouter les délicieuses histoires du peuple avant qu'il les ait oubliées » (Nodier, *Contes*, édition de Pierre-Georges Castex, Paris, Garnier, 1961, p. 784) ; de même Hugo, dans *Le Rhin* (1842), écrit : « Il faut pourtant

plus menacé. Mais il se montre en outre capable d'élaborer une véritable théorie du conte populaire qui s'insère très précisément dans des débats d'époque[69]. Comme Nodier, en effet, Nerval considère que la France, non moins que l'Angleterre ou l'Allemagne, a son fonds propre de légendes et de contes folkloriques ; et il invite les écrivains à aller y puiser, comme précisément l'ont fait, avant les Français, les Anglais ou les Allemands. Le conte, à ses yeux, est donc « naïf », moins du fait qu'il s'adresse d'abord à des enfants, que parce qu'il apparaît comme l'émanation immédiate d'un peuple et de son *génie* particulier exprimé dans un pays ou une région (en l'occurrence, « ce vieux pays du Valois où, pendant plus de mille ans, a battu le cœur de la France[70] »). Pour autant, cet ancrage valoisien que Nerval tient à souligner en recueillant *La Reine des poissons* n'empêche pas une diffusion très large des motifs légendaires : cette diffusion peut avoir des causes historiques, – d'où la mention de ces « invasions germaniques » qui ont déposé dans le Valois un fonds légendaire nouveau qui s'est mêlé aux traditions gallo-romaines ; mais elle résulte aussi de constantes anthropologiques que les contes et légendes de tous les peuples, sous leurs infinies variations de surface, laissent transparaître. À sa façon, Nerval propose une approche « comparatiste » des contes et des légendes, qui fait que l'histoire de *La Reine des poissons*, quelle que soit l'interprétation qu'on lui donne[71], se retrouve, « structurellement », d'une culture à l'autre, identique, sous les *avatars* les plus divers. C'est ce que suggère le commentaire qu'il donne à la fin de son récit :

ramasser cela dans la mémoire des peuples » (*Le Rhin*, lettre XXVII, in *Œuvres complètes, Voyages*, édition d'Évelyn Blewer, Paris, Robert Laffont, coll. « Bouquins », 1987, p. 285).

69 Voir Jacques Bony, « Nerval et le débat sur l'origine des contes », dans *Aspects de Nerval. – Histoire – Esthétique – Fantaisie*, Paris, Eurédit, 2006, p. 253-266.

70 OC XI, p. 174.

71 Dans la version du *National*, Nerval donne deux interprétations possibles de la *Reine des poissons* : une interprétation socio-historique, qui fait du combat de Tord-Chêne contre le Prince des forêts « une allusion à quelqu'une de ces usurpations si fréquentes au Moyen Âge, où un oncle dépouille un neveu de sa couronne et s'appuie sur les forces matérielles pour opprimer le pays » ; et une interprétation historico-mythique, qui fait de la révolte des éléments contre Tord-Chêne une traduction de « cette antique résistance issue des souvenirs du paganisme contre la destruction des arbres et des animaux » : « Là, comme dans les légendes des bords du Rhin, l'arbre est habité par un esprit, l'animal garde une âme prisonnière. Les bois sacrés de la Gaule font les derniers efforts contre cette destruction qui tarit les forces vives et fécondes de la terre, et qui, comme au Midi, crée des déserts de sable où existaient les ressources de l'avenir » (NPl II, p. 1255).

> Le type de toutes ces légendes, soit en Allemagne, soit en France, ne varie que par les détails, incroyablement fantasques. La poésie, le style et la description y ajoutent des grâces charmantes[72].

D'une société à une autre, comme d'une tradition légendaire à une autre, les contes, mythes et légendes font entrevoir un même « type » dont les récits, multiples et changeants, se déclinent cependant selon une « morphologie » identique[73].

Ce savoir sur le conte qui entoure la relation de *La Reine des poissons* est d'autant plus significatif que *La Reine des poissons*… n'est peut-être pas, précisément, un conte folklorique « authentique » : non que *La Reine des poissons* soit une pure « invention » (ou une « facétie ») de Nerval ; mais tout donne à penser que la version qu'en restitue Nerval est en réalité une sorte de *à la manière* des contes populaires, où Nerval, en partant probablement de ce qu'il a pu entendre au cours de ses pérégrinations dans le Valois, s'approprie cette matière folklorique au point de la fondre entièrement dans sa manière propre et, subrepticement, de la plier aux lois secrètes de son imaginaire. Il n'existe pas en effet, dans les recueils de contes folkloriques que l'on peut consulter, de *Reine des poissons* analogue à la version que donne Nerval[74]. En revanche, comme Jacques Bony l'a montré[75], plusieurs motifs appartiennent bien à la tradition folklorique : le personnage de Tord-Chêne, qui est ici l'oncle du petit garçon et le bûcheron usurpateur du Prince des forêts, est attesté dans le conte *Jean de l'Ours*, où il est doté d'une force si prodigieuse qu'il lie les fagots avec des chênes de cent ans ; quant au motif du poisson merveilleux, il apparaît dans bien des contes, aussi bien « populaires » que « littéraires ». Mais le thème des deux enfants unis l'un à l'autre, et ne se connaissant que pour s'être rencontrés en rêve, est plus spécifiquement « nervalien » ; comme est plus spécifiquement « nervalienne » la transfiguration finale (« Ici la scène de la légende prend

72 *Idem.*

73 Dans son introduction aux *Chants populaires de la Bretagne*, Théodore Hersart de La Villemarqué notait déjà : « Les poésies populaires de toutes les nations offrent des analogies frappantes ». Quant à la *Morphologie du conte*, elle a fait l'objet d'une analyse structurale par Vladimir Propp en 1970.

74 Voir Paul Bénichou, *Nerval et la chanson folklorique*, Paris, José Corti, 1970, p. 179, n. 5 ; et Michel Olsen, « *La Reine des poissons*, conte populaire ou création poétique ? », *Revue romane* (Copenhague), 1967/1, p. 224-231.

75 Jacques Bony, *Le Récit nervalien. Une recherche des formes*, Paris, José Corti, 1990, p. 95-136.

d'étranges proportions » peut-on lire dans la version du *National*[76]), où Tord-Chêne prend l'allure d'un fils d'Odin tentant d'abattre le Prince des forêts et où la Reine des poissons en appelle aux puissances des rivières pour faire battre en retraite Tord-Chêne : c'est déjà, en un sens, l'univers d'*Aurélia*, hanté par la crainte d'un « Déluge universel » qui ferait chanceler le monde entier.

L'imagination nervalienne s'approprie donc l'imagination folklorique, en sorte que la poésie personnelle de Nerval se réinscrit dans la lignée de la poésie collective et anonyme des contes populaires, mais en sorte aussi que le conte populaire se voit élevé à la puissance « supernaturaliste » de la poésie, – à l'égal du *märchen* allemand, dans lequel Novalis, à la suite notamment de Herder, voyait la traduction la plus immédiate et plus haute du monde invisible[77].

NERVAL CONTEUR

La Main enchantée, *Le Monstre vert*, *La Reine des poissons* modulent donc, chacun à sa façon, quelques-unes des valeurs que peut revêtir le genre du conte selon Nerval. Mais, en 1852, le petit recueil des *Contes et facéties* qui rassemble ces textes d'inspiration si différente les fait aussi entrer implicitement dans une chaîne plus grande qui illustre, selon plus de variétés encore, la manière de Nerval conteur : en amont, il y a maintenant les contes orientaux – l'*Histoire du calife Hakem* et l'*Histoire de la reine du Matin et de Soliman, prince des génies* – que Nerval a insérés en 1851 dans le *Voyage en Orient* ; en aval, il y aura quelques-unes des « nouvelles » rassemblées dans *Les Filles du feu* (1854), ainsi que le récit d'*Aurélia* qui se réclame, peu ou prou, du conte initiatique dont l'un des modèles exemplaires est pour Nerval *L'Âne d'or* d'Apulée. L'œuvre de Nerval, considérée à la fois dans son déploiement et sa totalité, est faite de telle façon que les textes s'y éclairent de « reflets réciproques », dirait Mallarmé, et tirent de ces multiples miroitements un sens chaque fois nouveau, mobile, et mystérieux.

Reconsidéré dans un tel ensemble, le genre du conte pose alors au moins deux questions cruciales aux yeux de Nerval.

---

76 *Le National*, 29 décembre 1850, NPl II, p. 1254.

77 Voir Novalis, *Fragments*, traduit de l'allemand par Maurice Maeterlinck, Paris, José Corti, 1992, p. 208. Sur l'affinité du songe et du conte chez Herder, voir Albert Béguin, *L'Âme romantique et le rêve* [1937], Paris, José Corti, 1991, p. 157.

La première a trait à la communauté qu'instaure la parole, fondamentalement partagée, du conte. Chacun des récits rassemblés dans *Contes et facéties* donne à cette communauté une assise apparemment objective qui soutient l'écriture nervalienne dans son premier élan : la camaraderie des bousingos pour *La Main de Gloire*; les cercles de la petite presse pour *Le Diable vert*; ou bien encore les contes de veillée pour *La Reine des poissons*, qui font réapparaître la fonction du conteur dans sa dimension primordiale. De même, pour les contes orientaux recueillis dans le *Voyage en Orient*, Nerval feint d'attribuer l'*Histoire du calife Hakem* (pourtant entièrement livresque) à un cheikh druse qui la lui aurait racontée ; et il feint d'attribuer l'*Histoire de la reine du matin et de Soliman, prince des génies* (non moins livresque) à la narration, continuée plusieurs nuits à la suite, d'un conteur entendu dans un café de Stambul. L'enjeu de telles mises en scène de la parole est important : il s'agit pour Nerval, par-delà les petites communautés qu'ont suscitées les travaux et les jours du Romantisme, de réinscrire la fonction de conteur dans une *lignée* immémoriale, – que celle-ci trouve son origine mythique en Orient, foyer de toutes les croyances (« en Orient tout devient conte », écrit Nerval[78]), ou bien qu'elle trouve sa source vive et plus intime dans le Valois, terre maternelle et terre de légendes pour celui qui se qualifiera finalement de « rêveur en prose[79] ». Cependant les derniers textes signalent aussi la précarité d'un tel ancrage communautaire de la parole, quand Nerval est conduit à conter l'histoire de sa « folie », sans que celle-ci puisse désormais trouver l'écoute qui en recueillerait la « sagesse ». En ce sens, *Les Filles du feu* ou *Aurélia* expérimentent une écriture qui se découvre de plus en plus tragiquement adossée à la solitude, – même si, jusque dans l'enfermement de la folie, Nerval se tourne encore vers un destinataire, et même si sa prose demeure intimement portée par une voix qui suppose encore *un autre* et continue à *faire lien*[80].

La seconde grande question que pose le conte pour Nerval est celle de la valeur symbolique de la fable, à un moment où le système des

78 *Voyage en Orient*, NPl II, p. 525.

79 *Promenades et souvenirs*, NPl III, p. 680.

80 L'épisode de Saturnin à la fin d'*Aurélia* illustre ce lien retrouvé de la parole, à un moment où ce lien semblait le plus improbable. Nerval ramène le pauvre malade à la vie en lui chantant… « d'anciennes chansons de village » (OC XIII, p. 122).

croyances traditionnelles a été brisé. Le conte romantique pourra-t-il jamais retrouver la mystérieuse évidence allégorique que revêtait *Le Songe de Poliphile* pour les hommes de la Renaissance[81] ? Serait-il encore possible de lire le récit d'*Aurélia* comme Dante voulait qu'on lût la *Vita nuova*, – c'est-à-dire en y recueillant, non les détails d'une vie, mais leur sens, poétiquement révélé[82] ? Ou bien, pour le dire autrement : quelle « resymbolisation » la littérature, à travers le conte qui en exemplifie les pouvoirs et les ambiguïtés, peut-elle opposer à la « désymbolisation » du langage et au « désenchantement » du monde ? Et comment peut-elle réaccorder la fiction, désormais reconnue comme telle, à la vérité, maintenant ressentie comme absente ? La réponse de Nerval est complexe, jusqu'au vertige. D'un côté, il s'agit pour le conteur, écrit Nerval, de « croire en sa fable », comme le fait par exemple Jacques Cazotte à un moment où la pensée des Lumières, et, avec elle, le conte philosophique, ont pourtant ébranlé les croyances anciennes avant que celles-ci ne soient emportées dans la Révolution[83]. De l'autre, il s'agit d'affecter la croyance en la fable d'un indice d'ironie qui à la fois magnifie la fiction et la distancie en en dévoilant les ressorts. C'est dans cet équilibre que se tient par exemple la figure d'Apulée pour Nerval[84] ; et c'est cet équilibre, en vérité vite affolant, que ne parvient

81 Sur la valeur du *Songe de Poliphile* dans l'œuvre de Nerval, voir Jean-Nicolas Illouz, « Nerval, poète renaissant », *Littérature*, n° 158, juin 2010, p. 5-19, – étude reprise dans l'introduction de OC I.

82 Sur la « romantisation » de la *Vita nuova* de Dante dans *Aurélia* de Nerval, voir Jean-Nicolas Illouz, « "Un mille-pattes romantique" : *Aurélia* de Gérard de Nerval ou le Livre et la Vie », *Romantisme*, n° 161, 2013, p. 73-86, étude reprise dans l'introduction de Gérard de Nerval, OC XIII, *Aurélia*, édition préfacée, établie et annotée par Jean-Nicolas Illouz, Paris, Classiques Garnier, Bibliothèque du XIXe siècle, 2013.

83 Les premières pages de l'étude consacrée à Jacques Cazotte sont une réflexion sur les valeurs du conte au siècle des Lumières. Nerval distingue deux sortes de conte : d'un côté les « contes charmants », purs jeux d'esprit, par lesquels Montesquieu, Diderot ou Voltaire allaient, sans s'en rendre compte, renverser la société d'ancien régime ; de l'autre les contes d'auteurs qui, comme Cazotte, se découvrent impliqués jusqu'à la folie dans leurs œuvres : « Mais le poète qui croit à sa fable, le narrateur qui croit à sa légende, l'inventeur qui prend au sérieux le rêve éclos de sa pensée, voilà ce qu'on ne s'attendait guère à rencontrer en plein XVIIIe siècle, à cette époque où les abbés poètes s'inspiraient de la mythologie, et où certains poètes laïques faisaient de la fable avec les mystères chrétiens » (OC IX, p. 268).

84 Voir le portrait d'Apulée dans l'étude sur Jacques Cazotte : « Apulée, l'initié du culte d'Isis, l'illuminé païen, à moitié sceptique, à moitié crédule, cherchant sous les débris des mythologies qui s'écroulent les traces de superstitions antérieures ou persistantes,

plus à trouver le personnage de Brisacier, figure nervalienne de ces « conteurs qui ne peuvent inventer sans s'identifier aux personnages de leur imagination[85] » et figure du comédien qui entre si pleinement dans la pièce qu'il joue qu'il voudrait alors incendier le cercle trop étroit du théâtre. Cette ambiguïté, par laquelle le conte requiert à la fois ferveur et ironie, crédulité et réflexion, est portée à son comble dans la conception romantique du conte, – quand le conte engage la vie de son auteur et trouve en celle-ci la recharge symbolique qui lui faisait défaut, – et quand la vie en retour se résout tout entière dans la poésie, dès lors qu'il s'agit en effet, comme le voulait Novalis, de « romantiser le monde ». Nerval accomplirait ainsi quelque chose du programme de l'idéalisme allemand, en le portant jusqu'au point où la pensée romantique se couronne ou s'abîme dans la folie.

Dans un passage de *Promenades et souvenirs*, l'un des derniers textes qu'il ait écrits, Nerval met en scène, avec une ironie douce et un humour triste, la figure du brillant conteur qu'il fut pour ses contemporains. Le narrateur n'a pas trouvé d'autre asile pour passer la nuit qu'une salle de garde ; et là, il se met à raconter aux militaires ses voyages :

> On jeta du bois dans le poêle ; je me mis à causer de l'Afrique et de l'Asie. Cela les intéressait tellement que l'on réveillait pour m'écouter ceux qui s'étaient endormis. Je me vis conduit à chanter des chansons arabes et grecques [...][86].

Comme à l'asile auprès de Saturnin, Nerval, au poste de police, retrouve l'antique fonction du rhapsode, et, par les pouvoirs du conte, il recrée la possibilité d'un lien et, en quelque sorte, refonde la communauté humaine au moment où celle-ci semblait absente.

Si donc la fonction du conteur revient dans l'œuvre de Nerval avec tant d'éclat, c'est que Nerval la donne aussi dans son éloignement nouveau, alors qu'elle a déjà perdu, parmi les hommes, de son évidence, et alors que l'expérience qu'elle prend en charge est devenue de moins en moins communicable ou de plus en plus indicible. Walter Benjamin

---

expliquant la fable par le symbole, et le prodige par une vague définition des forces occultes de la nature, puis, un instant après, se raillant lui-même de sa crédulité, ou jetant çà et là quelque trait ironique qui déconcerte le lecteur prêt à le prendre au sérieux [...] » (*Les Illuminés*, OC IX, p. 277).

85 Préface aux *Filles du feu*, « À Alexandre Dumas », OC XI, p. 50.

86 *Promenades et souvenirs*, NPl III, p. 678.

faisait le même constat à propos de l'œuvre de Nicolas Leskov[87]. Nerval, quant à lui, aura tenté jusqu'à la fin de préserver le chant au bord du plus obscur, et de l'offrir encore à ceux qui ne savent plus l'entendre.

Jean-Nicolas ILLOUZ

87 Rappelons les premières lignes de l'étude de Walter Benjamin intitulée, précisément, *Le Conteur. Réflexions sur l'œuvre de Nicolas Leskov* : « Le conteur – si familier que nous soit ce nom – est loin de nous être entièrement présent dans son activité vivante. Il est à nos yeux déjà un phénomène lointain, et qui s'éloigne de plus en plus. » (Walter Benjamin, *Œuvres*, III, Traduit de l'allemand par Maurice Gandillac, Rainer Rochlitz et Pierre Rusch, Paris, Gallimard, Folio, 2000, p. 114).

LES NUITS D'OCTOBRE

PARIS, – PANTIN – ET MEAUX

[LES NUITS D'OCTOBRE]

Paris[1]

I. – LE RÉALISME

Avec le temps, la passion des grands voyages s'éteint, à moins qu'on n'ait voyagé assez longtemps pour devenir étranger à sa patrie. Le cercle se rétrécit de plus en plus, se rapprochant peu à peu du foyer. – Ne pouvant m'éloigner beaucoup cet automne, j'avais formé le projet d'un simple voyage à Meaux[2].

Il faut dire que j'ai déjà vu Pontoise.

J'aime assez ces petites villes qui s'écartent d'une dizaine de lieues du centre rayonnant de Paris, planètes modestes. Dix lieues, c'est assez loin pour qu'on ne soit pas tenté de revenir le soir, – pour qu'on soit sûr que la même sonnette ne vous réveillera pas le lendemain, pour qu'on trouve entre deux jours affairés une matinée de calme.

Je plains ceux qui, cherchant le silence et la solitude, se réveillent candidement à Asnières.

---

1 *Les Nuits d'octobre* paraissent en feuilleton dans *L'Illustration – Journal universel*, les 9, 23, 30 octobre et 6 et 13 novembre 1852. Le titre de section, « Paris », qui ouvre le feuilleton, ne sera pas suivi par les titres des deux autres sections que l'on aurait attendues : « Pantin », puis « Meaux ».

2 À Meaux annoncé ici va être substitué pour une large part du récit le centre du cercle : Paris, et même le centre de Paris. L'observation s'effectue progressivement au plus près, mais de telle façon que l'étrange et l'étranger se confondent pour peu que le regard soit attentif à l'objet. Baudelaire écrivait en 1848 à propos de Champfleury (dans *Le Corsaire-Satan*, 18 janvier) que le problème était de s'appliquer « à bien voir les êtres et leurs physionomies toujours étranges pour qui sait bien voir » (Baudelaire, *Œuvres complètes*, Paris, Gallimard, Bibliothèque de la Pléiade, 1976, p. 23).

Lorsque cette idée m'arriva, il était déjà plus de midi. J'ignorais qu'au 1er du mois on avait changé l'heure des départs au chemin de Strasbourg[3]. – Il fallait attendre jusqu'à trois heures et demie.

Je redescends la rue Hauteville. – Je rencontre un flâneur que je n'aurais pas reconnu si je n'eusse été désœuvré, – et qui, après les premiers mots sur la pluie et le beau temps, se met à ouvrir une discussion touchant un point de philosophie. Au milieu de mes arguments en réplique, je manque l'omnibus de trois heures. – C'était sur le boulevard de Montmartre que cela se passait. Le plus simple était d'aller prendre un verre d'absinthe au café Vachette, et de dîner ensuite tranquillement chez Désiré et Baurain[4].

La politique des journaux fut bientôt lue[5], et je me mis à effeuiller négligemment la *Revue Britannique.* L'intérêt de quelques pages, traduites de Charles Dickens, me porta à lire tout l'article intitulé : *La Clef de la rue*[6].

3 La gare de l'Est, appelée gare de Strasbourg jusqu'en 1854, avait été inaugurée par Louis-Napoléon en 1850. La rue de Hauteville, mentionnée au paragraphe suivant, joint le boulevard Bonne-Nouvelle et la rue La Fayette.

4 Le café ou restaurant Vachette est situé rue du Faubourg Poissonnière, comme le restaurant Désiré et Beaurain.

5 La politique des journaux se ramène alors essentiellement aux faits et gestes de Louis-Napoléon Bonaparte. Le retour de l'Empire sera amorcé par le décret du 7 novembre 1852, lequel sera validé par le plébiscite des 21 et 22 novembre, puis promulgué le 2 décembre. Auparavant, et concomitamment à la publication du début des *Nuits d'octobre*, *L'Illustration* rapporte le voyage, avec force illustrations, du prince-président qui parcourt la province pour préparer la population à ce décret. On comprend que rien de neuf ne soit attendu de la « politique » dans les journaux. C'est le 9 octobre 1852 (jour de l'insertion de ce premier chapitre dans la revue), à Bordeaux, que sera prononcé le fameux discours proclamant « L'Empire, c'est la paix ». Voir l'article de Marta Kawano, « Un gros nuage sombre se dessinait à l'horizon. Nerval et Sterne », *Actes* du colloque *Nerval, histoire et politique*, Paris, Classiques Garnier, 2018, p. 161-174.

6 « La Clé de la rue ou Londres la nuit par Charles Dickens » paraît en effet dans la *Revue Britannique*, dirigée par Amédée Pichot, 7e série, t. 10, juillet 1852, p. 143-160. – On sait que cet article n'est pas de Dickens, mais de George Augustus Sala, collaborateur de Dickens. Ce dernier dirigeait la revue *Household Words* d'où l'article est repris. L'œuvre de Dickens était déjà largement connue en France, en particulier grâce aux traductions d'Amédée Pichot (*Contes de Noël*, 1847-1853, *David Copperfield*, 1851, dans la *Revue britannique*). Amédée Pichot ne semble pas s'être aperçu de la méprise, pas plus que Nerval lui-même de la platitude du texte de Sala, qu'aucun connaisseur ne peut confondre avec le grand romancier britannique. L'article aurait été revu par Dickens. Les articles consacrés à cette publication et à son rapport avec *Les Nuits d'octobre* sont cités par Claude Pichois (NPl III, p. 1099). Voir aussi l'article de Victoire Feuillebois, « Imiter Dickens ? » dans Corinne Bayle (dir.), *Nerval et l'autre*, Paris, Classiques Garnier, à paraître : sa conclusion

Qu'ils sont heureux les Anglais de pouvoir écrire et lire des chapitres d'observation dénués de tout alliage d'invention romanesque[7] ! À Paris, on nous demanderait que cela fût semé d'anecdotes et d'histoires sentimentales, – se terminant soit par une mort, soit par un mariage. L'intelligence réaliste de nos voisins se contente du vrai absolu.

En effet, le roman rendra-t-il jamais l'effet des combinaisons bizarres de la vie[8] ? Vous inventez l'homme, – ne sachant pas l'observer. Quels sont les romans préférables aux histoires comiques, – ou tragiques d'un journal de tribunaux ?

Cicéron critiquait un orateur prolixe qui, ayant à dire que son client s'était embarqué, s'exprimait ainsi : « Il se lève, – il s'habille, – il ouvre sa porte, – il met le pied hors du seuil, – il suit à droite la voie Flaminia, – pour gagner la place des Thermes, etc., etc.[9]. »

On se demande si ce voyageur arrivera jamais au port, – mais déjà il vous intéresse, et, loin de trouver l'avocat prolixe, j'aurais exigé le portrait du client, la description de sa maison et la physionomie des rues ; j'aurais voulu connaître même l'heure du jour et le temps qu'il faisait. Mais Cicéron était l'orateur de convention, et l'autre n'était pas assez l'orateur vrai.

---

est que *Les Nuits d'octobre* sont fidèles à Dickens, abstraction faite de Sala, parce que le récit de Nerval met au jour la misère des quartiers populaires, l'autre face du réalisme anglais. Elle souligne que le réalisme anglais auquel il est fait référence dans *Les Nuits d'octobre* est plus redevable à Dickens, en raison de sa dimension satirique, qu'à Sala. – Sur le réalisme dans les années 1850, voir, outre notre notice, p. 9-14, Champfleury – George Sand, *Du réalisme – Correspondance*, éd. Luce Abélès, édition des Cendres, 1991 ; Champfleury, *Le Réalisme*, Génève, Slatkine reprints, 1969.

7 L'expression est ironique en fonction de ce qui suit. Mais *Les Nuits d'octobre* vont justement montrer que cette absence d'« alliage » est le point fort du récit nervalien. Le chapitre v, « Les Nuits de Londres », met en revanche en évidence le bonheur des Anglais qui ne sont pas comme en France soumis à la censure pré-impériale qui sévissait depuis juillet 1850 et sur laquelle, en la tournant, Nerval avait composé *Les Faux Saulniers*. Un décret avait de nouveau limité la liberté de la presse le 17 février 1852.

8 Apparaît une des expressions clefs du récit : « les combinaisons bizarres de la vie ». L'adjectif « bizarre » sera récurrent.

9 Cicéron ou Quintilien illustrent les vertus oratoires de la brièveté dans la narration. Voir Henri Scepi, « L'essayisme nervalien. Étude d'une déviation », dans Pierre Glaudes et Boris Lyon-Caen (dir.), *Essais et essayisme en France au XIXe siècle*, Paris, Classiques Garnier, collection « Rencontres », 2014, p. 153-170. Mais le contenu de l'anecdote narrée est douteux.

II. – MON AMI

« Et puis, qu'est-ce que cela prouve ? » – comme disait Denis Diderot[10].

Cela prouve que l'ami dont j'ai fait la rencontre est un de ces *badauds* enracinés que Dickens appellerait *cockneys* ; – produits assez communs de notre civilisation et de la capitale. Vous l'aurez aperçu vingt fois, vous êtes son ami, – et il ne vous reconnaît pas. Il marche dans un rêve comme les dieux de l'*Iliade* marchaient parfois dans un nuage, – seulement, c'est le contraire : vous le voyez, et il ne vous voit pas.

Il s'arrêtera une heure à la porte d'un marchand d'oiseaux, cherchant à comprendre leur langage d'après le dictionnaire phonétique laissé par Dupont de Nemours, – qui a déterminé quinze cents mots dans la langue seule du rossignol[11].

Pas un cercle entourant quelque chanteur ou quelque marchand de cirage, pas une rixe, pas une bataille de chiens, où il n'arrête sa contemplation distraite[12]. L'escamoteur lui emprunte toujours son mouchoir, qu'il a quelquefois, ou la pièce de cent sols, – qu'il n'a pas toujours.

L'abordez-vous ? le voilà charmé d'obtenir un auditeur à son bavardage, à ses systèmes, à ses interminables dissertations, à ses récits de l'autre monde. Il vous parlera *de omni re scibili et quibusdam aliis*[13], pendant quatre heures, avec des poumons qui prennent de la force en s'échauffant, – et ne s'arrêtera qu'en s'apercevant que les passants font cercle, ou que les garçons du café font leurs lits. Il attend encore qu'ils éteignent le gaz. Alors, il faut bien partir ; – laissez-le s'enivrer du triomphe qu'il vient d'obtenir, car il a toutes les ressources de la dialectique, et avec lui

---

10 Diderot, *Satire première*, où se trouve l'histoire du géomètre qui après avoir lu les trois premières scènes d'*Iphigénie* de Racine jette le livre en disant : « Qu'est-ce que cela prouve ? » (Diderot, *Le Neveu de Rameau, Satires, Contes et entretiens*, édition de Jacques et Anne-Marie Chouillet, Livre de poche, 1984, p. 117).

11 Il ne semble pas exister de *Dictionnaire phonétique des oiseaux*, mais un mémoire *Sur l'instinct*, de 1806 : Dupont de Nemours note qu'il a trouvé les vingt-cinq nuances d'un même cri. Cette érudition fantaisiste convient à l'ami, flâneur « cockney », à la Dickens.

12 Autre formule précisant le procédé dit « réaliste » : la « contemplation » relève d'une observation attentive, tandis que « distraite » suppose un jeu d'associations libres autorisées par la subjectivité.

13 *De omni re scibili* est la devise de Pic de la Pirandole ; *et quibusdam aliis* est un ajout ironique ancien, peut-être de Voltaire.

vous n'aurez jamais le dernier mot sur quoi que ce soit. À minuit, tout le monde pense avec terreur à son portier. – Quant à lui-même, il a déjà fait son deuil du sien, et il ira se promener à quelques lieues, – ou, seulement, à Montmartre.

Quelle bonne promenade en effet que celle des buttes Montmartre, à minuit, quand les étoiles scintillent et que l'on peut les observer régulièrement au méridien de Louis XIII, près du moulin de Beurre[14] ! Un tel homme ne craint pas les voleurs. Ils le connaissent ; – non qu'il soit pauvre toujours ; quelquefois il est riche, mais ils savent qu'au besoin il saurait jouer du couteau, ou faire le *moulinet à quatre faces*, en s'aidant du premier bâton venu. Pour le chausson, c'est l'élève de Lozès[15]. Il n'ignore que l'escrime, parce qu'il n'aime pas les pointes, – et n'a jamais appris sérieusement le pistolet, parce qu'il croit que les balles ont leurs numéros[16].

III. – LA NUIT DE MONTMARTRE

Ce n'est pas qu'il songe à coucher dans les carrières de Montmartre, mais il aura de longues conversations avec les chaufourniers. Il demandera aux carriers des renseignements sur les animaux antédiluviens, s'enquérant des anciens carriers qui furent les compagnons de Cuvier dans ses recherches géologiques[17]. Il s'en trouve encore. Ces hommes

---

14 Le haut Montmartre était encore une commune indépendante qui ne fut rattachée à Paris qu'en 1860. Nerval l'évoquera aussi longuement dans *Promenades et Souvenirs*. – Au lieu du « méridien Louis XIII », une première version manuscrite (voir NPl III, p. 1099) donne avec raison le « méridien de Louis XV », car c'est en 1736 que le poteau qui servait de repère au méridien, tracé à partir de l'Observatoire de Paris, fut remplacé par un obélisque dit la *Mire du Nord*. – En 1852, la plupart des moulins de la Butte avaient été détruits. Il ne restait que deux moulins : le Moulin Radet et le Moulin du Blute-fin, à proximité du fameux poteau. Le Moulin Radet devint le moulin de la Galette. Pas de trace, en revanche, d'un moulin de Beurre à Montmartre.

15 « Chausson » : pièce de l'équipement pour la boxe française, dite aussi « la savate ». Bertrand Lozès, Bordelais arrivé à Paris en 1832, était un professeur d'escrime et de savate renommé.

16 Allusion au début de *Jacques le Fataliste*. Diderot ouvre donc et clôt ce chapitre. L'« ami » est ainsi présenté comme un personnage diderotien, philosophe, beau parleur et humoriste.

17 En 1798, Cuvier, à partir de la découverte d'animaux fossilisés, élabora la théorie de la corrélation des formes. La sarigue du gypse des carrières de Montmartre en est l'exemple

abrupts, mais intelligents, écouteront pendant des heures, aux lueurs des fagots qui flambent, l'histoire des monstres dont ils retrouvent encore des débris, et le tableau des révolutions primitives du globe. – Parfois un vagabond se réveille et demande du silence, mais on le fait taire aussitôt.

Malheureusement les grandes carrières sont fermées aujourd'hui. Il y en avait une du côté du Château-Rouge[18], qui semblait un temple druidique, avec ses hauts piliers soutenant des voûtes carrées. L'œil plongeait dans des profondeurs, – d'où l'on tremblait de voir sortir Ésus, ou Thot, ou Cérunnos, les dieux redoutables de nos pères[19].

Il n'existe plus aujourd'hui que deux carrières habitables du côté de Clignancourt. Mais tout cela est rempli de travailleurs dont la moitié dort pour pouvoir plus tard relayer l'autre. – C'est ainsi que la couleur se perd ! – Un voleur sait toujours où coucher : on n'arrêtait en général dans les carrières que d'honnêtes vagabonds qui n'osaient pas demander asile au poste, ou des ivrognes descendus des buttes, qui ne pouvaient se traîner plus loin.

Il y a quelquefois, du côté de Clichy, d'énormes tuyaux de gaz préparés pour servir plus tard, et qu'on laisse en dehors parce qu'ils défient toute tentative d'enlèvement. Ce fut le dernier refuge des vagabonds, après la fermeture des grandes carrières. On finit par les déloger ; ils sortaient des tuyaux par séries de cinq ou six. Il suffisait d'attaquer l'un des bouts avec la crosse d'un fusil[20].

Un commissaire demandait paternellement à l'un d'eux depuis combien de temps il habitait ce gîte. « – Depuis un terme. – Et cela ne vous paraissait pas trop dur ? – Pas trop… Et même, vous ne croiriez pas, monsieur le commissaire, le matin, j'étais paresseux au lit. »

J'emprunte à mon ami ces détails sur les nuits de Montmartre. Mais il est bon de songer que, ne pouvant partir, je trouve inutile de rentrer

---

le plus célèbre : Cuvier dégagea la tête du petit quadrupède et reconstitua son squelette. En 1845, toute nouvelle exploitation des galeries souterraines de Montmartre fut interdite et on combla peu à peu les galeries.

18 Château construit en 1780, en briques rouges, entouré d'un large parc ; devenu bal public à l'époque des *Nuits d'octobre*, il fut détruit en 1882. Station de métro de nos jours.

19 Thot, divinité égyptienne, identifiée à Hermès par les Grecs. Ésus ou Hésus, divinité gauloise sanguinaire. Cernunnos (et non Cerunnos) divinité gauloise représentée avec des bois de cerfs. Ces divinités seront encore évoquées dans *Aurélia*, II, 4 (OC XIII, p. 95, et note).

20 Première apparition d'une série de gardiens de l'ordre dont l'attitude est toujours qualifiée ironiquement de « paternelle » face à des vagabonds inoffensifs. Cette autorité « paternelle » menace non seulement les vagabonds, mais, dans les lignes suivantes, celui qui aurait à se justifier d'avoir « manqué deux fois l'autobus ».

chez moi en costume de voyage. Je serais obligé d'expliquer pourquoi j'ai manqué deux fois les omnibus. – Le premier départ du chemin de fer de Strasbourg n'est qu'à sept heures du matin ; – que faire jusque-là ?

IV. – CAUSERIE

Puisque nous sommes *anuités*, dit mon ami, si tu n'as pas sommeil, nous irons souper quelque part. – La *Maison-d'Or*[21], c'est bien mal composé : des lorettes, des quarts d'agent de change, et les débris de la jeunesse dorée. Aujourd'hui, tout le monde a quarante ans, – ils en ont soixante. Cherchons la jeunesse encore non dorée. Rien ne me blesse comme les mœurs d'un jeune homme dans un homme âgé, à moins qu'il ne soit Brancas – ou Saint-Cricq[22]. Tu n'as jamais connu Saint-Cricq ?

– Au contraire.

– C'est lui qui se faisait de si belles salades au café Anglais, entremêlées de tasses de chocolat. Quelquefois, par distraction, il mêlait le chocolat avec la salade, cela n'offensait personne. Eh bien ! les viveurs sérieux, les gens ruinés qui voulaient se refaire avec des places, les diplomates en herbe, les sous-préfets en expectative, les directeurs de théâtre ou de n'importe quoi – futurs – avaient mis ce pauvre Saint-Cricq en interdit. Mis au ban, – comme nous disions jadis, – Saint-Cricq s'en vengea d'une manière bien spirituelle. On lui avait refusé la porte du café Anglais ; visage de bois partout. Il délibéra en lui-même pour savoir s'il n'attaquerait pas la porte avec des rossignols, – ou à grands coups

---

21 La Maison d'or ou La Maison dorée, restaurant à la mode, 20 boulevard des Italiens, construit en 1839, au coin de la rue Lafitte, ainsi nommé en raison des dorures qui ornaient sa façade, était en 1848 proche des locaux du *National*, situés rue Le Pelletier. Nerval aurait été l'un des habitués. Le Café Anglais, mentionné au paragraphe suivant, se trouvait presqu'en face, boulevard des Italiens : ouvert en 1802, il devint un restaurant célèbre, fréquenté, comme La Maison d'or, par « la haute », dit plus loin l'« ami ».

22 Brancas est le comte de Lauraguais, fait duc de Brancas sous la Restauration (1733-1823), homme de lettres et de sciences, réformateur en matière théâtrale, connu pour ses excentricités. « Le marquis de Saint-Cricq ne fut, lui, qu'un excentrique » (Claude Pichois, NPl III, p. 1101). Le comique de la scène met l'accent sur une liberté de parole que les gens sérieux ou qui se présentent comme tels, détenteurs parfois de certains pouvoirs, refusent.

de pavé. Une réflexion l'arrêta : « Pas d'effraction, pas de dégradation ; il vaut mieux aller trouver mon ami le préfet de police. »

Il prend un fiacre, deux fiacres ; il aurait pris quarante fiacres, s'il les eût trouvés sur la place.

À une heure du matin, il faisait grand bruit rue de Jérusalem[23].

– Je suis Saint-Cricq, je viens demander justice – d'un tas de… polissons ; hommes charmants – mais qui ne comprennent pas…, enfin, qui ne comprennent pas ! Où est Gisquet[24] ?

– Monsieur le préfet est couché.

– Qu'on le réveille. J'ai des révélations importantes à lui faire.

On réveille le préfet, croyant qu'il s'agissait d'un complot politique. Saint-Cricq avait eu le temps de se calmer. Il redevient posé, précis, parfait gentilhomme, traite avec aménité le haut fonctionnaire, lui parle de ses parents, de ses entours, lui raconte des scènes du grand monde, et s'étonne un peu de ne pouvoir, lui, Saint-Cricq, aller souper paisiblement dans un café où il a ses habitudes.

Le préfet, fatigué, lui donne quelqu'un pour l'accompagner. Il retourne au café Anglais, dont l'agent fait ouvrir la porte ; Saint-Cricq triomphant demande ses salades et ses chocolats ordinaires, et adresse à ses ennemis cette objurgation :

« Je suis ici par la volonté de mon père et de monsieur le préfet, etc., et je n'en sortirai, etc. »

Ton histoire est jolie, dis-je à mon ami, mais je la connaissais, – et je ne l'ai écoutée que pour l'entendre raconter par toi[25]. Nous savons toutes les facéties de ce bonhomme, ses grandeurs et sa décadence, – ses quarante fiacres, – son amitié pour Harel et ses procès avec la Comédie-Française, – en raison de ce qu'il admirait trop hautement Molière. – Il traitait les ministres d'alors de *polichinelles*. Il osa s'adresser plus haut… Le monde ne pouvait supporter de telles excentricités. – Soyons gais, mais convenables. Ceci est la parole du sage.

---

23 Rue de l'Île de la Cité, où se trouvait la Préfecture de police.

24 Henri Gisquet, préfet de police nommé par Casimir Périer en 1831 ; il est connu pour son zèle répressif au cours des funérailles du général Lamarque et lors des événements du cloître Saint-Merri.

25 Le contenu de l'anecdote, déjà connu du narrateur, importe moins que l'art de conter de l'« ami », déjà signalé au chap. II et ici mis en situation.

V. – LES NUITS DE LONDRES

Eh bien, si nous ne soupons pas *dans la haute*, dit mon ami, – je ne sais guère où nous irions à cette heure-ci. Pour la Halle, il est trop tôt encore. J'aime que cela soit peuplé autour de moi. – Nous avions récemment au boulevard du Temple, dans un café près de l'Épi-Scié, une combinaison de soupers à un franc, où se réunissaient principalement des modèles, hommes et femmes, – employés quelquefois dans les tableaux vivants ou dans les drames et vaudevilles à poses[26]. – Des festins de Trimalcion comme ceux du vieux Tibère à Caprée[27]. On a encore fermé cela.

– Pourquoi ?

– Je le demande. Es-tu allé à Londres ?

– Trois fois[28].

– Eh bien, tu sais la splendeur de ses nuits, auxquelles manque trop souvent le soleil d'Italie ? Quand on sort de *Majesty-Theater*, ou de *Drury Lane*, ou de *Covent Garden*, ou seulement de la charmante bonbonnière

26 *L'Épi-Scié*, à l'angle du boulevard et du faubourg du Temple, était un établissement de mauvaise réputation, qualifié même de « bouge », selon Luc Bihl-Willette, *Des tavernes aux bistrots*, Paris, L'Âge d'homme, 1997. Il est noté qu'il a été fermé pour cause d'exhibitions osées (ces sortes de « tableaux vivants », que Nerval évoque aussi dans une lettre à Ferdinand Sartorius du 30 juin 1854, NPl III, p. 879). Paul Féval fait une description de l'Épi-Scié dans *Maman Léo* (1870). Nerval évoque encore *L'Épi-Scié* dans « Le Boulevard du Temple », article de *L'Artiste* du 3 mai 1844, NPl I, p. 792, ainsi que dans un article de *L'Artiste-Revue de Paris*, 25 janvier 1846, NPl I, p. 1039 : « Le jour où l'on a traqué et dispersé à tout jamais les deux cents habitués de l'estaminet de *L'Épi-Scié*, on a tari les sources d'observation de toute une catégorie d'écrivains et d'artistes. Les haillons de Robert Macaire avaient trouvé leur Callot… »

27 L'alliance entre le Festin de Trimalcion, longuement narré par Pétrone dans le *Satiricon*, le vieux Tibère et ses villas de Capri va dans le même sens d'un espace d'agapes dépravées.

28 On compte en réalité deux voyages de Nerval à Londres : en juillet 1846, et en mai 1849 (« Je pars inopinément pour huit jours pour Londres », écrivait-il alors à Alfred Busquet, NPl I, p. 1430). Le voyage de 1846 donnera la matière d'un article intitulé « Une nuit à Londres » dans *L'Artiste-Revue de Paris* du 20 septembre 1846 (sur cet article qui nourrit notre chapitre des *Nuits d'octobre*, voir p. 50, n. 31). Mais, comme cet article incorpore par ailleurs la matière d'un autre article (intitulé « Les plaisirs de Londres ») précédemment publié dans *La Presse*, le 8 septembre 1845 (NPl I, p. 1023-1025), on peut alors compter en effet trois voyages de Nerval à Londres, même si, en 1845, Nerval attribue à un « correspondant » les informations qu'il rapporte en feuilleton.

du *Strand*, dirigée par Mme Céleste[29], l'âme excitée par une musique bruyante ou délicieusement énervante (oh ! les Italiens !), – par les facéties de je ne sais quel clown, par des scènes de boxe que l'on voit dans des box[30]... l'âme, dis-je, sent le besoin, dans cette heureuse ville où le portier manque, – où l'on a négligé de l'inventer, – de se remettre d'une telle tension. La foule alors se précipite dans les *bœuf-maisons*, dans les *huître-maisons*, dans les cercles, dans les clubs et dans les *saloons* !

– Que m'apprends-tu là ? Les nuits de Londres sont délicieuses ; c'est une série de paradis ou une série d'*enfers*, selon les moyens qu'on possède. Les *gin-palace* (palais de genièvre) resplendissants de gaz, de glaces et de dorures, où l'on s'enivre entre un pair d'Angleterre et un chiffonnier... Les petites filles maigrelettes qui vous offrent des fleurs. Les dames des wauxhalls et des amphithéâtres, qui, rentrant à pied, vous coudoient à l'anglaise, et vous laissent éblouis d'une désinvolture de pairesse ! Des velours, des hermines, des diamants, comme au théâtre de la Reine !... De sorte que l'on ne sait si ce sont les grandes dames qui sont des...

– Tais-toi[31] !

---

29 C'est chez Champfleury que l'on trouve le portrait de Mme Céleste dans un chapitre des *Contes d'automne* (1854), paru d'abord dans *Le National* en 1851 : le théâtre à Londres de Mme Céleste est donné comme l'équivalent des *Funambules* à Paris.

30 [N.D.A] : « Loges. »

31 Une matrice de ce chapitre se trouve dans le récit d'« Une nuit à Londres » que Nerval avait publié dans *L'Artiste-Revue de Paris* du 20 septembre 1846 (NPl I, p. 1063-1067). Cet article recoupe en effet un certain nombre d'allusions reprises ici : il y est question du théâtre de *Drury Lane*, d'un dîner dans une *beef-house*, que Nerval traduit par « bœuf-maison », et plus loin de la grande quantité d'« huîtres-maisons » ; comme dans *Les Nuits d'octobre*, le feuilletoniste choisit d'explorer la ville la nuit (« Londres a la réputation d'être plus amusante la nuit que le jour »), et plus précisément les quartiers populaires « où se pressent tous les contrastes, où s'amassent l'or et la boue, où luttent la lumière et l'ombre » ; il croise la foule des prostituées autorisées par la police à se répandre dans la ville à partir de 8 heures ; dans la partie la plus pauvre de la ville, il découvre d'énormes débits de gin, de bière, et remarque que les scènes de boxe sont très appréciées au théâtre ; tout ce beau monde de gentlemen en habit noir et cravate blanche et de *dames* en chapeau constitue « la canaille de Londres » ; la partie la plus dissolue et la plus dangereuse de cette population se rencontre dans des lieux de plaisir au « titre fastueux de *Salons* [...] ». On voit bien dans ce morceau comment *Les Nuits d'octobre* recomposent ce qui a d'abord été présenté comme un documentaire, selon l'opposition ou la confusion du « paradis » et des « enfers » qu'on retrouvera plus loin à Paris. La différence est qu'à Londres les plaisirs de la nuit sont placés sous le signe de la liberté. À la fin du chapitre, l'ordre parisien est représenté par l'interruption de la parole par l'ami ramenant le narrateur aux règles du « convenable » (selon le mot du chapitre précédent).

VI. – DEUX SAGES[32]

Nous nous entendons si bien, mon ami et moi, qu'en vérité, sans le désir d'agiter notre langue et de nous animer un peu, il serait inutile que nous eussions ensemble la moindre conversation. Nous ressemblerions au besoin à ces deux philosophes marseillais qui avaient longtemps abîmé leurs organes à discuter sur le *grand Peut être*[33]. À force de dissertations, ils avaient fini par s'apercevoir qu'ils étaient du même avis, – que leurs pensées se trouvaient *adéquates*[34], et que les angles sortants du raisonnement de l'un s'appliquaient exactement aux angles rentrants du raisonnement de l'autre.

Alors, pour ménager leurs poumons, ils se bornaient, sur toute question philosophique, – politique, – ou religieuse, à un certain *hum* ou *heuh*, – diversement accentué, qui suffisait pour amener la résolution du problème.

L'un, par exemple, montrait à l'autre, – pendant qu'ils prenaient le café ensemble, – un article sur la *fusion*[35]. – *Hum !* disait l'un ; *heuh !* disait l'autre.

La question des classiques et des scolastiques, soulevée par un journal bien connu[36], était pour eux comme celle des réalistes et des nominaux du temps d'Abeilard[37] ; *heuh !* disait l'un ; – *hum !* disait l'autre.

32 *L'Illustration* du 23 octobre 1852.

33 « Le grand Peut-être » : l'expression est ancienne et souvent utilisée par les écrivains du XIXe siècle ; elle est traditionnellement attribuée à Rabelais dont les dernières paroles auraient été : « Je pars en quête d'un grand Peut-Être ».

34 Le mot « *adéquates* », qui est en italiques, peut avoir le sens philosophique de l'époque, non étranger à la question du réalisme en termes d'esthétique. « Adéquat » signifie : « qui rend compte de son objet de façon parfaite et définitive », ce qui vaut pour une définition du réalisme. Le dialogue qui s'applique à confondre absolument deux subjectivités mettrait alors ironiquement en question une éventuelle objectivité. Les exemples donnés font tous allusion à des querelles historiquement fondamentales, mal ou non résolues, en rapport direct avec *Les Nuits.* Rappelons que le jeu de dominos, évoqués à la fin de ce passage, repose sur l'adéquation des chiffres des pièces alignées.

35 La date du texte incline à voir dans ce mot « fusion » la tentative ainsi nommée de rapprochement entre les légitimistes et les orléanistes après la chute de la Monarchie de Juillet. Cette tentative échoua et n'empêcha pas l'avènement du Second Empire.

36 Opposition entre deux philosophies : la philosophie classique qui se fonde sur la nature et la connaissance scientifique ; et la scolastique, qui se fonde sur la religion.

37 Allusion à la fameuse querelle entre « réalistes » et « nominaux » au Moyen Âge. Le réalisme, à fondement platonicien, repose sur l'existence des êtres et des choses dans le

Il en était de même pour ce qui concerne la femme ou l'homme, le chat ou le chien. Rien de ce qui est dans la nature, ou qui s'en éloigne, n'avait la vertu de les étonner autrement.

Cela finissait toujours par une partie de dominos ; – jeu spécialement silencieux et méditatif.

– Mais pourquoi, dis-je à mon ami, n'est-ce pas ici comme à Londres ? Une grande capitale ne devrait jamais dormir.

– Parce qu'il y a ici des portiers, – et qu'à Londres chacun, ayant un passe-partout de la porte extérieure, rentre à l'heure qu'il veut.

– Cependant, moyennant cinquante centimes, on peut ici rentrer partout après minuit.

– Et l'on est regardé comme un homme qui n'a pas de conduite.

– Si j'étais préfet de police, au lieu de faire fermer les boutiques, les théâtres, les cafés et les restaurants à minuit, je payerais une prime à ceux qui resteraient ouverts jusqu'au matin. Car enfin je ne crois pas que la police ait jamais favorisé les voleurs ; mais il semble, d'après ces dispositions, qu'elle leur livre la ville sans défense, – une ville surtout où un grand nombre d'habitants : imprimeurs, acteurs, critiques, machinistes, allumeurs, etc., ont des occupations qui les retiennent jusqu'après minuit. – Et les étrangers, que de fois je les ai entendus rire… en voyant que l'on couche les Parisiens si tôt.

– La routine ! dit mon ami[38].

VII. – LE CAFÉ DES AVEUGLES

– Mais, reprit-il, si nous ne craignons pas les *tirelaines*, nous pouvons encore jouir des agréments de la soirée ; ensuite nous reviendrons souper, soit

monde transcendant des Idées, antérieurement à la reconnaissance de cette existence dans la particularité de chacun. Le nominalisme conçoit l'existence des êtres et des choses postérieurement à leur conceptualisation par l'esprit humain et donc à leur nomination. Abélard choisit une position intermédiaire : le conceptualisme admettant des universaux préexistant au concept qui permet de nommer les êtres et les choses dans leur particularité. On sait que le langage, et plus précisément l'arbitraire du signe, contre le cratylisme, est considéré comme le premier obstacle au réalisme « absolu » en termes d'esthétique.

38 Retour sur l'opposition entre la liberté des Anglais et l'ordre surveillé conjointement par les portiers, l'opinion bourgeoise et la police à Paris.

à la *Pâtisserie* du boulevard Montmartre, soit à la *Boulangerie*, que d'autres appellent la *Boulange*, rue Richelieu. Ces établissements ont la permission de deux heures. Mais on n'y soupe guère *à fond*. Ce sont des pâtés, des *sandwich*, – une volaille peut-être, ou quelques assiettes assorties de gâteaux, que l'on arrose invariablement de madère. – Souper de figurante, ou de pensionnaire... lyrique. Allons plutôt chez le rôtisseur de la rue Saint-Honoré.

Il n'était pas encore tard, en effet. Notre désœuvrement nous faisait paraître les heures longues... En passant au perron pour traverser le Palais-National, un grand bruit de tambour nous avertit que le Sauvage continuait ses exercices au café des Aveugles[39].

L'orchestre *homérique*[40] exécutait avec zèle les accompagnements. La foule était composée d'un parterre inouï, garnissant les tables, et qui, comme aux Funambules, vient fidèlement jouir tous les soirs du même spectacle et du même acteur. Les dilettantes trouvaient que M. Blondelet (le Sauvage) semblait fatigué et n'avait pas dans son jeu toutes les nuances de la veille. Je ne pus apprécier cette critique ; mais je l'ai trouvé fort beau. Je crains seulement que ce ne soit aussi un aveugle, et qu'il n'ait des yeux d'émail.

Pourquoi des aveugles, direz-vous, dans ce seul café, qui est un caveau ? C'est que vers la fondation, qui remonte à l'époque révolutionnaire, il se passait là des choses qui eussent révolté la pudeur d'un orchestre. Aujourd'hui, tout est calme et décent. Et même la galerie sombre du caveau est placée sous l'œil vigilant d'un sergent de ville.

Le spectacle éternel de l'*Homme à la poupée* nous fit fuir, parce que nous le connaissions déjà. Du reste, cet homme imite parfaitement le français-belge.

---

39 Le café des Aveugles qui prit la place du Café mécanique en 1787, situé à l'angle nord-est du Palais-Royal (Palais-National depuis la révolution de 1848), était le plus ancien des « cafés caveaux » de l'endroit. Situé donc dans une cave, son orchestre était composé d'aveugles dont la musique assourdissante assistait les roulements de tambour du « Sauvage », M. Blondelet fils, et Valentin, *l'Homme à la poupée*, ventriloque qui faisait parler une poupée. À l'époque révolutionnaire, c'était le rendez-vous des « filles » du Palais-Royal attirant jeunes et vieux admirateurs (l'impudeur du spectacle justifiant qu'on ait choisi des aveugles pour former l'orchestre) ; des marchandes en tout genre circonvenait le public étranger pour l'escroquer. Nerval note la présence d'un sergent de ville, inattendu si, comme il le prétend, « aujourd'hui, tout est calme et décent ». Privat d'Anglemont avait évoqué longuement ce café dans *Le Corsaire* en 1847 (21, 22, 23 nov.). Les Goncourt en parlent dans leur *Journal*, le 23 octobre 1864 (Claude Pichois, NPl III, p. 1103). Champfleury dans *Les Excentriques* parle d'un caveau du Sauvage, autre caveau souterrain : il s'agit du caveau Montesquieu à proximité dans le passage du même nom, où un charbonnier déguisé en sauvage attirait le même type de public.

40 [N.D.A.] : Ὁ μὴ ὁρῶν, « aveugle ».

Et maintenant, plongeons-nous plus profondément encore dans les cercles inextricables de l'enfer parisien. Mon ami m'a promis de me faire passer la nuit *à Pantin.*

VIII. – PANTIN

Pantin – c'est le Paris obscur, – quelques-uns diraient le Paris canaille ; mais ce dernier s'appelle, en argot, *Pantruche*[41]. N'allons pas si loin.

En tournant la rue de Valois, nous avons rencontré une façade lumineuse d'une douzaine de fenêtres ; – c'est l'ancien *Athénée*, inauguré par les doctes leçons de La Harpe[42]. Aujourd'hui, c'est le splendide estaminet *des Nations*, contenant douze billards. Plus d'esthétique, plus de poésie ; – on y rencontre des gens assez forts pour faire circuler des billes autour de trois chapeaux espacés sur le tapis vert, aux places où sont les mouches. Les *blocs*[43] n'existent plus ; le progrès a dépassé ces vaines promesses de nos pères. Le carambolage seul est encore admis ; mais il n'est pas convenable d'en manquer un seul (de carambolage).

J'ai peur de ne plus parler français, – c'est pourquoi je viens de me permettre cette dernière parenthèse. – Le français de M. Scribe, celui de la Montansier[44], celui des estaminets, celui des lorettes, des concierges, des réunions bourgeoises, des salons, commence à s'éloigner des traditions du grand siècle. La langue de Corneille et de Bossuet

41 En argot de l'époque « Pantin » et « Pantruche » sont deux termes d'argot pour désigner Paris ; Nerval semble choisir de les distinguer par la topographie.

42 *L'Athénée royal*, proche du Palais-Royal, était un café célèbre à l'époque romantique, qui devint en effet *l'Estaminet des Nations* sous le Second Empire. L'établissement avait d'abord été *Musée* avant de devenir *Lycée*, puis *Athénée* en 1803. Le cours de La Harpe a été professé au *Lycée* à partir de 1786 jusqu'à sa mort en 1803, avec de nombreuses interruptions. En 1799, La Harpe le publie sous le titre *Le Lycée ou Cours de littérature ancienne et moderne.* Il est dit ici « docte » parce qu'il est considéré comme un critique littéraire d'obédience classique, ce que nuancent les historiens modernes de la littérature, en particulier en ce qui concerne le XVIIIe siècle.

43 Termes de billard : les « mouches » sont des repères sur le tapis pour marquer l'emplacement des billes ; les « blocs » permettent de bloquer la bille.

44 Marguerite Brunet, dite la Montansier (1730-1820), qui avait dirigé le théâtre du Palais-Royal de 1790 à 1806, avait la réputation d'être vulgaire. Quant à Scribe, Nerval n'a guère d'estime pour lui, pas plus que pour le théâtre de boulevard en général.

devient peu à peu du *sanscrit* (langue savante). Le règne du *prâcrit* (langue vulgaire) commence pour nous, – je m'en suis convaincu en prenant mon billet et celui de mon ami, – au bal situé rue *Honoré*, que les envieux désignent sous le nom de *Bal des Chiens*[45]. Un habitué nous a dit : Vous *roulez* (vous entrez) dans le bal (on prononce b-a-l), c'est assez *rigollot* ce soir.

Rigollot signifie amusant.

En effet, c'était *rigollot*[46].

La maison intérieure, à laquelle on arrive par une longue allée, peut se comparer aux gymnases antiques. La jeunesse y rencontre tous les exercices qui peuvent développer sa force et son intelligence. Au rez-de-chaussée, le café-billard ; au premier, la salle de danse ; au second, la salle d'escrime et de boxe ; au troisième, le daguerréotype, instrument de patience qui s'adresse aux esprits fatigués, et qui, détruisant les illusions, oppose à chaque figure le miroir de la vérité[47].

Mais, la nuit, il n'est question ni de boxe, ni de portraits, – un orchestre étourdissant de cuivres, dirigé par M. Hesse, dit *Décati*, vous attire invinciblement à la salle de danse, où vous commencez à vous débattre contre les marchandes de biscuits et de gâteaux. On arrive dans la première pièce, où sont les tables, et où l'on a le droit d'échanger son billet de 25 centimes contre la même somme *en consommation*. Vous apercevez des colonnes entre lesquelles s'agitent des quadrilles joyeux. Un sergent de ville vous avertit paternellement que l'on ne peut fumer que dans la salle d'entrée, – le prodrome. –

---

45 Il s'agit du bal Mabille. *Le Bal des Chiens* se trouvait parmi les bouges des barrières. L'injure est le fait des envieux, car les tarifs pratiqués chez Mabille supposaient une clientèle assez aisée.

46 Mot d'argot employé par Champfleury dans les *Contes d'automne* en 1854 (sous la forme « rigolo ») et entériné dans le *Dictionnaire de la langue verte* de Delvau en 1866. Sa signification est positive. L'usage de l'argot reviendra dans *Les Nuits d'octobre*, et la fidélité au langage populaire introduit, en raison de son caractère imagé, une poésie propre. C'est ce que Hugo explicitera dans *Les Misérables* (IV, 7, 1).

47 Cette définition du daguerréotype est aussi celle que les critiques « classiques » hostiles à tout renouveau littéraire donnent du « réalisme » : il s'agit d'un réalisme mal compris, réduit à une imitation qui exclut toute subjectivité de l'observateur (« les illusions »), et donc étranger à l'art et à la littérature. – sur Nerval et la naissance de la photographie, voir Jean-Nicolas Illouz, « Nerval et Baudelaire devant Nadar », in *Baudelaire et Nerval : poétiques comparées*, actes du colloque international de Zürich (25-27 octobre 2007), Études réunies par Patrick Labarthe et Dagmar Wieser, avec la collaboration de Jean-Paul Avice, Paris, Honoré Champion, 2015, p. 83-102.

Nous jetons nos bouts de cigare, immédiatement ramassés par des jeunes gens moins fortunés que nous. – Mais, vraiment, le bal est très bien ; on se croirait dans le monde, – si l'on ne s'arrêtait à quelques imperfections de costume. C'est, au fond, ce qu'on appelle à Vienne un *bal négligé*[48].

Ne faites pas le fier. – Les femmes qui sont là en valent bien d'autres, et l'on peut dire des hommes, en parodiant certains vers d'Alfred de Musset sur les derviches turcs :

> Ne les dérange pas, ils t'appelleraient chien…
> Ne les insulte pas, car ils te valent bien[49] !

Tâchez de trouver dans le monde une pareille animation. La salle est assez grande et peinte en jaune. Les gens respectables s'adossent aux colonnes, avec défense de fumer, et n'exposent que leurs poitrines aux coups de coude, et leurs pieds aux trépignements éperdus du galop et de la valse. Quand la danse s'arrête, les tables se garnissent. Vers onze heures, les ouvrières sortent et font place à des personnes qui sortent des théâtres, des cafés-concerts et de plusieurs établissements publics. L'orchestre se ranime pour cette population nouvelle, et ne s'arrête que vers minuit.

IX. – LA GOGUETTE[50]

Nous n'attendîmes pas cette heure. Une affiche bizarre attira notre attention. Le règlement d'une goguette était affiché dans la salle :

---

48 Voir le *Voyage en Orient*, NPl II, p. 207.

49 Citation libre de *Namouna*, Chant I, strophe LXXII, long poème de Musset de 1832, le dernier et le plus « fantaisiste » des *Premières Poésies.* Nerval l'adapte de mémoire : « Ne les réveille pas : ils t'appelleraient chiens […] / Ne les méprise pas : car ils te valent bien ». Il ne s'agit pas chez Musset de « derviches turcs », mais de « vieux fumeurs ». Cette citation de Musset est intéressante car elle renvoie au « fantaisisme » du premier romantisme qui fit scandale. Il n'est pas non plus inintéressant de retrouver Musset dans un texte dont le titre ne peut pas ne pas évoquer *La Nuit d'octobre*, long poème d'amour qui, lui, rejoint la tradition lyrique romantique des années 1820-1830.

50 Les goguettes se développent à la suite des célèbres *Caveaux*, sur le mode plus populaire de sociétés chantantes réunies dans des cabarets. Elles prospèrent à Paris et en province à partir de 1818 jusqu'en 1900. Nerval donne des goguettes un historique et une description

SOCIÉTÉ LYRIQUE DES TROUBADOURS.

Bury, président. Beauvais, maître de chant, etc.

Art. 1er. Toutes chansons politiques ou atteignant la religion ou les mœurs sont formellement interdites.

2° Les *échos* ne seront accordés que lorsque le président le jugera convenable.

3° Toute personne se présentant en état de troubler l'ordre de la soirée, l'entrée lui en sera refusée.

4° Toute personne qui aurait troublé l'ordre, qui, après *deux avertissements* dans la soirée, n'en tiendrait pas compte sera priée de sortir immédiatement.

Approuvé, etc.[51].

Nous trouvons ces dispositions fort sages; mais la Société lyrique des Troubadours, si bien placée en face de l'ancien Athénée, ne se réunit pas ce soir-là. Une autre goguette existait dans une autre cour du quartier. Quatre lanternes mauresques annonçaient la porte, surmontée d'une équerre dorée[52].

Un contrôleur vous prie de déposer le montant d'une chopine (six sous) et l'on arrive au premier, où derrière la porte se rencontre le *chef d'ordre*. – « Êtes-vous du bâtiment ? nous dit-il. – Oui, nous sommes du bâtiment », répondit mon ami.

---

dans *La Charte de 1830* du 30 avril 1838 (NPl I, p. 399). Il y fait allusion à ce qu'il appelle ici « les anciennes légendes obligées ». Dans *Promenades et Souvenirs* (chap. III), à Saint-Germain, il décrit une autre goguette où il écoute des chansons et vante comme ici la qualité vocale des jeunes filles. Il dit avoir fait partie des *Joyeux* et des *Bergers de Syracuse*, deux sociétés chantantes du début du siècle.

51 Ce règlement des goguettes ainsi affiché est tout à fait vraisemblable. Les goguettes étaient en effet soumises aux lois des associations. À partir de 1848, l'interdiction des chansons politiques est effective. En 1851, certaines goguettes furent interdites pour raisons politiques, ce qui n'empêcha pas les autres de continuer à exister en grand nombre. Avec l'affiche, ici, s'ouvre une série de textes « rapportés », *effets de réel* certes, mais s'intégrant au sens de l'ensemble du récit : règlement, prix, chansons, affiche… À la ligne suivante, les dispositions de l'affiche sont dites « fort sages », – approbation évidemment ironique, ici comme ailleurs dans le contexte des *Nuits d'octobre*.

52 Les goguettes étaient très friandes d'insignes, rubans et autres. On pouvait y trouver des emblèmes maçonniques. Celle que décrit ici Nerval affiche ces derniers avec insistance : l'équerre dorée, l'expression « être du bâtiment », les « attouchements obligés », les « trophées ». Le « *louveteau* » est le nom donné au fils d'un maçon. Nerval revendique ce titre dans le *Voyage en Orient* (voir NPl II, p. 596 et n. 3). La « *Mère* » renvoie plus précisément au compagnonnage dont on sait les rapports avec la franc-maçonnerie. Elle a ici le sens ancien d'« hôtesse ». En revanche, le président et son marteau, les deux assistants, secrétaire et trésorier, appartiennent aussi bien à la maçonnerie qu'au fonctionnement habituel de la goguette. Le « *chef d'ordre* » peut relever de la même équivoque. Amphion, fils de Zeus et d'Antiope, construisit les remparts de Thèbes uniquement avec sa flûte et sa lyre. Ce qui le rattache à la fois en effet aux « maçons » et à la musique.

Ils se firent les attouchements obligés et nous pûmes entrer dans la salle.

Je me rappelai aussitôt la vieille chanson exprimant l'étonnement d'un *louveteau*[53] nouveau-né, qui rencontre une société fort agréable et se croit obligé de la célébrer : « Mes yeux sont éblouis, dit-il. Que vois-je dans cette enceinte ? »

Des menuisiers ! des ébénisses !
Des entrepreneurs de bâtisses !...
Qu'on dirait un bouquet de fleurs,
Paré de ses mille couleurs !

Enfin, nous étions *du bâtiment*, – et le mot se dit aussi au moral, attendu que le *bâtiment* n'exclut pas les poètes ; – Amphyon, qui élevait des murs aux sons de sa lyre, était du bâtiment. – Il en est de même des artistes peintres et statuaires, qui en sont les enfants gâtés.

Comme le *louveteau*, je fus ébloui de la splendeur du coup d'œil. Le *chef d'ordre* nous fit asseoir à une table, d'où nous pûmes admirer les trophées ajustés entre chaque panneau. Je fus étonné de ne pas y rencontrer les anciennes légendes obligées : « Respect aux dames ! Honneur aux Polonais. » Comme les traditions se perdent !

En revanche, le bureau drapé de rouge était occupé par trois commissaires fort majestueux. Chacun avait devant soi sa sonnette, et le président frappa trois coups avec le marteau consacré. *La mère* des compagnons était assise au pied du bureau. On ne la voyait que de profil, mais le profil était plein de grâce et de dignité.

– Mes petits amis, dit le président, notre ami *** va chanter une nouvelle composition, intitulée *La Feuille de saule.*

La chanson n'était pas plus mauvaise que bien d'autres. Elle imitait faiblement le genre de Pierre Dupont[54]. Celui qui la chantait était un

53 [N.D.A.] : « Fils de maître, selon les termes de compagnonnage. »

54 Pierre Dupont, chansonnier et poète, précurseur de la chanson ouvrière, ami de Baudelaire, Nerval, Champfleury, Murger, Courbet avec qui il fréquenta les goguettes. Baudelaire composa pour ses *Chants et chansons*, en 1851 une célèbre préface lui rendant hommage. Républicain convaincu, il s'enfuit après le coup d'État du 2 décembre 1851 pour éviter la déportation. Gracié, il revient ensuite à Paris. L'auteur du *Chant des ouvriers* n'est évidemment pas cité par hasard dans cette déambulation « réaliste-fantaisiste » à travers le Paris populaire. Le poète du peuple fait ainsi écho à la « fraicheur d'intonation » de la voix « émue et vibrante » de la « demoiselle » qui ensuite, se fait entendre, pure des leçons du chant traditionnellement enseigné au Conservatoire aux jeunes bourgeoises. Le désir de faire revivre les chansons populaires et le plaisir récurrent d'une « voix » échappant au

beau jeune homme aux longs cheveux noirs, si abondants, qu'il avait dû s'entourer la tête d'un cordon, afin de les maintenir ; il avait une voix douce parfaitement timbrée, et les applaudissements furent doubles, – pour l'*auteur* et pour le *chanteur*.

Le président réclama l'indulgence pour une demoiselle dont le premier essai allait se produire devant *les amis*. Ayant frappé trois coups, il se recueillit, et, au milieu du plus complet silence, on entendit une voix jeune, encore imprégnée des rudesses du premier âge, mais qui *se dépouillant* peu à peu (selon l'expression d'un de nos voisins), arrivait aux *traits* et aux fioritures les plus hardis. L'éducation classique n'avait pas gâté cette fraîcheur d'intonation, cette pureté d'organe, cette parole émue et vibrante, qui n'appartiennent qu'aux talents vierges encore des leçons du Conservatoire.

X. – LE RÔTISSEUR[55]

Ô jeune fille à la voix perlée, – tu ne sais pas *phraser* comme au Conservatoire ; – tu ne sais pas *chanter*, ainsi que dirait un critique musical… Et pourtant ce timbre jeune, ces désinences tremblées à la façon des chants naïfs de nos aïeules, me remplissent d'un certain charme ! Tu as composé des paroles qui ne riment pas et une mélodie qui n'est pas *carrée* ; – et c'est dans ce petit cercle seulement que tu es comprise, et rudement applaudie. On va conseiller à ta mère de t'envoyer chez un maître de chant, – et dès lors te voilà perdue… perdue pour nous ! – Tu chantes au bord des abîmes, comme les cygnes de l'Edda[56]. Puissé-je

---

travail académique (qui apprend à « phraser », critique que l'on retrouve dans *Sylvie*) sont inséparables du projet implicite de renouveler l'écriture littéraire en élaborant une prose poétique simple et musicale. Cette poétique est celle des *Chansons et Légendes du Valois*, telle qu'elle est développée dans *Sylvie*, à la suite du « Dernier Feuillet » : congédiant « les traces fugitives d'une époque où le naturel était affecté », les *Chansons et Légendes* recommandent aux « bons poètes modernes » de réhabiliter d'abord, comme l'ont fait d'autres pays (l'Allemagne, l'Angleterre), « l'inspiration naïve de nos pères ».

55 *L'Illustration* du 30 octobre 1852.

56 Voir *La Reine des poissons*, conte repris la même année dans *La Bohême galante*, puis dans *Contes et facéties*, où les princesses de l'Edda se transforment en cygnes. L'*Edda* est un recueil de poèmes réunis dans un manuscrit islandais du XIIe siècle. La légende des

conserver le souvenir de ta voix si pure et si ignorante, et ne t'entendre plus, soit dans un théâtre lyrique, soit dans un concert, – ou seulement dans un café chantant !

Adieu, adieu, et pour jamais adieu !... Tu ressembles au séraphin doré du Dante, qui répand un dernier éclair de poésie sur les cercles ténébreux – dont la spirale immense se rétrécit toujours, pour aboutir à ce puits sombre où Lucifer est enchaîné jusqu'au jour du dernier jugement[57].

Et maintenant passez autour de nous, couples souriants ou plaintifs... « spectres où saigne encore la place de l'amour[58] ! » Les tourbillons que vous formez s'effacent peu à peu dans la brume... La *Pia*, la *Francesca* passent peut-être à nos côtés... L'adultère, le crime et la faiblesse se coudoient, sans se reconnaître, à travers ces ombres trompeuses.

Derrière l'ancien cloître Saint-Honoré[59], dont les débris subsistent encore, cachés par les façades des maisons modernes, est la boutique d'un rôtisseur ouverte jusqu'à deux heures du matin. Avant d'entrer dans l'établissement, mon ami murmura cette chanson colorée :

> À la Grand'Pinte, quand le vent – fait grincer l'enseigne en fer-blanc, – alors qu'il gèle, – dans la cuisine, on voit briller, – toujours un tronc d'arbre au foyer ; – flamme éternelle, –

---

cygnes, oiseaux blanchis par les eaux de la fontaine d'Urd de l'Edda, serait chez Nerval mêlée dans les deux textes à celle de la métamorphose de Léda, transformée en cygne par Jupiter (Claude Pichois, NPl III, p. 1105).

57 Première référence à *L'Enfer* de Dante et à sa « spirale immense ». Immédiatement après, Pia de Sienne (*Purgatoire*, Chant V, v. 130-136) est associée à Francesca de Rimini (*Enfer*, V, v. 73-142).

58 Claude Pichois donne comme référence une adaptation libre de l'*Énéide*, Chant VI, v. 450, où Énée retrouve Didon aux Enfers : « [...] au milieu de cette vaste forêt, se promenait Didon, portant les marques récentes de sa blessure ». Le pluriel « les spectres » puis « L'adultère, le crime et la faiblesse se coudoient, à travers ces ombres trompeuses » peuvent renvoyer au passage entier (à partir du vers 445) où, de façon plus large, sont évoquées « les créatures que le cruel Amour a consumées sur la terre de ses funestes atteintes ; la mort même ne les délivre pas de leurs soucis [...] » : il s'agit de Phèdre, Procris, la triste Ériphyle « montrant encore le coup mortel qu'elle reçut de son fils », d'autres, puis Didon. L'intérêt est dans le rapprochement intertextuel entre l'Enfer de l'*Énéide* et celui de Dante autour de ces « couples souriants et plaintifs », introduisant dans le récit une prose lyrique, figurée, où l'imaginaire se libère dans le champ laissé libre par la vision « réaliste ».

59 Le « cloître Saint-Honoré » était une cour qui bordait la Collégiale Saint-Honoré, fondée au XIIIe siècle. L'église et le cloître furent détruits en 1793. Il restait quelques « débris » du cloître.

> Où rôtissent en chapelets, – oisons, canards, dindons, poulets, – au tournebroche ! – Et puis le soleil jaune d'or – sur les casseroles encor, – darde et s'accroche[60] !

Mais ne parlons pas du soleil, il est minuit passé.

Les tables du rôtisseur sont peu nombreuses : elles étaient toutes occupées.

Allons ailleurs, – dis-je. – Mais auparavant, répondit mon ami, consommons un petit bouillon de poulet. Cela ne peut suffire à nous ôter l'appétit, et chez Véry[61] cela coûterait un franc ; ici c'est dix centimes. Tu conçois qu'un rôtisseur qui débite par jour cinq cents poulets en doit conserver les abattis, les cœurs et les foies, qu'il lui suffit d'entasser dans une marmite pour faire d'excellents consommés.

Les deux bols nous furent servis sur le comptoir et le bouillon était parfait. – Ensuite on suce quelques écrevisses de Strasbourg grosses comme de petits homards. Les moules, la friture et les volailles découpées jusque dans les prix les plus modestes, composent le souper ordinaire des habitués.

Aucune table ne se dégarnissait. Une femme d'un aspect majestueux, type habillé des néréides de Rubens ou des bacchantes de Jordaens, donnait, près de nous, des conseils à un jeune homme.

Ce dernier, élégamment vêtu, mince de taille, et dont la pâleur était relevée par de longs cheveux noirs et de petites moustaches soigneusement tordues et cirées aux pointes, écoutait avec déférence les avis de l'imposante matrone. On ne pouvait guère lui reprocher qu'une chemise prétentieuse à jabot de dentelle et à manchettes plissées, une cravate bleue et un gilet d'un rouge ardent croisé de lignes vertes. Sa chaîne de montre pouvait être en chrysocale, son épingle en strass du Rhin, mais l'effet en était assez riche aux lumières.

– Vois-tu, *muffeton*[62], disait la dame, tu n'es pas fait pour ce métier-là de vivre la nuit. Tu t'obstines, tu ne pourras pas ! Le bouillon de poulet

60 Cette chanson célèbre fut recueillie en 1855 dans *Chant et poésie* d'Auguste de Châtillon qui était un ami de Nerval depuis l'époque du Doyenné. Jacques Bony suggère qu'elle permet d'identifier l'« ami ». Elle s'inscrit dans la suite des références aux « chansons » populaires du chapitre précédent. D'autres suivront.

61 Restaurant renommé au Palais-Royal, galerie de Beaujolais, où Lucien de Rubempré fait son premier dîner parisien, absorbé par le Grand Véfour en 1859.

62 « *muffeton* » serait une déformation populaire et argotique de « muffle ». Le mot « Muffe » est adressé à Gautier par Nerval dans un message où il lui envoie les six sonnets du manuscrit Dumesnil de Gramont en 1841 (NPl I, p. 1368).

te soutient, c'est vrai ; mais la liqueur t'abîme. Tu as des palpitations, et les pommettes rouges le matin. Tu as l'air fort, parce que tu es nerveux… Tu ferais mieux de dormir à cette heure-ci.

– De quoi ? – observa le jeune homme avec cet accent des voyous parisiens qui semble un râle, et que crée l'usage précoce de l'eau-de-vie et de la pipe : est-ce qu'il ne faut pas que je fasse mon état ? C'est les chagrins qui me font boire : pourquoi est-ce que Gustine m'a trahi !

– Elle t'a trahi sans te trahir… C'est une baladeuse, voilà tout.

– Je te parle comme à ma mère : si elle revient, c'est fini, je me range. Je prends un fonds de bimbeloterie. Je l'épouse.

– Encore une bêtise !

– Puisqu'elle m'a dit que je n'avais pas d'établissement !

– Ah ! jeune homme ! cette femme-là, ça sera ta mort.

– Elle ne sait pas encore la roulée qu'elle va recevoir !…

– Tais-toi donc ! dit la femme-Rubens en souriant, ce n'est pas toi qui es capable de corriger une femme !

Je n'en voulus pas entendre davantage. – Jean-Jacques avait bien raison de s'en prendre aux mœurs des villes d'un principe de corruption qui s'étend plus tard jusqu'aux campagnes[63]. – À travers tout cela cependant, n'est-il pas triste d'entendre retentir l'accent de l'amour, la voix pénétrée d'émotion, la voix mourante du vice, à travers la phraséologie de la crapule !

Si je n'étais sûr d'accomplir une des missions douloureuses de l'écrivain, je m'arrêterais ici ; mais mon ami me dit comme Virgile à Dante : – *Or sie forte ed ardito ; – omai si scende per sì fatte scale*[64]…

À quoi je répondis sur un air de Mozart :

Andiam' ! andiam' ! andiamo bene !

– Tu te trompes ! reprit-il, ce n'est pas là l'enfer : c'est tout au plus le purgatoire. Allons plus loin[65].

---

63 Voir au chap. X de *Sylvie*, le dialogue entre le père Dodu et le narrateur : « Mais vous autres, vous êtes des malins à Paris. Jean-Jacques avait bien raison de dire : "L'homme se corrompt dans l'air empoisonné des villes." – Père Dodu, vous savez bien que l'homme se corrompt partout. » (OC XI, p. 204).

64 [N.D.A.] : « Sois fort et hardi : on ne descend ici que par de tels escaliers. »

65 La première citation renvoie à Dante, *Enfer*, XVII, 81-82. La seconde au *Don Giovanni* de Mozart, au duettino de Zerlina et Don Giovanni (I, 3), *La ci darem la mano* […] *Andiam, andiam, mio bene.* Mais pour cette dernière référence, Nerval supprime avec humour *mio bene* et le remplace par *andiamo bene*, ce qui transforme le sens en : « Allons, allons, – *comme cela est inquiétant* » ; *andare bene* est une expression populaire toscane pour dire qu'une chose va mal se terminer.

XI. – LA HALLE

– Quelle belle nuit ! – dis-je en voyant scintiller les étoiles au-dessus du vaste emplacement où se dessine, à gauche, la coupole de la halle aux blés avec la colonne cabalistique qui faisait partie de l'hôtel de Soissons, et qu'on appelait l'Observatoire de Catherine de Médicis[66], puis le marché à la volaille ; à droite, le marché au beurre, et, plus loin, la construction inachevée du marché à la viande. – La silhouette grisâtre de Saint-Eustache ferme le tableau. Cet admirable édifice, où le style fleuri du Moyen Âge s'allie si bien aux dessins corrects de la Renaissance, s'éclaire encore magnifiquement aux rayons de la lune, avec son armature gothique, ses arcs-boutants multipliés comme les côtes d'un cétacé prodigieux, et les cintres romains de ses portes et de ses fenêtres, dont les ornements semblent appartenir à la coupe ogivale. Quel malheur qu'un si rare vaisseau soit déshonoré, à droite par une porte de sacristie à colonnes d'ordre ionique, et à gauche par un portail dans le goût de Vignole[67] !

Le petit carreau des halles commençait à s'animer. Les charrettes des maraîchers, des mareyeurs, des beurriers, des verduriers, se croisaient sans interruption. Les charretiers arrivés au port se rafraîchissaient dans les cafés et dans les cabarets, ouverts sur cette place pour toute la nuit. Dans la rue Mauconseil, ces établissements s'étendent jusqu'à la halle aux huîtres ; dans la rue Montmartre, de la pointe Saint-Eustache à la rue du Jour.

On trouve là, à droite, des marchands de sangsues ; l'autre côté est occupé par les pharmacies-Raspail[68] et les débitants de cidre, – chez

---

66 Les Halles décrites par Nerval sont antérieures au début de la construction des fameux pavillons Baltard (1854). La Halle aux blés et sa coupole sont construites sur l'emplacement de l'hôtel de Soissons, détruit en 1748, et dont il ne restait que la mystérieuse colonne « astrologique » de Catherine de Médicis ; rénové, l'édifice devint la Bourse du Commerce en 1887.

67 Vignole est un architecte romain du XVIe siècle, disciple de l'architecte latin Vitruve, connu pour un traité d'architecture classique, auteur de nombreux monuments italiens et dont l'influence (symétrie, ligne droite, ordre ionique latin) fut peu appréciée des auteurs romantiques. Il n'est pour rien dans la transformation de la façade de Saint-Eustache qui fut reconstruite au XVIIIe siècle. Le caractère hétéroclite des styles architecturaux de l'église fut souvent critiqué.

68 Raspail, qui fut le premier à proclamer la République en février 1848, était un médecin et un chimiste renommé, dévoué aux pauvres. Ce qui explique le nom donné à ces

lesquels on peut se régaler d'huîtres et de tripes à la mode de Caen. Les pharmacies ne sont pas inutiles, à cause des accidents ; mais, pour des gens sains qui se promènent, il est bon de boire un verre de cidre ou de poiré. C'est rafraîchissant.

Nous demandâmes du cidre nouveau, – car il n'y a que des Normands ou des Bretons qui puissent se plaire au cidre *dur*. – On nous répondit que les cidres nouveaux n'arriveraient que dans huit jours, et qu'encore la récolte était mauvaise. – Quant aux poirés, ajouta-t-on, ils sont arrivés depuis hier ; ils avaient manqué l'année passée.

La ville de Domfront (ville de malheur[69]) est cette fois très heureuse. – Cette liqueur, blanche et écumante comme le champagne, rappelle beaucoup la blanquette de Limoux. Conservée en bouteille, elle grise très bien son homme. – Il existe de plus une certaine eau-de-vie de cidre de la même localité, dont le prix varie selon la grandeur des petits verres. Voici ce que nous lûmes sur une pancarte attachée au flacon :

Le monsieur… 4 sous.
La demoiselle… 2 sous.
Le misérable… 1 sou.

Cette eau-de-vie, dont les diverses mesures sont ainsi qualifiées, n'est point mauvaise et peut servir d'absinthe. – Elle est inconnue sur les grandes tables.

---

pharmacies. En 1852, il est enfermé depuis mars 1849, pour 6 ans, à la citadelle de Doullens pour sa participation à la journée du 15 mai 1848 en faveur de la Pologne. En décembre 1848, il fut porté par quelques partisans candidat aux élections à la présidence de la République, remportées, on le sait, par Louis-Napoléon.

69 Selon le proverbe cité par *Le Magasin pittoresque* (XVIII, 1849, p. 315) : « Domfront, ville de malheur, arrivé à midi, pendu à une heure ; même pas le temps de dîner ! » (Jacques Bony).

XII[70]. – LE MARCHÉ DES INNOCENTS[71]

En passant à gauche du marché aux poissons, où l'animation ne commence que de cinq à six heures, moment de la vente à la criée, nous avons remarqué une foule d'hommes en blouse, en chapeau rond et en manteau blanc rayé de noir, couchés sur des sacs de haricots… Quelques-uns se chauffaient autour de feux comme ceux que font les soldats qui campent, – d'autres s'allumaient des *foyers* intérieurs dans les cabarets voisins. D'autres, encore près des sacs, se livraient à des adjudications de haricots… Là, on parlait prime, différence, couverture, reports ; hausse et baisse enfin, comme à la bourse :

– Ces gens en blouse sont plus riches que nous, dit mon compagnon. Ce sont de faux paysans. Sous leur roulière ou leur bourgeron ils sont parfaitement vêtus et laisseront demain leur blouse chez le marchand de vin pour retourner chez eux en tilbury. Le spéculateur adroit revêt la blouse comme l'avocat revêt la robe. Ceux de ces gens-là qui dorment sont les *moutons*, ou les simples voituriers.

– 46-66 l'haricot de Soissons ! dit près de nous une voix grave. – 48, fin courant, ajouta un autre. – Les suisses blancs sont hors de prix. – Les nains 28. – La vesce à 13-34… Les *flageolets* sont mous, etc.

Nous laissons ces braves gens à leurs combinaisons. – Que d'argent il se gagne et se perd ainsi… Et l'on a supprimé les jeux[72] !

---

70 La publication dans *L'Illustration* du 30 octobre donnait, par erreur, le chiffre XIII (ce qui entraînait, entre la livraison du 30 octobre et celle du 6 novembre, le doublement du chiffre XVI). Nous corrigeons cette anomalie.

71 Le marché des Innocents, marché aux fruits et légumes, était situé sur l'emplacement du cimetière du même nom détruit à la fin du XVIIIe siècle.

72 Ce passage montre chez Nerval une conscience inattendue du fonctionnement économique du monde contemporain où l'argent et le profit sont détaillés en « prime, différence, couverture, reports ; hausse et baisse enfin, comme à la bourse » : ces faits de « spéculateurs », qui tirent profit des variations des taux du marché grâce à des « combinaisons », tiennent peu compte des valeurs réelles. Déguisés en « faux paysans », ces « gens en blouse » pour donner le change ne sont pas les producteurs mais les revendeurs qui s'approprient tout ou partie des bénéfices. Au chap. XIV, l'idée est reprise : « ce sont de faux paysans et des millionnaires méconnaissables ».

XIII. – LES CHARNIERS[73]

Sous les colonnes du marché aux pommes de terre, des femmes matinales, ou bien tardives, épluchaient leurs denrées à la lueur des lanternes. Il y en avait de jolies qui travaillaient sous l'œil des mères en chantant de vieilles chansons. Ces dames sont souvent plus riches qu'il ne semble, et la fortune même n'interrompt pas leur rude labeur. Mon compagnon prit plaisir à s'entretenir très-longtemps avec une jolie blonde, lui parlant du dernier bal de la Halle, dont elle avait dû faire l'un des plus beaux ornements… Elle répondait fort élégamment et comme une personne du monde, quand je ne sais par quelle fantaisie il s'adressa à la mère en lui disant : « Mais votre demoiselle est charmante… *A-t-elle le sac ?* (Cela veut dire en langage des halles : A-t-elle de l'argent ?) – Non, mon fy, dit la mère, c'est moi qui l'ai, le sac ! – Et mais, Madame, si vous étiez veuve, on pourrait… Nous recauserons de cela ! – Va-t'en donc, vieux *mufl !* » cria la jeune fille – avec un accent entièrement local, qui tranchait sur ses phrases précédentes.

Elle me fit l'effet de la blonde sorcière de *Faust*, qui, causant tendrement avec son valseur, laisse échapper de sa bouche une souris rouge[74].

Nous tournâmes les talons, poursuivis d'imprécations railleuses, qui rappelaient d'une façon assez classique les colloques de Vadé[75].

– Il s'agit décidément de souper, dit mon compagnon. Voici Bordier, mais la salle est étroite. C'est le rendez-vous des fruitiers-orangers et des orangères. Il y a un autre Bordier qui fait le coin de la rue aux Ours, et

73 Les Charniers, à partir du XIVe-XVe siècles, étaient situés entre les arcades et la voûte de la toiture des galeries qui bordaient le cimetière des Innocents, lieu de promenade populaire. Sous les arcades étaient installées boutiques et tavernes (voir plus loin). Les charniers furent progressivement détruits et le cimetière fermé en 1780. Les Halles centrales à proximité occupèrent le terrain abandonné.

74 *Faust*, Nuit de Sabbat, Montagne de Hartz : « Méphistophélès : […] Pourquoi as-tu donc laissé partir la jeune fille, qui chantait si agréablement à la danse ? / Faust : Ah ! au milieu de ses chants, une souris rouge s'est échappé de sa bouche. » (*Le « Faust » de Goethe*, traduit par Gérard de Nerval, édition présentée et annotée par Lieven D'hulst, Paris, Fayard, 2002, p. 257).

75 Chansonnier et dramaturge du XVIIIe siècle dont le style fut jugé « poissard » par La Harpe et Collé. On l'appela le « Corneille des Halles ».

qui est passable, puis le restaurant des Halles, fraîchement sculpté et doré, près de la rue de la Reynie... Mais autant vaudrait la Maison d'Or[76].

– En voilà d'autres, dis-je en tournant les yeux vers cette longue ligne de maisons régulières qui bordent la partie du marché consacrée aux choux.

– Y penses-tu ? Ce sont les *charniers*. C'est là que des poètes en habit de soie, épée et manchettes, venaient souper, au siècle dernier, les jours où leur manquaient les invitations du grand monde. Puis, après avoir consommé l'ordinaire de six sous, ils lisaient leurs vers par habitude aux rouliers, aux maraîchers et aux forts : « Jamais je n'ai eu tant de succès, disait Robbé[77], qu'auprès de ce public formé aux arts par les mains de la nature ! »

Les hôtes poétiques de ces caves voûtées s'étendaient, après le souper, sur les bancs ou sur les tables, et il fallait le lendemain matin qu'ils se fissent poudrer à deux sols par quelque *merlan* en plein air, et repriser par les ravaudeuses, pour aller ensuite briller aux petits levers de Mme de Luxembourg, de Mlle Hus ou de la comtesse de Beauharnais[78].

XIV. – BARATTE

Ces temps sont passés. – Les caves des charniers sont aujourd'hui restaurées, éclairées au gaz ; la consommation y est propre, et il est défendu d'y dormir soit sur les tables, soit dessous ; mais que de choux dans cette rue !... La rue parallèle de la Ferronnerie en est également remplie, et le cloître voisin de Sainte-Opportune en présente de véritables montagnes. La carotte et le navet appartiennent au même département : « Voulez-vous des *frisés*, des *milans*, des *cabus*, mes petits amours ? » nous crie une marchande.

---

76 La *Maison d'Or* a déjà été évoquée au chap. IV (voir p. 47, n. 21).

77 Poète libertin du XVIIIe siècle (1714-1792).

78 La maréchale de Luxembourg (1707-1787) avait mis à la disposition de Rousseau le petit-château de Le Brun à Montmorency entre 1759 et 1762 (*Les Confessions*, XI). Mlle Hus (1734-1805) est une actrice de la Comédie Française et courtisane, évoquée par Diderot, dans sa *Correspondance* (Lettre à Sophie Volland, 12 septembre 1761) et dans *Le Neveu de Rameau*. La comtesse Fanny de Beauharnais (1738-1813) était une femme de lettres et tenait un salon où elle reçut, entre autres célébrités du temps, Restif de la Bretonne.

En traversant la place, nous admirons des potirons monstrueux. On nous offre des saucisses et des boudins, du café à un sou la tasse, – et aux pieds mêmes de la fontaine de Pierre Lescot et de Jean Goujon sont installés, en plein vent, d'autres soupeurs plus modestes encore que ceux des charniers.

Nous fermons l'oreille aux provocations, et nous nous dirigeons vers Baratte[79], en fendant la presse des marchandes de fruits et de fleurs. – L'une crie : « Mes petits choux ! fleurissez vos dames ! » Et comme on ne vend à cette heure-là qu'en gros, il faudrait avoir beaucoup de dames *à fleurir* pour acheter de telles bottes de bouquets ; – Une autre chante la chanson de son état[80] :

> Pommes de reinette et pommes d'api ! – Calvil, calvil, calvil rouge ! – Cavil rouge et calvil gris !
>
> Étant en crique, – dans ma boutique, – j' vis des inconnus qui m' dirent : Mon p'tit cœur ! – venez me voir, vous aurez grand débit !
>
> Nenni, messieurs ! – je n' puis, d'ailleurs, – car il n' m' reste – qu'un artichaut – et trois petits choux-fleurs !

Insensibles aux voix de ces sirènes, nous entrons enfin chez Baratte. Un individu en blouse, qui semblait avoir *son petit jeune homme* (être gris), roulait au même instant sur les bottes de fleurs, expulsé avec force, parce qu'il avait fait du bruit. Il s'apprête à dormir sur un amas de roses rouges, imaginant sans doute être le vieux Silène, et que les bacchantes lui ont préparé ce lit odorant. Les fleuristes se jettent sur lui, et le voilà bien plutôt exposé au sort d'Orphée[81]… Un sergent de ville s'entremet et le conduit au poste de la halle aux Cuirs, signalé de loin par un campanile et un cadran éclairé.

La grande salle est un peu tumultueuse chez Baratte ; mais il y a des salles particulières et des cabinets. Il ne faut pas se dissimuler que

---

79 Un des cabarets et restaurants des Halles, situé rue aux Fers, comme Bordier, au coin de la rue aux Ours, évoqué plus haut.

80 Claude Pichois donne le texte de cette chanson, *La Fruitière-orangère de la Halle*, signée « Aubert », datant du premier Empire, et retranscrite par Pierre Enckell (NPl III, p. 1107).

81 Suite à la chanson populaire rapportée, ce passage donne un nouvel exemple du mélange de l'usage de l'argot et d'une intertextualité savante jonglant avec la mythologie. Aux sirènes succède le vieux Silène puis Orphée. L'ivresse de l'individu qui a « *son petit jeune homme* » appelle Silène, les sirènes auxquelles les deux amis restent insensibles appellent Orphée qui permit aux Argonautes d'échapper à leur chant. Le tout grâce au passage des sirènes aux bacchantes démembrant Orphée.

c'est là le restaurant des aristos. L'usage est d'y demander des huîtres d'Ostende avec un petit ragoût d'échalotes découpées dans du vinaigre et poivrées, dont on arrose légèrement lesdites huîtres. Ensuite, c'est la soupe à l'oignon, qui s'exécute admirablement à la Halle, et dans laquelle les raffinés sèment du parmesan râpé. – Ajoutez à cela un perdreau ou quelque poisson qu'on obtient naturellement de première main, du bordeaux, un dessert de fruit premier choix, et vous conviendrez qu'on soupe fort bien à la Halle. – C'est une affaire de sept francs par personne environ.

On ne comprend guère que tous ces hommes en blouse, mélangés du plus beau sexe de la banlieue en cornettes et en marmottes, se nourrissent si convenablement ; mais je l'ai dit, ce sont de faux paysans et des millionnaires méconnaissables. Les facteurs de la Halle, les gros marchands de légumes, de viande, de beurre et de marée sont des gens qui savent se traiter comme il faut, et les forts eux-mêmes ressemblent un peu à ces braves portefaix de Marseille qui soutiennent de leurs capitaux les maisons qui les font travailler.

XV. – PAUL NIQUET[82]

Le souper fait, nous allâmes prendre le café et le pousse-café à l'établissement célèbre de Paul Niquet. – Il y a là évidemment moins de millionnaires que chez Baratte... Les murs, très élevés et surmontés d'un vitrage, sont entièrement nus. Les pieds posent sur des dalles humides. Un comptoir immense partage en deux la salle, et sept ou huit chiffonnières, habituées de l'endroit, font tapisserie sur un banc opposé au comptoir.

82 Le cabaret de Paul Niquet, son premier propriétaire qui mourut en 1829, mais dont le nom fut conservé comme enseigne, était situé rue aux Fers (devenue rue Barbier après la disparition du marché en 1853) comme Baratte. Privat d'Anglemont en donne une description dans « Les Oiseaux de nuit, I, La Halle de Paris », première publication en 1850 dans *Le Siècle*, puis repris dans *Paris anecdote* en 1854. Il y parle de « bouge » et d'« une société immonde ». Paul Niquet était déjà connu sous l'Empire pour ses cerises à l'eau de vie. Edmond Texier en fait une description particulièrement sordide dans son *Tableau de Paris*, 1852, t. 1, p. 137 et suiv. (avec illustrations). La chiffonnière, plus loin, dit avoir connu Barras, ce qui explique son langage de « merveilleuse », sous le Directoire, où le R de « Révolution » était sauté.

Le fond est occupé par une foule assez mêlée, où les disputes ne sont pas rares. Comme on ne peut pas à tout moment aller chercher la garde, – le vieux Niquet, si célèbre sous l'Empire par ses cerises à l'eau-de-vie, avait fait établir des conduits d'eau très utiles dans le cas d'une rixe violente.

On les lâche de plusieurs points de la salle sur les combattants, et, si cela ni les calme pas, on lève un certain appareil qui bouche hermétiquement l'issue. Alors l'eau monte, et les plus furieux demandent grâce ; – c'est du moins ce qui se passait autrefois.

Mon compagnon m'avertit qu'il fallait payer une tournée aux chiffonnières pour se faire un parti dans l'établissement, en cas de dispute. C'est, du reste, l'usage pour les gens mis en bourgeois. Ensuite vous pouvez vous livrer sans crainte aux charmes de la société. – Vous avez conquis la faveur des dames.

Une des chiffonnières demanda de l'eau-de-vie : « Tu sais bien que ça t'est défendu ! » répondit le garçon limonadier. – Et bien, alors, un petit *verjus !* mon amour de Polyte ! Tu es si gentil avec tes beaux yeux noirs… Ah ! si j'étais encore… ce que j'ai été ! Sa main tremblante laissa échapper le petit verre plein de grains de verjus à l'eau-de-vie, que l'on ramassa aussitôt ; – les petits verres chez Paul Niquet sont épais comme des bouchons de carafe : ils rebondissent, et la liqueur seule est perdue.

– Un autre verjus ! dit mon ami.

– Toi t'es bien zentil aussi, mon p'tit fy, lui dit la chiffonnière ; tu me *happelles* le p'tit *Ba'as* (Barras) qu'était si *zentil*, si zentil, avec ses cadenettes et son *zabot* d'Angueleterre… Ah ! c'était z'un homme *aux oizeaux*, mon p'tit fy, aux oizeaux !… vrai ! z'un bel homme comme toi !

Après le second verjus elle nous dit : « Vous ne savez pas, mes enfants que j'ai été une des *merveilleuses* de ce temps-là… J'ai eu des bagues à mes doigts de pieds… Il y a des *mirliflores* et des généraux qui se sont battus pour moi ! »

– Tout ça, c'est la punition du bon Dieu ! dit un voisin. Où est-ce qu'il est à présent ton *phaéton* ?

– Le *bon Dieu* ! dit la chiffonnière exaspérée, le bon Dieu c'est le diable !

Un homme maigre en habit noir râpé, qui dormait sur un banc, se leva en trébuchant : Si le bon Dieu c'est le diable, alors c'est le diable qui est le bon Dieu, cela revient toujours au même. Cette brave femme fait un affreux paralogisme, dit-il en se tournant vers nous… Comme ce peuple est ignorant. Ah ! l'éducation, je m'y suis livré bien longtemps. Ma philosophie me console de tout ce que j'ai perdu.

– Et un petit verre ! dit mon compagnon.

– J'accepte ! si vous me permettez de définir la loi divine et la loi humaine…

La tête commençait à me tourner au milieu de ce public étrange ; mon ami cependant, prenait plaisir à la conversation du philosophe, et redoublait les petits verres pour l'entendre raisonner et déraisonner plus longtemps.

Si tous ces détails n'étaient exacts, et si je ne cherchais ici à daguerréotyper la vérité, que de ressources romanesques me fourniraient ces deux types du malheur et de l'abrutissement[83] ! Les hommes riches manquent trop du courage qui consiste à pénétrer dans de semblables lieux, dans ce vestibule du purgatoire d'où il serait peut-être facile de sauver quelques âmes… Un simple écrivain ne peut que mettre les doigts sur ces plaies, sans prétendre à les fermer[84].

Les prêtres eux-mêmes qui songent à sauver des âmes chinoises, indiennes ou tibétaines, n'accompliraient-ils pas dans de pareils lieux de dangereuses et sublimes missions ? – Pourquoi le Seigneur vivait-il avec les païens et les publicains ?

Le soleil commence à percer le vitrage supérieur de la salle, la porte s'éclaire. Je m'élance de cet enfer au moment d'une arrestation, et je respire avec bonheur le parfum de fleurs entassées sur le trottoir de la rue aux Fers.

La grande enceinte du marché présente deux longues rangées de femmes dont l'aube éclaire les visages pâles. Ce sont les revendeuses des

---

83 L'expression « daguerréotyper la vérité » (après la mention du daguerréotype au chap. VIII) n'est pas utilisée par hasard. La scène qui précède doit être prise comme la réalité à l'état pur et non comme relevant de cette fiction qu'engendre un regard interprétatif, dont précisément le narrateur pourrait utiliser les « ressources romanesques ». Sous couvert de dérision, une forme de tragique en effet est en jeu face au spectacle de la misère matérielle et métaphysique des personnages évoqués. Le choix du cabaret de Paul Niquet est en ce sens un choix délibéré : il était considéré, on l'a vu, par les contemporains (Privat d'Anglemont, Texier…) comme un lieu immonde aussi bien par son cadre, sorte de hangar boueux, que par la quantité d'alcool à bon marché qui s'y consommait. – la dimension spirituelle et religieuse, relation entre la mission du prêtre et celle de l'écrivain, du paragraphe suivant est amenée par la tournure prise par le dialogue pitoyable de la chiffonnière et du philosophe enivrés.

84 Ici s'interrompt la livraison du 30 octobre 1852 de *L'Illustration*. Au paragraphe suivant (avant donc la fin du chapitre) commence la livraison du 6 novembre. Le récit de Nerval y est illustré par un dessin de Gavarni, qui représente deux personnages, l'un pointant l'index vers le haut et déclarant au second : « Monsieur le maire, le vrai peut quelquefois n'être pas vrai… sans blague. » Nous reproduisons ce dessin en annexe, p. 159.

divers marchés, auxquelles on a distribué des numéros, et qui attendent leur tour pour recevoir leurs denrées d'après la mercuriale fixée.

Je crois qu'il est temps de me diriger vers l'embarcadère de Strasbourg, emportant dans ma pensée le vain fantôme de cette nuit.

XVI. – MEAUX

Voilà, voilà, celui qui revient de l'enfer[85] *!*

Je m'appliquais ce vers en roulant le matin sur les rails du chemin de Strasbourg, – et je me flattais… car je n'avais pas encore pénétré jusqu'aux plus profondes *souricières*[86] : je n'avais guère, au fond, rencontré que d'honnêtes travailleurs, – des pauvres diables avinés, des malheureux sans asile… Là n'est pas encore le dernier abîme.

L'air frais du matin, l'aspect des vertes campagnes, les bords riants de la Marne, Pantin à droite, d'abord, – le vrai Pantin, – Chelles à gauche, et plus tard Lagny, les longs rideaux de peupliers, les premiers coteaux abrités qui se dirigent vers la Champagne, tout cela me charmait et faisait rentrer le calme dans mes pensées.

Malheureusement un gros nuage noir se dessinait au fond de l'horizon[87], et quand je descendis à Meaux, il pleuvait à verse. Je me réfugiai dans un café, où je fus frappé par l'aspect d'une énorme affiche[88] rouge conçue en ces termes :

---

85 Dernier vers du poème « Dante » des *Iambes* d'Auguste Barbier (poèmes satiriques écrits après les « Trois Glorieuses », 1831), poème à la gloire de Dante évoquant le malheur auquel le condamna sa patrie. L'enfer, chez Barbier, est une allusion à la fois à la *Divine Comédie* et aux mœurs criminelles de Florence.

86 Le mot se dit, par métonymie, des lieux discrètement surveillés par la police et où peuvent se produire des arrestations. Ce sens convient car ces lieux évoqués à Paris à plusieurs reprises annoncent dans la deuxième partie des *Nuits* l'arrestation inattendue du narrateur lui-même.

87 Voir l'article de Marta Kawano, « Un gros nuage noir se dessinait à l'horizon : Nerval et Sterne » (art. cité). L'auteur y analyse le jeu de la lumière et de l'ombre dans cette transition entre Paris et Meaux, où l'ombre triomphe finalement de la lumière du soleil à la sortie de chez Paul Niquet. Replacé dans le contexte général du récit, Marta Kawano voit dans « ce gros nuage noir », l'annonce de la prise de pouvoir dictatoriale de Louis-Napoléon en décembre.

88 Les cinq chapitres suivants vont enchaîner les conséquences de la retranscription de cette affiche (on remarque le soin à respecter jusqu'aux formes prises par les caractères

---

PAR PERMISSION DE M. LE MAIRE (DE MEAUX)
MERVEILLE SURPRENANTE
Tout ce que la nature offre de plus bizarre :
UNE TRÈS JOLIE **FEMME**
Ayant pour chevelure une belle
TOISON DE MÉRINOS
Couleur marron[89].

« M. Montaldo, de passage en cette ville, a l'honneur d'exposer au public une rareté, un phénomène tellement extraordinaire, que Messieurs de la Faculté de médecine de Paris et de Montpellier n'ont pu encore le définir.

CE PHÉNOMÈNE

consiste en une jeune femme de dix-huit ans, native de Venise, qui, au lieu de chevelure, porte une magnifique toison en laine mérinos de Barbarie, couleur marron, d'une longueur d'environ 52 centimètres. Elle pousse comme les plantes, et on lui voit sur la tête des tiges qui supportent quatorze ou quinze branches.

« Deux de ces tiges s'élèvent sur son front et forment des cornes.

« Dans le cours de l'année, il tombe de sa toison, comme de celle des moutons qui ne sont pas tondus à temps, des fragments de laine.

« Cette personne est très avenante, ses yeux sont expressifs, elle a la peau très blanche ; elle a excité dans les grandes villes l'admiration de ceux qui l'ont vue, et, dans son séjour à Londres, en 1846, S. M. la

---

et la disposition générale du texte). L'effet d'insertion du texte observé prélude ici au large spectre ouvert par le réalisme compris dans son acception la plus large : l'insertion d'un objet comme le phénomène de foire présenté par l'affiche, permet d'en décrire les conséquences successives sur la psyché. Pour mieux rendre sensible l'immédiateté de l'émotion, le narrateur inclut d'abord l'effet groupé de l'affiche et du spectacle qui lui fait suite dans les rêves (chap. XVII et XVIII), pures compositions imaginaires de l'affect qu'ils ont provoqué. Suit le retour de fantasmes directement liés au regard porté sur et mêlé à la réalité quotidienne (chap. XIX. « Je m'éveille ») et à l'intellection (chap. XX. « Réflexions »). Arrive enfin le compte rendu le plus objectif possible de la réalité observée pendant le spectacle (chap. XXI. « La femme Mérinos »).

89 Nerval avait fait allusion, dans *L'Artiste* du 3 mai 1844, aux spectacles de foire qui existaient autrefois sur le Boulevard du Temple, – avec, parmi ceux-ci : « cette jolie fille aux cheveux rouges [...] Oh ! ses cheveux aux ondes pourprées comme ceux de la reine de Saba, qui n'a frémi de les voir tendus par des poids de cinquante, qu'elle enlevait en se jouant !... Cette fille étrange n'aura-t-elle pas inspiré bien des poètes, qui n'ont pas osé le lui dire ? Ce fut la dernière des vraies bohémiennes de Paris. » (NPl I, p. 792).

reine, à qui elle a été présentée, a témoigné sa surprise en disant que jamais la nature ne s'était montrée si bizarre.

« Les spectateurs pourront s'assurer de la vérité au tact de la laine, comme à l'élasticité, à l'odorat, etc., etc.

« Visible tous les jours jusqu'à dimanche 5 courant[90].

« Plusieurs morceaux d'opéra seront exécutés par un artiste distingué.

« Des danses de caractère, espagnoles et italiennes, par des artistes pensionnés.

« Prix d'entrée : 25 centimes. – Enfants et militaires : 10 centimes[91]. »

À défaut d'autre spectacle, je voulus vérifier par moi-même les merveilles de cette affiche, et je ne sortis de la représentation qu'après minuit.

J'ose à peine analyser maintenant les sensations étranges du sommeil qui succéda à cette soirée. – Mon esprit, surexcité sans doute par les souvenirs de la nuit précédente, et un peu par l'aspect du pont des Arches[92] qu'il fallut traverser pour me rendre à l'hôtel, imagina le rêve suivant, dont le souvenir m'est fidèlement resté :

XVII. – CAPHARNAÜM[93]

Des corridors, – des corridors sans fin ! Des escaliers, – des escaliers où l'on monte, où l'on descend, où l'on remonte, et dont le bas trempe

---

90 Jacques Bony a observé que le dimanche 5 correspond, en 1852, au mois de septembre : le temps du récit serait donc septembre et non octobre.

91 [N.D.A.] : « Tout dans ces récits étant véritable, l'auteur a déposé l'affiche aux bureaux de *L'Illustration*, où elle est visible. » – Ni l'affiche, ni le passage de la troupe de Montaldo à Meaux, n'ont laissé de traces repérables. Invention donc, mais qui reste avec soin dans l'ordre d'une réalité empirique vraisemblable, chacun ayant fait l'expérience de ce type de montage pour un spectacle de foire.

92 Ce pont des Arches reviendra dans le rêve suivant en rapport avec les corridors et les escaliers piranésiens que le narrateur serait condamné à parcourir. Il s'agirait, à Meaux, du pont du Marché, dit pont Ancien. Voir Claude Pichois, NPl III, p. 1109.

93 Le mot est utilisé dans *Aurélia*, mais hors rêve : il s'agit de l'évocation de la chambre occupée par le narrateur chez Le docteur Blanche : « J'ai trouvé là tous les débris de mes diverses fortunes, les restes confus de plusieurs mobiliers dispersés ou revendus depuis vingt ans. C'est un capharnaüm comme celui du docteur Faust » (OC XIII, p. 110). Le mot

toujours dans une eau noire agitée par des roues, sous d'immenses arches de pont… à travers des charpentes inextricables ! – Monter, descendre, ou parcourir les corridors, – et cela, pendant plusieurs éternités… Serait-ce la peine à laquelle je serais condamné pour mes fautes[94] ?

J'aimerais mieux vivre ! ! !

Au contraire, – voilà qu'on me brise la tête à grands coups de marteau : qu'est-ce que cela veut dire ?

« Je rêvais à des queues de billard… à des petits verres *de verjus*… »

« Monsieur et mame le maire est-il content ? »

Bon ! je confonds à présent Bilboquet avec Macaire[95]. Mais ce n'est pas une raison pour qu'on me casse la tête avec des foulons[96].

« Brûler n'est pas répondre ! »

« débris » et l'expression « restes confus » qui sont dans *Aurélia* ceux de la fortune passée, renvoient ici à l'entremêlement de souvenirs du spectacle, de fantasmes et de citations.

94 La note préparatoire de ce début est intéressante surtout en raison de sa première ligne : « Journal d'un [essayis<te> ?] / à Ch. D. / Des corridors, des corridors sans fin, des escaliers inextricables qui toujours aboutissaient à une eau noire sous l'arche d'un pont et puis on me brise la tête à grands coups de marteau. Décidemment ce n'est pas une position soutenable pour un gentleman parisien, c'est extravagant, cela n'a pas de raison d'être […] » (Lov., D.741, f° 123 ; voir NPl III, p. 1109, var. b de la p. 337).

95 Bilboquet est un personnage de la pièce de Dumersan et Varin, *Les Saltimbanques*, comédie parade en 3 actes, mêlée de couplets, donnée aux Variétés en 1838. Il s'agit d'un saltimbanque filou à qui le maire de Meaux demande de donner avec sa troupe une représentation. À chaque exhibition, il pose au maire la question : « Monsieur et madame le maire est-il content ? » Le clou du spectacle est une femme géante dont les jambes masquées sont des échasses (III, 11). Bilboquet, en Espagnol, y danse par ailleurs une cachucha avec sa pupille déguisée en andalouse (III, 10). Dans la même scène 10, Bilboquet, vantant sa force herculéenne, prétend avoir « donné des calottes au curé Mérino ». Ces allusions renvoient globalement à la troupe de Montaldo. Notons enfin qu'à la dernière scène il est question d'une arrestation faute de passeport. – Frédérick Lemaître comédien célèbre de l'époque obtint un triomphe dans *L'Auberge des Adrets* drame de Benjamin Antier, Saint-Amand et Polyanthe en 1823, en jouant le rôle de l'escroc cynique, Robert Macaire. La pièce fut reprise après 1830. Frédérick eut l'idée de transformer le drame en une pièce burlesque, selon le principe d'une fantaisie satirique et drôle, se moquant de l'autorité, et le succès fut immense. Il écrivit en 1834 une suite, en collaboration, *Robert Macaire*, en 4 actes et 6 tableaux, où lui et son acolyte Bertrand s'en donnaient à cœur joie dans le rôle de deux coquins et improvisaient sans scrupule des répliques adaptées au moment. C'est dans cette dernière pièce qu'évoquant les orgies de sa jeunesse dans son imagination, il fait allusion « à de petits verres de kirsch-waser, et à des queues de billard » (1er tableau, scène 2). Mais le billard est aussi au chap. VIII et les petits verres de verjus au chap. XVI. Ajoutons que dans *Robert Macaire*, Macaire et Bertrand se déguisent en saltimbanques (III, 8).

96 Le mot serait appelé par les moulins auxquels il sera fait allusion plus loin, au chap. XX. Dans les moulins à foulons des ouvriers utilisaient la force motrice de l'eau pour fouler, presser mécaniquement le drap.

Serait-ce pour avoir embrassé la femme à cornes, – ou avoir promené mes doigts dans sa chevelure de mérinos ?

« Qu'est-ce que c'est donc que ce cynisme ! » dirait Macaire.

Mais Desbarreaux[97] le cartésien répondrait à la Providence : « Voilà bien du tapage pour...

« Bien peu de chose. »

XVIII. – CHŒUR DES GNOMES[98]

Les petits gnomes chantent ainsi :

« Profitons de son sommeil ! – Il a eu bien tort de régaler le saltimbanque, et d'absorber tant de bière de mars en octobre, – à ce même café – de Mars[99], avec accompagnement de cigares, de cigarettes, de clarinette et de basson.

« Travaillons, frères, – jusqu'au point du jour, jusqu'au chant du coq, – jusqu'à l'heure où part la voiture de Dammartin, – et qu'il puisse entendre la sonnerie de la vieille cathédrale où repose L'AIGLE DE MEAUX.

---

97 Jacques Vallée (1599-1673), seigneur des Barreaux, poète libertin, connu pour son incrédulité, condisciple de Descartes au collège des Jésuites de La Flèche. Réputé avoir mangé une omelette au lard un vendredi et avoir déclaré « tant de bruit pour si peu de chose ! ». – Le rêve est évidemment composé d'associations libres où théâtre, anecdotes, bribes d'expérience s'allient de façon incongrue sur fond de culpabilité érotico-comique.

98 [N.D.A.] : « Ceci est un chapitre dans le goût allemand. Les *gnômes* sont de petits êtres appartenant à la classe des esprits de la terre, qui sont attachés au service de l'homme, ou du moins que leur sympathie conduit parfois à lui être utile. (Voir les légendes recueillies par Simrock) ». – Karl Simrock, traducteur d'anciennes poésies allemandes, est connu de Nerval probablement à partir d'articles parus dans des revues, car la publication de ces traductions en volume date de 1867 (NPl III, p. 1110). On a vu un rapport entre ces gnomes et les « diables bleus » du chap. II de *Stello* de Vigny (1832). Stello décrit au Docteur-Noir le mal de tête dont il souffre : « [...] je sens autour de mes cheveux tous les diables de la migraine qui sont à l'ouvrage sur mon crâne pour le fendre [...] » (Vigny, *Œuvres complètes*, Paris, Gallimard, Bibliothèque de la Pléiade, t. II, 1993, p. 499). Les gnomes y extirpent à la scie et au marteau les protubérances du crâne telles que décrites par Gall. Nerval parle de « compartiment » de la mémoire. Filip Kekus (thèse citée, à paraître) y voit une allégorie du travail du rêve dans une perspective curative.

99 La bière de mars ou bière de printemps est produite par une variété d'orge semée au printemps, brassée au début de l'hiver. Le café de Mars comme les autres cafés cités par Nerval existait à Meaux au XIXe siècle.

« Décidément, la femme mérinos lui travaille l'esprit, – non moins que la bière de mars et les foulons du pont des Arches ; – cependant, les cornes de cette femme ne sont pas telles que l'avait dit le saltimbanque : – notre Parisien est encore jeune… Il ne s'est pas assez méfié du *boniment.*

« Travaillons, frères, travaillons, pendant qu'il dort. – Commençons par lui dévisser la tête, –puis, à petits coups de marteaux, – oui, de marteaux, – nous descellerons les parois de ce crâne philosophique – et biscornu !

« Pourvu qu'il n'aille pas se loger dans une des cases de son cerveau – l'idée d'épouser la femme à la chevelure de mérinos[100] ! Nettoyons d'abord le sinciput et l'occiput ; – que le sang circule plus clair à travers les centres nerveux qui s'épanouissent au-dessus des vertèbres.

« Le *moi* et le *non-moi* de Fichte[101] se livrent un terrible combat dans cet esprit plein d'objectivité. – Si seulement il n'avait pas arrosé la bière de mars – de quelques tournées de punch offert à ces dames !… L'Espagnole était presque aussi séduisante que la Vénitienne ; mais elle avait de faux mollets, – et sa cachucha paraissait due aux leçons de Mabille[102].

« Travaillons, frères, travaillons ; – la boîte osseuse se nettoie. – Le compartiment de la mémoire embrasse déjà une certaine série de faits. – La causalité, – oui, la causalité, – le ramènera au sentiment de la subjectivité[103]. – Prenons garde seulement qu'il ne s'éveille avant que notre tâche soit finie.

---

100 Le rêve est comme au chapitre précédent directement en rapport avec le spectacle auquel le narrateur a assisté. Sa vraisemblance est attachée à la chronologie du récit, ce qui le différencie à l'évidence des rêves d'*Aurélia* dont la cohérence est essentiellement interne à l'ensemble du texte et qui sont placés par Nerval dans l'espace fantasmatique de ce qu'il appelle « le monde des esprits », exploré par le livre.

101 Fichte (*La Doctrine de la science*, 1794), d'abord disciple de Kant, est considéré comme le fondateur de l'idéalisme allemand. Sa philosophie aboutit en effet, à une absence de distinction entre le moi, le sujet pensant, et le non-moi, le monde extérieur qui n'est plus que la représentation de ce sujet, abolissant la différence entre subjectivité et objectivité. L'allusion de Nerval n'est pas indifférente dans un ouvrage consacré au réalisme, mais au réalisme bien compris, c'est-à-dire appréhendant la réalité du monde extérieur, mais au prisme de l'imagination subjective de l'artiste. Et le cauchemar est exactement l'image de ce combat entre la réalité de ce qui a été vue et l'imaginaire que son étrangeté a engendré : travail entrepris par les gnomes pour le ramener à une juste conscience de la réalité extérieure, contre le « sentiment de sa subjectivité », dont l'émotion et l'ivresse sont la cause.

102 La cachucha, danse espagnole importée en France au XIXe siècle, doit sa renommée à Fanny Elssler qui la dansa dans *Le Diable boiteux*, en 1836, à l'Opéra de Paris. – « Mabille », voir au chap. VIII, p. 55, n. 45.

103 La causalité, enchaînement maîtrisé par la raison qui s'oppose au désordre émotif et rétablit le contrôle de la conscience.

« Le malheureux se réveillerait pour mourir d'un coup de sang, que la faculté qualifierait d'épanchement au cerveau, – et c'est nous qu'on accuserait *là-haut.* – Dieux immortels ! il fait un mouvement ; il respire avec peine. – Raffermissons la boîte osseuse avec un dernier coup de foulon, – oui, de foulon. – Le coq chante, – l'heure sonne… Il en est quitte pour un mal de tête… *Il le fallait !* »

XIX. – JE M'ÉVEILLE

Décidément, ce rêve est trop extravagant… même pour moi ! Il vaut mieux se réveiller tout à fait. – Ces petits drôles ! qui me démontaient la tête, – et qui se permettaient après de rajuster les morceaux du crâne avec de grands coups de leurs petits marteaux ! – Tiens, un coq qui chante… ! Je suis donc à la campagne ! C'est peut-être le coq de Lucien : ἀλεχτρυών[104]. – Oh ! souvenirs classiques, que vous êtes loin de moi !

Cinq heures sonnent, – où suis-je ? – Ce n'est pas là ma chambre… Ah ! Je m'en souviens, – je me suis endormi hier à *la Syrène*[105], tenue par le Vallois, – *dans la bonne ville de Meaux* (Meaux en Brie, Seine-et-Marne).

Et j'ai négligé d'aller présenter mes hommages à monsieur et à mame le maire ! – C'est la faute de Bilboquet (*Faisant sa toilette*) :

AIR DES *PRÉTENDUS.*

Allons présenter – hum ! – présenter notre hommage
À la fille de la maison !… (*bis*)
Oui, j'en conviens, elle a raison !
Oui, oui, la friponne a raison !
Allons présenter, etc.[106].

---

104 « Le Coq » (mais la graphie est plutôt : ἀλεκτρυών) ou le *Songe du Coq*, dialogue de Lucien de Samosate, IIe siècle ap. J.-C. Ses écrits, dont les *Dialogues* et les *Éloges*, étaient caractérisés par l'esprit critique et l'ironie contre les philosophes. Le coq dans le dialogue est une réincarnation satirique de Pythagore. Modèle pour l'école fantaisiste, Nerval cite Lucien à plusieurs reprises et en fait, ici au chap. XXV et à la fin des *Faux Saulniers*, un prédécesseur essentiel.

105 Hôtel qui prit ce nom en 1850 et le conserva jusqu'en 1986.

106 L'air des *Prétendus* (comédie lyrique de Rochon de Chabannes, créée en 1789 et souvent reprise au XIXe siècle) n'est pas chanté par Bilboquet dans *Les Saltimbanques*, mais appelé par les associations « Meaux », « maire », du premier rêve où Bilboquet manifeste au maire son respect. Le réveil est encore sous le signe des associations saugrenues, et si

Tiens, le mal de tête s'en va... oui, mais la voiture est partie. Restons, et tirons-nous de cet affreux mélange de comédie, – de rêve, – et de réalité.

Pascal a dit :

« Les hommes sont fous, si nécessairement fous, que ce serait être fou par une autre sorte que de n'être pas fou. »

La Rochefoucauld a ajouté :

« C'est une grande folie de vouloir être sage tout seul. »

Ces maximes sont consolantes[107].

XX. – RÉFLEXIONS

Recomposons nos souvenirs.

Je suis majeur et vacciné ; – mes qualités physiques importent peu pour le moment. Ma position sociale est supérieure à celle du saltimbanque d'hier au soir ; – et décidément, sa Vénitienne n'aura pas ma main.

Un sentiment de soif me travaille.

Retourner au café de Mars à cette heure, – ce serait vouloir marcher sur les fusées d'un feu d'artifice éteint.

D'ailleurs, personne n'y peut être levé encore. – Allons errer sur les bords de la Marne et le long de ces terribles moulins à eau dont le souvenir a troublé mon sommeil.

Ces moulins, écaillés d'ardoises, si sombres et si bruyants au clair de lune, doivent être pleins de charmes aux rayons du soleil levant.

---

l'enchaînement existe, le passage du sommeil à l'état de veille mêle naturellement au retour à la réalité extérieure, des souvenirs des rêves, des citations, des réflexions ébauchées, un « mélange de comédie, – de rêve, – et de réalité ».

107 Pascal, *Pensées*, Lafuma, 412 : « Les hommes sont si nécessairement fous que ce serait être fou par un autre tour de folie de n'être pas fou. ». La Rochefoucaud, *Maximes*, 231. Cet éloge philosophique de la folie est plus proche de celui d'Érasme (voir *Les Illuminés*, « La Bibliothèque de mon oncle ») que de l'acception religieuse pascalienne. Il touche à la déraison du rêve qui « s'épanche » au réveil « dans la réalité », non pour en informer le sens comme dans *Aurélia*, mais comme le constat du trouble provoqué par le fantasme nocturne. – Dans *Les Saltimbanques*, Bilboquet répond à Zéphirine qui lui dit : « [...] il faut prendre le temps comme il vient. / – Cette maxime n'est pas neuve, mais elle est consolante » (I, 4), – expression que Bilboquet emploie à plusieurs reprises.

Je viens de réveiller les garçons du *Café du Commerce*. Une légion de chats s'échappe de la grande salle de billard, et va se jouer sur la terrasse parmi les thuyas, les orangers et les balsamines roses et blanches. – Les voilà qui grimpent comme des singes le long des berceaux de treillage revêtus de lierre.

Ô nature, je te salue !

Et, quoique ami des chats, je caresse aussi ce chien à longs poils gris qui s'étire péniblement. Il n'est pas muselé. – N'importe ; la chasse est ouverte.

Qu'il est doux pour un cœur sensible *de voir lever l'aurore*[108] sur la Marne, à quarante kilomètres de Paris !

Là-bas, sur le même bord, au-delà des moulins, est un autre café non moins pittoresque, qui s'intitule : *Café de l'Hôtel de Ville*[109] (sous-préfecture). Le maire de Meaux, qui habite tout près, doit, en se levant, y reposer ses yeux sur les allées d'ormeaux et sur les berceaux d'un vert glauque qui garnissent la terrasse. On admire là une statue en terre cuite de la Camargo[110], grandeur naturelle, dont il faut regretter les bras cassés. Ses jambes sont effilées comme celles de l'Espagnole d'hier, – et des Espagnoles de l'Opéra.

Elle préside à un jeu de boules.

J'ai demandé de l'encre au garçon[111]. Quant au café, il n'est pas encore fait. Les tables sont couvertes de tabourets ; j'en dérange deux ; et je me recueille en prenant possession d'un petit chat blanc qui a les yeux verts.

On commence à passer sur le pont ; j'y compte huit arches. La Marne est *marneuse* naturellement[112] ; mais elle revêt maintenant des teintes

---

108 Dans la suite du rêve du chap. XVII, cette expression en italique est très probablement un rappel de la romance chantée par Robert Macaire dans *L'Auberge des Adrets*, II, 5 : « Quand on fut toujours vertueux, / On aime à voir lever l'aurore ». On trouve également l'expression dans *Promenades et Souvenirs* (NPl III, p. 668).

109 Café qui a existé à Meaux jusqu'en 1911.

110 Marie-Anne de Cupis Camargo, dite la Camargo (1710-1770), célèbre danseuse du XVIIIe siècle. Appelée ici, comme le Maire et probablement le jeu de boules, par les souvenirs du rêve. À moins qu'inversement, la statue et le jeu n'aient été, comme les arches du pont, croisés sur le chemin du retour après le spectacle.

111 Passage à l'écriture qui correspond au chapitre suivant à une réflexion sur le rapport entre le récit et la réalité, puis à la rédaction retardée de ce qui s'est réellement passé pendant le spectacle, possible après que l'émotion a été déchargée dans les rêves.

112 Caractérisation qui parodie le réalisme mal compris. La suite va dans le sens de cet effort, contrarié par des écarts qui ramènent le rêve. – La dernière phrase du chapitre s'efforce avec ironie à l'exactitude savante et amène, au début du chapitre suivant, l'humour sur ce que le narrateur appelle « le métier de réaliste » et le retour à Dickens.

plombées que rident parfois les courants qui sortent des moulins, ou plus loin les jeux folâtres des hirondelles.

Est-ce qu'il pleuvra ce soir ?

Quelquefois un poisson fait un soubresaut qui ressemble, ma foi, à la cachucha éperdue de cette demoiselle bronzée que je n'oserais qualifier de dame sans plus d'informations.

Il y a en face de moi, sur l'autre bord, des sorbiers à grains de corail du plus bel effet : « sorbier des oiseaux, – *aviaria.* » – J'ai appris cela quand je me destinais à la position de bachelier dans l'Université de Paris.

XXI. – LA FEMME MÉRINOS[113]

... Je m'arrête. – Le métier de *réaliste* est trop dur à faire. La lecture d'un article de Charles Dickens est pourtant la source de ces divagations !... Une voix grave me rappelle à moi-même.

Je viens de tirer de dessous plusieurs journaux parisiens et *marnois* un certain feuilleton d'où l'anathème s'exhale avec raison sur les imaginations bizarres qui constituent aujourd'hui *l'école du vrai.*

Le même mouvement a existé après 1830, après 1794, après 1716 et après bien d'autres dates antérieures. Les esprits, fatigués des conventions politiques ou romanesques, voulaient du *vrai* à tout prix[114].

113 *L'Illustration*, 13 novembre 1852.

114 *L'école du vrai* était le nom donné par ses détracteurs au courant « réaliste ». Nerval oppose ce goût du « vrai » à la fatigue des esprits après les temps de désordre politique, engendrant la critique des « conventions », c'est-à-dire des discours formatés datant de la période antérieure, au profit d'un renouveau de la littérature plus proche de l'appréhension de la réalité nouvelle découverte par l'évolution historique. L'ironie est que l'attaque du « vrai » en littérature par ses détracteurs passe par la condamnation de la réduction de la réalité à la laideur. Or, ce que la réalité comporte, c'est plus largement ces « combinaisons bizarres » de la vie qui ne participent du laid que selon l'objet choisi et le regard porté sur ce dernier. – Nerval a le souci de situer le mouvement dans une tradition historique qui nous ramène à la date de rédaction, 1852, période de rupture s'il en fût. – Hugo propose avant 1830, mais le romantisme ne le reniera pas, une dialectique du beau et du laid qui n'est rien d'autre que le désir d'être « vrai », contre le « goût » néo-classique alors dominant. L'art reste bien soumis pour lui à « un point d'optique » (Préface de *Cromwell*, 1827).

Or, le vrai, c'est le faux, – du moins en art et en poésie. Quoi de plus faux que l'*Iliade*, que l'*Énéide*, que la *Jérusalem délivrée*, que la *Henriade* ? – que les tragédies, que les romans ?…

Eh bien, moi, dit le critique, j'aime ce faux : Est-ce que cela m'amuse, que vous me racontiez votre vie pas à pas, que vous analysiez vos rêves, vos impressions, vos sensations ?… Que m'importe que vous ayez couché à *la Syrène*, chez le Vallois ? Je présume que cela n'est pas vrai, – ou bien que cela est arrangé : – Vous me direz d'aller y voir… Je n'ai pas besoin de me rendre à Meaux ! – Du reste, les mêmes choses m'arriveraient que je n'aurais pas l'aplomb d'en entretenir le public.

Et d'abord est-ce que l'on croit à cette femme aux cheveux de mérinos ?

– Je suis forcé d'y croire ; et plus sûrement encore que par les promesses de l'affiche. L'affiche *existe*, mais la femme pourrait ne pas exister… Hé bien ! le saltimbanque n'avait rien écrit que de véritable[115] :

La représentation a commencé à l'heure dite. Un homme assez replet, mais encore vert, est entré en costume de Figaro. Les tables étaient garnies en partie par le peuple de Meaux, en partie par les cuirassiers du 6e.

M. Montaldo, – car c'était lui, – a dit avec modestie : « Signori, ze vais vi faire entendre il grand aria di Figaro. »

Il commence : *Tra de ra la, de ra la, de ra la, ah !…*

Sa voix un peu usée, mais encore agréable, était accompagnée d'un basson.

Quand il arriva au vers : *Largo al fattotum della cita !* – je crus devoir me permettre une observation. Il prononçait *cita*. Je dis tout haut : *tchita !* ce qui étonna un peu les cuirassiers et le peuple de Meaux. Le chanteur me fit un signe d'assentiment, et quand il arriva à cet autre vers : « Figaro-*ci*, Figaro-là… » il eut soin de prononcer *tchi*. – J'étais flatté de cette attention.

Mais, en faisant sa quête, il vint à moi et me dit (je ne donne pas ici la phrase patoisée) : « On est heureux de rencontrer des amateurs

115 On touche bien à l'essentiel du problème esthétique posé par *Les Nuits d'octobre*. « Le vrai, c'est le faux », car le vrai objectif n'existe pas en art ; le « vrai » est soumis au regard de l'artiste, à son génie. Le choix de l'objet lui revient ainsi que son mode de composition dans l'écriture. Par ces derniers passent le récit des déambulations dans Paris et dans le Valois, celui des rêves, les commentaires personnels du narrateur. La femme Mérinos qui n'existait jusque-là que dans la description qu'en faisait l'affiche apparaît dans le spectacle dont le narrateur fait finalement le récit : elle devient un personnage littéraire, « nervalien ».

instruits... ma ze souis de Tourino, et à Tourino, nous prononçons *ci*. Vous aurez entendu le *tchi* à Rome ou à Naples[116] ?

– Effectivement !... Et votre Vénitienne ?

– Elle va paraître à neuf heures. En attendant, je vais danser une cachucha avec cette jeune personne que j'ai l'honneur de vous présenter.

La cachucha n'était pas mal, mais exécutée dans un goût un peu classique... Enfin, la femme aux cheveux de mérinos parut dans toute sa splendeur. C'étaient effectivement des cheveux de mérinos. Deux touffes, placées sur le front, se dressaient en cornes. – Elle aurait pu se faire faire un châle de cette abondante chevelure. Que de maris seraient heureux de trouver dans les cheveux de leurs femmes cette *matière première* qui réduirait le prix de leurs vêtements à la simple main-d'œuvre !

La figure était pâle et régulière. Elle rappelait le type des vierges de Carlo Dolci[117]. Je dis à la jeune femme : *Sete voi Veneziana ?* Elle me répondit : *Signor si.*

Si elle avait dit : *Si signor*, je l'aurais soupçonnée Piémontaise ou Savoyarde ; mais, évidemment, c'est une Vénitienne des montagnes qui confinent au Tyrol. Les doigts sont effilés, les pieds petits, les attaches fines ; elle a les yeux presque rouges et la douceur d'un mouton, – sa voix même semble un bêlement accentué. Les cheveux, si l'on peut appeler cela des cheveux, résisteraient à tous les efforts du peigne. C'est un amas de cordelettes comme celles que se font les Nubiennes en les imprégnant de beurre. Toutefois, sa peau étant d'un blanc mat irrécusable, et sa chevelure d'un *marron* assez clair (voir l'affiche), je pense qu'il y a eu croisement ; – un nègre, – Othello peut-être, se sera allié au type vénitien, et après plusieurs générations, ce produit local se sera révélé.

Quant à l'Espagnole, elle est évidemment originaire de Savoie ou d'Auvergne, ainsi que M. Montaldo.

Mon récit est terminé. « Le vrai est ce qu'il peut », comme disait M. Dufongeray[118]. – J'aurais pu raconter l'histoire de la Vénitienne, de

---

116 La scène est, au double sens du terme, théâtrale : théâtre dans le théâtre du *Figaro* de Montaldo : décor, assistance contrastée, « chant », langue, prononciation, dialogue ; s'y ajoute la présence intense du narrateur qui ne cessera de commenter le spectacle.

117 Peintre florentin du XVIe siècle dont les Vierges, assez fades, ont été abondamment reproduites. La comparaison, comme toutes les autres références littéraires ou artistiques, renvoie de façon claire à la subjectivité de la vision. Le trait est encore accusé, ironiquement, avec plus loin : « un nègre, – Othello peut-être [...] ».

118 M. de Fongeray était le pseudonyme des auteurs, Dittmer et Cavé, des *Soirées de Neuilly*, publiées en 1827. « Le vrai est ce qu'il peut » est en épigraphe à ces *Soirées*. Le faux nom,

M. Montaldo, de l'Espagnole, et même du basson. Je pourrais supposer que je me suis épris de l'une ou de l'autre de ces deux femmes, et que la rivalité du saltimbanque ou du basson m'a conduit aux aventures les plus extraordinaires. – Mais la vérité, c'est qu'il n'en est rien. L'Espagnole avait, comme je l'ai dit, les jambes maigres, – la femme mérinos ne m'intéressait qu'à travers une atmosphère de fumée de tabac et une consommation de bière qui me rappelait l'Allemagne. – Laissons ce phénomène à ses habitudes et à ses attachements probables.

Je soupçonne le basson, jeune homme assez fluet, noir de chevelure, de ne pas lui être indifférent[119].

XXII. – ITINÉRAIRE

Je n'ai pas encore expliqué au lecteur le motif véritable de mon voyage à Meaux... Il convient d'avouer que je n'ai rien à faire dans ce pays ; – mais, comme le public français veut toujours savoir les raisons de tout, il est temps d'indiquer ce point. – Un de mes amis, – un limonadier de Creil, – ancien *Hercule*[120] retiré, et se livrant à la chasse dans ses moments perdus, m'avait invité, ces jours derniers, à une chasse à la loutre, sur les bords de l'Oise.

Il était très simple de me rendre à Creil par le Nord ; mais le chemin du Nord est un chemin tortu, bossu, qui fait un coude considérable avant de parvenir à Creil, où se trouve le confluent du rail-wail de Lille

M. de Fongeray, qui sert de référence ramène l'annonce publicitaire du « phénomène » sur l'affiche à la réalité plus prosaïque observée par le narrateur. Quant à l'épigraphe, elle souligne l'impertinence des catégories du « vrai » et « faux » en littérature et justifie le bien-fondé du réalisme tel qu'il est pratiqué dans le récit. La suite va suggérer les extensions romanesques possibles de l'épisode, sur le modèle de Diderot dans *Jacques le fataliste*, refusées au nom de la vérité. On tourne autour de la notion de réalisme, du choix de la réalité observée et de la charge imaginaire, mais non romanesque, attachée au point de vue de l'écrivain en relation et opposition avec le courant littéraire dont il est question depuis le début du texte. L'hypothèse romanesque est encore reprise et rejetée avec humour au chapitre suivant, cette fois en raison de la morale ou de l'amour propre du narrateur.

119 Motif qui annonce ironiquement celui du grand Frisé et surtout du jeune premier ridé dans *Sylvie*, « petit roman qui n'est pas tout à fait un conte ».

120 Hercule de foire.

et de celui de Saint-Quentin. De sorte que je m'étais dit : En prenant par Meaux, je rencontrerai l'omnibus de Dammartin ; je traverserai à pied les bois d'Ermenonville, et, suivant les bords de la Nonette, je parviendrai, après trois heures de marche, à Senlis où je rencontrerai l'omnibus de Creil. De là, j'aurai le plaisir de revenir à Paris par *le plus long*, – c'est-à-dire par le chemin de fer du Nord.

En conséquence, ayant manqué la voiture de Dammartin, il s'agissait de trouver une autre correspondance. – Le système des chemins de fer a dérangé toutes les voitures des pays intermédiaires. Le pâté immense des contrées situées au nord de Paris se trouve privé de communications directes ; – il faut faire dix lieues à droite ou dix-huit lieues à gauche, en chemin de fer, pour y parvenir, au moyen des correspondances, qui mettent encore deux ou trois heures à vous transporter dans des pays où l'on arrivait autrefois en quatre heures.

La spirale célèbre que traça en l'air le bâton du caporal Trim[121] n'était pas plus capricieuse que le chemin qu'il faut faire, soit d'un côté, soit de l'autre.

On m'a dit à Meaux : La voiture de Nanteuil-le-Haudouin vous mettra à une lieue d'Ermenonville, et dès lors vous n'avez plus qu'à marcher.

À mesure que je m'éloignais de Meaux, le souvenir de la femme mérinos et de l'Espagnole s'évanouissait dans les brumes de l'horizon. Enlever l'une au basson, ou l'autre au ténor chorégraphe, eût été un procédé plein de petitesse, en cas de réussite, attendu qu'ils avaient été polis et charmants ; – une tentative vaine m'aurait couvert de confusion. N'y pensons plus. – Nous arrivons à Nanteuil par un temps abominable ; il devient impossible de traverser les bois. Quant à prendre des voitures à volonté, je connais trop les chemins vicinaux du pays pour m'y risquer.

Nanteuil est un bourg montueux qui n'a jamais eu de remarquable que son château désormais disparu[122]. Je m'informe à l'hôtel des moyens de sortir d'un pareil lieu, et l'on me répond : Prenez la voiture de Crespy-en-Valois qui passe à deux heures ; cela vous fera faire un détour,

121 Dans *Tristram Shandy*, de Sterne. Le dessin de cette spirale avait été mis en épigraphe de *La Peau de Chagrin* par Balzac. – Le Valois était encore mal desservi par le chemin de fer. Cela dit, s'y ajoutant les correspondances manquées et les temps d'attente, le trajet choisi puis effectué par Nerval jusqu'à Crespy, est finalement lui aussi fait de détours qui correspondent à une esthétique de la courbe comme chez Sterne, – ce qui produit accessoirement un indéniable effet comique.

122 Château Renaissance détruit en 1794, dont il ne reste que des vestiges.

mais vous trouverez ce soir une autre voiture qui vous conduira sur les bords de l'Oise.

Dix lieues encore pour voir une pêche à la loutre. Il était si simple de rester à Meaux, dans l'aimable compagnie du saltimbanque, de la Vénitienne et de l'Espagnole !…

XXIII. – CRESPY-EN-VALOIS

Trois heures plus tard, nous arrivons à Crespy. Les portes de la ville sont monumentales, et surmontées de trophées dans le goût du dix-septième siècle. Le clocher de la cathédrale[123] est élancé, taillé à six pans et découpé à jour comme celui de la vieille église de Soissons.

Il s'agissait d'attendre jusqu'à huit heures la voiture de correspondance. L'après-dîner le temps s'est éclairci. J'ai admiré les environs assez pittoresques de la vieille cité valoise, et la vaste place du marché que l'on y crée en ce moment. Les constructions sont dans le goût de celles de Meaux. Ce n'est plus parisien, et ce n'est pas encore flamand. On construisait une église dans un quartier signalé par un assez grand nombre de maisons bourgeoises. – Un dernier rayon de soleil, qui teignait de rose la face de l'ancienne cathédrale, m'a fait revenir dans le quartier opposé. Il ne reste malheureusement que le chevet. La tour et les ornements du portail m'ont paru remonter au quatorzième siècle. – J'ai demandé à des voisins pourquoi l'on s'occupait de construire une église moderne, au lieu de restaurer un si beau monument.

– C'est, m'a-t-on dit, parce que les bourgeois[124] ont principalement leurs maisons dans l'autre quartier, et cela les dérangerait trop de venir à l'ancienne église… Au contraire l'autre sera sous leur main.

---

123 Il s'agit de la collégiale Saint-Thomas dont il ne reste que des ruines.

124 Le mot n'est probablement pas employé par hasard. Au XIXe siècle, la bourgeoisie est la classe montante qui participe à la révolution industrielle et appuie son pouvoir sur l'argent, caractérisée par le conformisme et le goût des conventions. La satire de la bourgeoisie est un des motifs favoris de la littérature de Balzac à Flaubert et Zola, aussi bien que des illustrateurs et des caricaturistes. L'esthétique romantique, réaliste et fantaisiste adhère à cette critique et c'est un des reproches que lui font les tenants

– C'est en effet, dis-je, bien plus commode d'avoir une église à sa porte ; – mais les vieux chrétiens n'auraient pas regardé à deux cents pas de plus pour se rendre à une vieille et splendide basilique. Aujourd'hui, tout est changé, c'est le bon Dieu qui est obligé de se rapprocher des paroissiens !…

XXIV. – EN PRISON

Certes, je n'avais rien dit d'inconvenant ni de monstrueux. Aussi, la nuit arrivant, je crus bon de me diriger vers le bureau des voitures. Il fallait encore attendre une demi-heure. – J'ai demandé à souper pour passer le temps.

Je finissais une excellente soupe, et je me tournais pour demander autre chose, lorsque j'aperçus un gendarme qui me dit : « Vos papiers ? » J'interroge ma poche avec dignité… Le passe-port[125] était resté à Meaux, où on me l'avait demandé à l'hôtel pour m'inscrire ; – et j'avais oublié de le reprendre le lendemain matin. La jolie servante à laquelle j'avais payé mon compte n'y avait pas pensé plus que moi. « Hé bien ! dit le gendarme, vous allez me suivre chez monsieur le maire. »

Le maire ! Encore si c'était le maire de Meaux ? Mais c'est le maire de Crespy ! – L'autre eût certainement été plus indulgent :

de l'académisme en littérature et en art. *Les Nuits d'octobre* participent de cette tradition : la déambulation dans Paris la nuit ne peut être le fait du bourgeois, protégé chez lui par son portier qui demande des comptes à ceux qui rentrent trop tard. Il en est de même de la compagnie des saltimbanques, ou de l'absence de passeport. L'« inconvenant et le monstrueux » au chapitre suivant relèvent de cet ensemble. La dimension esthétique de cette dérogation à la norme bourgeoise viendra avec le rêve du chapitre suivant.

125 Dès 1792, le « passe-port », ainsi orthographié selon l'étymologie, est rétabli et rendu nécessaire à tous les déplacements au-delà du département de résidence. Ce mode de surveillance sanctionné par l'arrestation est déjà évoqué chez Nerval à deux reprises dans *Les Faux Saulniers*, en 1850, impliquant le héros et un ami archéologue. Dans *Angélique*, Nerval ne retient que sa propre arrestation qui a lieu comme dans *Les Faux Saulniers* dans le Valois, pays où il est né. Ces scènes traitées toujours avec humour, la scène de la prison en témoigne, vont plus loin que la présence récurrente des sergents de ville, la nuit dans Paris. La surveillance touche cette fois à l'« abus d'autorité » du gouvernement de Louis-Napoléon dénoncé dans *Les Faux Saulniers*.

– D'où venez-vous ? – De Meaux. – Où allez-vous ? – À Creil. – Dans quel but ? – Dans le but de faire une chasse à la loutre. – Et pas de papiers, à ce que dit le gendarme ? – Je les ai oubliés à Meaux.

Je sentais moi-même que ces réponses n'avaient rien de satisfaisant ; aussi le maire me dit-il paternellement : « Hé bien, vous êtes en état d'arrestation ! – Et où coucherai-je ? – À la prison. »

– Diable, mais je crains de ne pas être bien couché ?

– C'est votre affaire.

– Et si je payais un ou deux gendarmes pour me garder à l'hôtel ?...

– Ce n'est pas l'usage.

– Cela se faisait au dix-huitième siècle.

– Plus aujourd'hui.

Je suivis le gendarme assez mélancoliquement.

La prison de Crespy est ancienne. Je pense même que le caveau dans lequel on m'a introduit date du temps des Croisades ; il a été soigneusement recrépi avec du béton romain.

J'ai été fâché de ce luxe ; j'aurais aimé à élever des rats ou à apprivoiser des araignées. – Est-ce que c'est humide ? dis-je au geôlier. – Très sec, au contraire. Aucun de *ces messieurs* ne s'en est plaint depuis les restaurations. Ma femme va vous faire un lit. – Pardon, je suis parisien ; je le voudrais très doux. – On vous mettra deux lits de plume. – Est-ce que je ne pourrais pas finir de souper ? Le gendarme m'a interrompu après le potage. – Nous n'avons rien. Mais demain j'irai vous chercher ce que vous voudrez ; maintenant, tout le monde est couché à Crespy. – À huit heures et demie ? – Il en est neuf.

La femme du geôlier avait établi un lit de sangle dans le caveau, comprenant sans doute que je payerais bien la pistole. Outre les lits de plume, il y avait un édredon. J'étais dans les plumes de tous côtés.

XXV. – AUTRE RÊVE

J'eus à peine deux heures d'un sommeil tourmenté ; – je ne revis pas les petits gnomes bienfaisants ; – ces êtres panthéistes, éclos sur le sol germain, m'avaient totalement abandonné. En revanche, je comparaissais devant un tribunal, qui se dessinait au fond d'une ombre épaisse, imprégnée au bas d'une poussière scolastique[126].

Le président avait un faux air de M. Nisard ; les deux assesseurs ressemblaient à M. Cousin et à M. Guizot, – mes anciens maîtres[127]. Je ne passais plus comme autrefois devant eux mon examen en Sorbonne... J'allais subir une condamnation capitale.

Sur une table étaient étendus plusieurs numéros de *magazines* anglais et américains, et une foule de livraisons illustrées à *four* et à *six pences*, où apparaissaient vaguement les noms d'Edgar Poe, de Dickens, d'Ainsworth[128], etc., et trois figures pâles et maigres se dressaient à

---

126 La scolastique médiévale, sous le signe d'Aristote et Saint Thomas d'Aquin, est inséparable du développement de l'Université au XIIe et XIIIe siècles. Sa dimension théologique est demeurée dans la tradition de l'Église catholique. Le mot prend une acception négative depuis le XVIIe siècle, dénotant une érudition excessive. Au départ du rêve, associée à « poussiéreuse », elle annonce le caractère dogmatique et vieillot de ce tribunal.

127 Dans une variante du *Voyage en Orient*, Nerval évoque l'examen du baccalauréat qu'il a passé en 1829 devant MM. Villemain, Cousin et Guizot (NPl II, p. 1452). Nisard ici remplace Villemain, qui sera exécuté par Baudelaire en 1862, dans des articles non publiés (Baudelaire, *Œuvres complètes*, éd. Claude Pichois, « Bibliothèque de la Pléiade », t. 2, p. 192). Peut-être parce que ce dernier était intervenu à plusieurs reprises pour porter secours à Nerval. Les trois professeurs évoqués, ainsi que Villemain d'ailleurs, sont des représentants officiels de la monarchie de Juillet, professeurs à la Sorbonne et ministres. Nisard est nommé par Guizot maître de conférence à l'École normale supérieure après la publication de son Manifeste *contre la littérature facile*, en 1833, dirigé contre les romantiques. La présence de Cousin s'explique d'abord par son statut universitaire et politique dominant. Tenant d'un idéalisme tendant à un spiritualisme éclectique, il représente un pôle de la pensée étranger aux trois termes qui vont être le sujet de l'attaque : l'essayisme, le réalisme, la fantaisie.

128 Étant donné l'opposition évidente qui se fait entre ces *magazines* et les « thèses en latin imprimées sur satin » dont sont drapés les trois spectres, les écrits de ces trois écrivains, dûment cités, ne peuvent l'être par hasard. Ces écrivains contemporains de Nerval sont déjà connus en France. Dickens est traduit dès 1838 (énorme succès de *Pickwik*, puis, en 1839, de *Olivier Twist*, en 1840, de *Nicholas Nikleby*). Ainsworth est cité dans l'article sur « Une nuit à Londres », publié dans *L'Artiste* du 20 septembre 1846, NPl I, p. 1066 : « [...] c'était le quartier de *White Chapel* ; – le centre animé des *mystères* célébré dans les romans de Bulwer, de Ainsworth et de Francis Trolopp ». Le roman d'Ainsworth, *Jack Sheppard*, est traduit en 1847. Quant à Edgard Poe, mort en 1849, il était connu en France par des traductions antérieures à celles de Baudelaire, dès 1844. Les traductions de Baudelaire en revue commencent en 1848 et *Edgar Allan Poe, sa vie et ses ouvrages* paraît dans la *Revue de Paris* en mars-avril 1852. Dans les trois cas, la parenté avec l'œuvre de Nerval est, par des biais différents, assez claire. Dickens, bien sûr, non pour son réalisme absolu mais relatif, la peinture des bas-fonds londoniens, la mise au grand jour de la misère. Ainsworth, qui fut un temps proche de Dickens, tend avec moins de génie à idéaliser le monde des aventuriers et de la pègre. Edgard Poe relève d'un tout autre registre, mais le monde des marges et de l'étrange sont

droite du tribunal, drapées de thèses en latin imprimées sur satin, où je crus distinguer ces noms : *Sapientia, Ethica, Grammatica.* – Les trois spectres accusateurs me jetaient ces mots méprisants :

« *Fantaisiste ! réaliste ! ! essayiste*[129] *! ! !* »

Je saisis quelques phrases de l'accusation formulée à l'aide d'un organe qui semblait être celui de M. Patin : « Du *réalisme* au crime, il n'y a qu'un pas ; car le crime est essentiellement réaliste. Le *fantaisisme* conduit tout droit à l'adoration des monstres. L'*essayisme* amène ce faux esprit à pourrir sur la paille humide des cachots. On commence par visiter Paul Niquet, – on en vient à adorer une femme à cornes et à chevelure de mérinos, – on finit par se faire arrêter à Crespy pour cause de vagabondage et de troubadourisme exagéré[130] !... »

J'essayai de répondre : j'invoquai Lucien, Rabelais, Érasme et autres fantaisistes classiques[131]. – Je sentis alors que je devenais prétentieux[132].

Alors, je m'écriai en pleurant : *Confiteor ! plangior ! juro !...* – Je jure de renoncer à ces œuvres maudites par la Sorbonne et par l'Institut : je n'écrirai plus que de l'histoire, de la philosophie, de la philologie et de la statistique... On semble en douter ... eh bien ! je ferai des romans vertueux et champêtres, je viserai au prix de poésie, de morale, je ferai des livres contre l'esclavage et pour les enfants, des poèmes didactiques... Des tragédies ! – des tragédies !... Je vais même en réciter une que j'ai écrite en seconde, et dont le souvenir me revient...

---

indéniablement son domaine. Tous trois font clairement contraste avec la littérature académique défendue par le tribunal.

129 Les trois termes sont évidemment essentiels pour comprendre le récit. – Il est important de mettre ces trois termes en relation avec le trinôme spectral, *Sapientia, Ethica, Grammatica*, qui précède. L'opposition explique certes l'ironie globale du livre et du chapitre, mais surtout en quoi ce dernier est une réponse au « tribunal » de la critique littéraire de l'époque. Voir notre notice, p. 9-13.

130 Henri Scepi voit dans cet enchaînement les caractéristiques de l'« essayisme » : l'essai part de l'observation et de l'expérience et laisse ensuite la pensée dériver, libre de tout plan. « Si le propos évoque une trajectoire aberrante, il porte également au jour l'agent essentiel de l'essayisme : spéculations oiseuses ou éclectisme dommageable [...], un associationnisme déviant qui aux yeux des censeurs, gardiens de la tradition, pervertit tout à la fois le sens du réel et l'excellence des idées » (article cité, p. 158). Cet associationnisme, ici caricaturé, occupe parallèlement l'espace laissé libre par le réalisme entre l'observation empirique de la réalité et l'idéalisme abstrait.

131 Le mot « classique » que ne peuvent renier les juges « académiques » souligne ironiquement que ces « modèles » ne peuvent être reprochés aux écrivains contemporains.

132 Trois références savantes, mais socles de la fantaisie nervalienne.

Les fantômes disparurent en jetant des cris plaintifs[133].

XXVI. – MORALITÉ

Nuit profonde ! où suis-je ? au cachot.

Imprudent ! voilà pourtant où t'a conduit la lecture de l'article anglais intitulé *la Clef de la rue*... Tâche maintenant de découvrir la clef des champs !

La serrure a grincé, les barres ont résonné. Le geôlier m'a demandé si j'avais bien dormi : « Très bien ! très bien ! » Il faut être poli.

– Comment sort-on d'ici ?

– On écrira à Paris, et si les renseignements sont favorables, au bout de trois ou quatre jours...

– Est-ce que je pourrais causer avec un gendarme ?

– Le vôtre viendra tout à l'heure.

Le gendarme, quand il entra, me parut un Dieu. Il me dit : « Vous avez de la chance. – En quoi ? – C'est aujourd'hui jour de *correspondance* avec Senlis, vous pourrez paraître devant le substitut. Allons, levez-vous. – Et comment va-t-on à Senlis ? – À pied : cinq lieues, ce n'est rien. – Oui, mais s'il pleut..., entre deux gendarmes, sur des routes détrempées. – Vous pouvez prendre une voiture. »

Il m'a bien fallu prendre une voiture. Une petite affaire de 11 francs ; 2 francs à la pistole ; – en tout 13. – Ô fatalité !

Du reste, les deux gendarmes étaient très aimables, et je me suis mis fort bien avec eux sur la route en leur racontant les combats qui avaient eu lieu dans ce pays du temps de la Ligue. En arrivant en vue de la tour de Montépilloy, mon récit devint pathétique, je peignis la bataille, j'énumérai les escadrons de gens d'armes qui reposaient sous

133 « *Confiteor ! plangior ! juro !* » : « Je confesse, je bats ma coulpe (*plango*), je jure ». Tout le paragraphe est d'une ironie acerbe contre les livres dont on est sûr qu'ils auront du succès et seront approuvés des censeurs. Les « cris plaintifs » des fantômes rappellent la réflexion du narrateur dans *Les Faux Saulniers*, qui, pour échapper à une arrestation, explique au commissaire qu'il est écrivain. Conquis, celui-ci propose de lui lire une tragédie écrite dans sa jeunesse ; le narrateur enchaîne : « Un péril succédait à un autre [...] Il fallut prétexter des affaires à Paris [...] » (NPl III, p. 14).

les sillons ; – ils s'arrêtèrent cinq minutes à contempler la tour, et je leur expliquai ce que c'était qu'un château fort de ce temps-là.

Histoire ! archéologie ! philosophie ! Vous êtes donc bonnes à quelque chose[134].

Il fallut monter à pied au village de Montépilloy, situé dans un bouquet de bois. Là, mes deux braves gendarmes de Crespy m'ont remis aux mains de ceux de Senlis, et leur ont dit : « Il a pour *deux jours de pain* dans le coffre de la voiture. » – Si vous voulez déjeuner ? m'a-t-on dit avec bienveillance. – Pardon, je suis comme les Anglais, je mange très peu de pain. – Oh ! l'on s'y fait.

Les nouveaux gendarmes semblaient moins aimables que les autres, l'un d'eux me dit : « Nous avons encore une petite formalité à remplir. » Il m'attacha des chaînes comme à un héros de l'Ambigu, et ferma les fers avec deux cadenas. « Tiens, dis-je, pourquoi ne m'a-t-on mis des fers qu'ici ? – Parce que les gendarmes étaient avec vous dans la voiture, et que nous, nous sommes à cheval. »

Arrivés à Senlis, nous allâmes chez le substitut, et, étant connu dans la ville, je fus relâché tout de suite. L'un des gendarmes m'a dit : « Cela vous apprrendra à oublierr votrre passe-porrt une autrre fois quand vous sortirrez de votrre déparrtement. »

Avis au lecteur. – J'étais dans mon tort... Le substitut a été fort poli, ainsi que tout le monde. Je ne trouve de trop que le cachot et les fers. Ceci n'est pas une critique de ce qui se passe aujourd'hui. Cela s'est toujours fait ainsi. Je ne raconte cette aventure que pour demander que, comme pour d'autres choses, on tente un progrès sur ce point. – Si je n'avais pas parcouru la moitié du monde, et vécu avec les Arabes, les Grecs, les Persans, dans les khans des caravansérails et sous les tentes, j'aurais eu peut-être un sommeil plus troublé encore, et un réveil plus triste, pendant ce simple épisode d'un voyage de Meaux à Creil[135].

Il est inutile de dire que je suis arrivé trop tard pour la chasse à la loutre. Mon ami le limonadier, après sa chasse, était parti pour Clermont afin d'assister à un enterrement. Sa femme m'a montré la loutre empaillée,

134 Cette fois, en clôture de la nouvelle, c'est autour du narrateur et non de l'ami que les auditeurs font cercle pour écouter l'histoire qui éveille imaginaire contemplatif et émotion.

135 Ce n'est pas le « progrès » en matière de surveillance et de sévérité qui s'annonce. L'expérience replace les choses à leur juste place : la rudesse des mœurs n'est pas le lot exclusif des pays lointains.

et complétant une collection de bêtes et d'oiseaux du Valois, qu'il espère vendre à quelque Anglais.

Voilà l'histoire fidèle de trois nuits d'octobre, qui m'ont corrigé des excès d'un réalisme trop absolu[136] ; – j'ai du moins tout lieu de l'espérer.

136 Ce qui est évidemment en jeu dans le texte et qui est critiqué ici, c'est le « réalisme trop absolu » tel qu'il est présenté dans *La Clef de la rue*. L'« histoire fidèle » rapportée met au jour non l'esthétique réaliste, mais son impossible « absolu ». Sa qualité et son intérêt ici relèvent de ce que George Sand appelle la « manière » de l'écrivain ou son « génie » spécifique. Le réalisme s'arrête avec le romanesque, l'idéalisation abstraite, et bien évidemment le fantastique (voir *Le Réalisme et ses paradoxes*, ouvrage cité, p. 45). La « loutre empaillée » que le narrateur découvre *in fine* a été abondamment commentée. Elle est au premier chef l'image de l'objet réduit à son apparence, figée dans la mort, le contraire de la vie inhérente au regard « réaliste ». Qu'elle soit vendue aux Anglais, « heureux » au spectacle du « vrai absolu », étrangers aux « combinaisons bizarres de la vie », ne fait que répondre au premier chapitre.

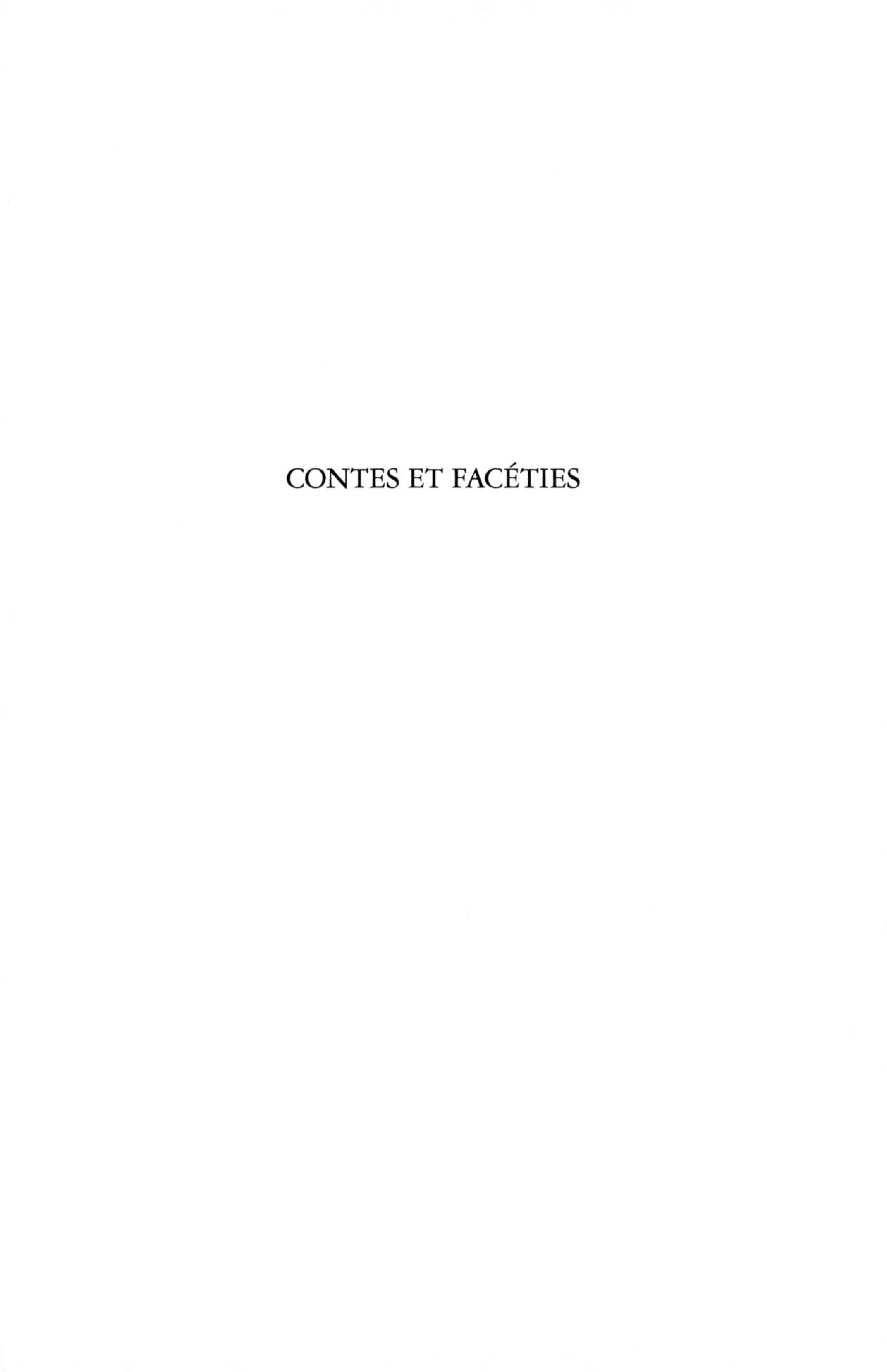

CONTES ET FACÉTIES

LA MAIN ENCHANTÉE[1]

I
LA PLACE DAUPHINE

Rien n'est beau comme ces maisons du siècle dix-septième dont la place Royale offre une si majestueuse réunion. Quand leurs faces de briques, entremêlées et encadrées de cordons et de coins de pierre, et quand leurs fenêtres hautes sont enflammées des rayons splendides du couchant, vous vous sentez à les voir la même vénération que devant une Cour des parlements assemblée en robes rouges à revers d'hermine ; et, si ce n'était un puéril rapprochement, on pourrait dire que la longue table verte où ces redoutables magistrats sont rangés en carré figure un peu ce bandeau de tilleuls qui borde les quatre faces de la place Royale, et en complète la grave harmonie.

Il est une autre place dans la ville de Paris qui ne cause pas moins de satisfaction par sa régularité et son ordonnance, et qui est en triangle à peu près ce que l'autre est en carré. Elle a été bâtie sous le règne de

---

1 En publiant dans *Contes et facéties* « La Main enchantée », Nerval reprend un texte qui a déjà été publié trois fois : – dans *Le Cabinet de lecture*, 24 septembre 1832, 3e année, n° 214, sous le titre « La Main de gloire. Histoire maccaronique » [les deux « c » rappellent l'étymologie italienne de l'adjectif], avec en note l'indication suivante : « Extrait des *Contes du Bousingo*, par une camaraderie, 2 vol. in-8°, qui paraîtront vers le 15 novembre » ; – dans *Le Messager*, 13, 14, 15, 16, 20 et 21 août 1838, sous le titre « Une cause célèbre du Parlement de Paris, 1617 » ; – et dans la *Revue pittoresque, Musée littéraire illustré par les premiers artistes*, juillet 1843, t. I, p. 353-370, sous le titre « La Main de gloire, histoire macaronique » : le texte est illustré de quatre vignettes que nous reproduisons en annexe, p. 159-163. Nous n'indiquons que les variantes les plus significatives. Notre annotation de « La Main enchantée » doit beaucoup aux annotations de Jean-Luc Steinmetz (Bibliothèque de la Pléiade, 1993), de Marie-France Azéma (Livre de poche, 1994) et de Michel Brix (La Chasse au Snark, 2000), ainsi qu'à l'article de Michel Glatigny, « *La Main enchantée* de Gérard de Nerval : quelques sources du XVIIe siècle », *Revue des Sciences Humaines*, juillet-septembre 1965, p. 329-352.

Henri le Grand, qui la nomma *place Dauphine*, et l'on admira alors le peu de temps qu'il fallut à ses bâtiments pour couvrir tout le terrain vague de l'île de la Gourdaine[2]. Ce fut un cruel déplaisir que l'envahissement de ce terrain, pour les clercs qui venaient s'y ébattre à grand bruit, et pour les avocats qui venaient y méditer leurs plaidoyers : promenade si verte et si fleurie, au sortir de l'infecte cour du Palais.

À peine ces trois rangées de maisons furent-elles dressées sur leurs portiques lourds, chargés et sillonnés de bossages et de refends ; à peine furent-elles revêtues de leurs briques, percées de leurs croisées à balustres, et chaperonnées de leurs combles massifs, que la nation des gens de justice envahit la place entière, chacun suivant son grade et ses moyens, c'est-à-dire en raison inverse de l'élévation des étages. Cela devint une sorte de cour des miracles au grand pied, une truanderie de larrons privilégiés, repaire de la gent *chiquanouse*, comme les autres de la gent argotique ; celui-ci en brique et en pierre, les autres en boue et en bois[3].

Dans une de ces maisons composant la place Dauphine habitait, vers les dernières années du règne de Henri le Grand, un personnage assez remarquable, ayant pour nom Godinot Chevassut, et pour titre lieutenant civil du prévôt de Paris ; charge bien lucrative et pénible à la fois en ce siècle où les larrons étaient beaucoup plus nombreux qu'ils ne sont aujourd'hui, tant la probité a diminué depuis dans notre pays de France ! et où le nombre des filles folles de leur corps était beaucoup plus considérable, tant nos mœurs se sont dépravées ! – L'humanité ne changeant guère, on peut dire comme un vieil auteur, que moins il y a de fripons aux galères, plus il y en a dehors[4].

2 L'île de la Gourdaine est un des îlots que recouvrit le Pont-Neuf.

3 La gent *chiquanouse* est celle des gens de chicane, c'est-à-dire des gens de justice : le terme se trouve dans le *Quart Livre* de Rabelais, quand Pantagruel et Panurge abordent au pays de Procuration où vivent les Chiquanous. Le parallélisme avec la « cour des miracles » – où les mendiants « par miracle » perdaient le soir les infirmités qui les aidaient à mendier le jour – est un renvoi implicite à *Notre-Dame de Paris* de Victor Hugo, paru un an avant *La Main de gloire*. L'assimilation entre les gens de justice et les criminels a évidemment une portée satirique, bien dans l'esprit « bousingo » du conte.

4 Le « vieil auteur » pourrait bien être Nerval lui-même puisque, dans « Paradoxe et vérité », Nerval reprend à son compte cette maxime : « moins il y a de fripons aux galères, plus il y en a dehors » (*L'Artiste*, 2 juin 1844, NPl I, p. 811). De fait, la dernière phrase de ce paragraphe – « L'humanité ne changeant guère, on peut dire comme un vieil auteur, que moins il y a de fripons aux galères, plus il y en a dehors » – ne figure pas dans les versions antérieures – celles du *Cabinet de lecture* (1832), du *Messager* (1838), et de la *Revue pittoresque* (1844) : elle est donc un ajout tardif qui intervient seulement dans *Contes et facéties*.

Il faut bien dire aussi que les larrons de ce temps-là étaient moins ignobles que ceux du nôtre, et que ce misérable métier était alors une sorte d'art que des jeunes gens de famille ne dédaignaient pas d'exercer. Bien des capacités refoulées au dehors et aux pieds d'une société de barrières et de privilèges se développaient fortement dans ce sens ; ennemis plus dangereux aux particuliers qu'à l'État, dont la machine eût peut-être éclaté sans cet échappement. Aussi, sans nul doute, la justice d'alors usait-elle de ménagements envers les larrons distingués ; et personne n'exerçait plus volontiers cette tolérance que notre lieutenant civil de la place Dauphine, pour des raisons que vous connaîtrez. En revanche, nul n'était plus sévère pour les maladroits : ceux-là payaient pour les autres, et garnissaient les gibets dont Paris alors était ombragé, suivant l'expression de d'Aubigné[5], à la grande satisfaction des bourgeois, qui n'en étaient que mieux volés, et au grand perfectionnement de l'art de la *truche*[6].

Godinot Chevassut était un petit homme replet qui commençait à grisonner et y prenait grand plaisir, contre l'ordinaire des vieillards, parce qu'en blanchissant, ses cheveux devaient perdre nécessairement le ton un peu chaud qu'ils avaient de naissance, ce qui lui avait valu le nom désagréable de *Rousseau*[7], que ses connaissances substituaient au sien propre, comme plus aisé à prononcer et à retenir. Il avait ensuite des yeux bigles très éveillés, quoique toujours à demi fermés sous leurs épais sourcils, avec une bouche assez fendue, comme les gens qui aiment à rire. Et cependant, bien que ses traits eussent un air de malice presque continuel, on ne l'entendait jamais rire à grands éclats, et, comme disent nos pères, rire d'un pied en carré ; seulement, toutes les fois qu'il lui échappait quelque chose de plaisant, il le ponctuait à la fin d'un

---

5 Jean Céard a identifié cette allusion à Agrippa d'Aubigné, *Les Aventures du baron de Fæneste*, livre III, chap. XVI : « [...] nous autres qui ne sommes pas si ombragez des potences comme on l'est à la Place aux veaux » (Agrippa d'Aubigné, *Œuvres*, Paris, Gallimard, Bibliothèque de la Pléiade, 1987, p. 754).

6 Pour les mots empruntés à l'argot – déjà célébré par Victor Hugo dans *Notre-Dame de Paris* – Nerval utilise le dictionnaire d'Ollivier Chéreau, *Le Jargon ou Langage de l'Argot réformé* (1630). Selon ce dictionnaire (réimprimé par Techener en 1831) le verbe « Trucher » signifie « demander l'aumône » et les « Trucheux » sont les « Gueux ». L'art de la *truche* est donc l'art de mendier. Gérard a emprunté le livre d'Ollivier Chéreau à la Bibliothèque royale le 13 décembre 1829 et le 21 janvier 1831 (voir Huguette Brunet et Jean Ziegler, *Gérard de Nerval et la Bibliothèque nationale*, Presses Universitaires de Namur, « Études nervaliennes et romantiques », IV, 1982, p. 39 et p. 42).

7 Sobriquet désignant les roux.

ha ! ou d'un *ho !* poussé du fond des poumons, mais unique et d'un effet singulier ; et cela arrivait assez fréquemment, car notre magistrat aimait à hérisser sa conversation de pointes, d'équivoques et de propos gaillards, qu'il ne retenait pas même au tribunal. Du reste, c'était un usage général des gens de robe de ce temps, qui a passé aujourd'hui presque entièrement à ceux de la province.

Pour l'achever de peindre, il faudrait lui planter à l'endroit ordinaire un nez long et carré du bout, et puis des oreilles assez petites, non bordées, et d'une finesse d'organe à entendre sonner un quart d'écu d'un quart de lieue, et une pistole de bien plus loin[8]. C'est à ce propos que certain plaideur ayant demandé si M. le lieutenant civil n'avait pas quelques amis qu'on pût solliciter et employer auprès de lui, on lui répondit qu'en effet il y avait des amis dont le *Rousseau* faisait grand état ; que c'était, entre autres, Monseigneur le Doublon, Messire le Ducat, et même Monsieur l'Écu ; qu'il fallait en faire agir plusieurs ensemble, et que l'on pouvait s'assurer d'être chaudement servi[9].

II
D'UNE IDÉE FIXE

Il est des gens qui ont plus de sympathie pour telle ou telle grande qualité, telle ou telle vertu singulière. L'un fait plus d'estime de la magnanimité et du courage guerrier, et ne se plaît qu'au récit des beaux

---

8 Michel Glatigny (article cité, p. 347) a repéré un emprunt au *Roman Bourgeois* de Furetière : « C'étoit *un petit homme trapu grisonnant* et qui étoit de mesme âge que sa calotte [...] Il avoit la *bouche bien fendue*, ce qui n'est pas un petit avantage pour un homme qui gagne sa vie à clabauder, et dont une des bonnes qualitez c'est d'estre fort en gueule. Ses yeux estoient fins et éveillez, *son oreille estoit excellente, car elle entendoit le son d'un quart-d'escu de cinq cens pas* et son esprit étoit prompt, pourveu qu'il ne le fallût pas appliquer à faire du bien. » (Furetière, *Le Roman bourgeois*, dans *Romanciers du XVII*[e] *siècle*, Textes présentés et annotés par Antoine Adam, Paris, Gallimard, Bibliothèque de la Pléiade, 1958, p. 913).

9 Autre emprunt au *Roman bourgeois* de Furetière (Michel Glatigny, article cité, p. 347) : « ... dites-moi si vous ne connoissez *point quelques-uns de ses amis.* – J'en *connais quantité qui le sont beaucoup* (luy dit-il). – Hé ! de grâce, comment s'appellent-ils ? (lui répondit-elle avec une grande émotion) ? – Ils s'appellent Louis (répliqua-t-il). On dit que quand *ils vont en compagnie le prier de quelque chose, ils l'obtiennent aisément* » (Furetière, *Le Roman bourgeois*, édition citée, p. 1035).

faits d'armes ; un autre place au-dessus de tout le génie et les inventions des arts, des lettres ou de la science ; d'autres sont plus touchés de la générosité et des actions vertueuses par où l'on secourt ses semblables et l'on se dévoue pour leur salut, chacun suivant sa pente naturelle. Mais le sentiment particulier de Godinot Chevassut était le même que celui du savant Charles neuvième, à savoir que l'on ne peut établir aucune qualité au-dessus de l'esprit et de l'adresse, et que les gens qui en sont pourvus sont les seuls dignes en ce monde d'être admirés et honorés ; et nulle part il ne trouvait ces qualités plus brillantes et mieux développées que chez la grande nation des tire-laine, matois, coupeurs de bourse et bohèmes, dont la *vie généreuse*[10] et les tours singuliers se déroulaient tous les jours devant lui avec une variété inépuisable.

Son héros favori était maître François Villon[11], Parisien, célèbre dans l'art poétique autant que dans l'art de la pince et du croc ; aussi l'*Iliade* avec l'*Énéide*, et le roman non moins admirable de *Huon de Bordeaux*[12], il les eût donnés pour le poème des *Repues franches*[13], et même encore pour la *Légende de maître Faifeu*[14], qui sont les épopées versifiées de la

---

10 Allusion au titre du livre de Péchon de Ruby : *La Vie généreuse des mercelots, gueux et bohesmiens, contenant leur façon de vivre, subtilitez et gergon*, Lyon, 1596. Ce livre facétieux, que Gérard a dû consulter, est le premier en France qui ait été consacré à la vie des vagabonds ; c'est aussi le plus important recueil lexicographique du jargon des merciers et des mendiants, avant celui d'Ollivier Chéreau (voir p. 102, n. 18) : le pseudonyme, Péchon de Ruby, que se donne l'auteur, y est traduit par « enfant éveillé ».

11 Sur la fortune de Villon au XIXe siècle, voir Nathalie Edelman, « La Vogue de François Villon en France de 1828 à 1873 », *Revue d'Histoire littéraire de la France*, t. XLIII, 1936. Nerval aurait écrit, à la fin de la Restauration, une pièce intitulée *Villon l'écolier*, dont le manuscrit aurait été perdu (voir NPl I, p. 1558). On lui attribue aussi un *Souper des pendus* inspiré de la dernière *Repue franche* (voir p. 101, n. 13). Quant au texte de Gautier sur François Villon, repris dans *Les Grotesques* (1844), il date d'abord de 1834.

12 *Huon de Bordeaux* est une chanson de geste anonyme datant de la fin du XIIIe siècle : elle met en scène, aux côtés de Huon, modèle de vaillance et de générosité, Auberon, petit roi de féerie, Charlemagne, et la belle Esclarmonde.

13 Le *Recueil des Repues franches de maistre François Villon et ses compaignons* est un poème anonyme de la fin du XVe siècle racontant les tours joués à des bourgeois pour « se repaître » sans payer (« franc », c'est-à-dire « libre d'impôts »). Un conte anonyme, attribué à Nerval, publié dans *Le Gastronome* en 1831, s'inspire de la sixième des *Repues franches*, « faicte auprès de Montfaulcon » (voir François Villon, *Œuvres complètes*, édition de Cerquiglini-Toulet, Paris, Gallimard, Bibliothèque de la Pléiade, 2014, p. 495-497).

14 *La Légende joyeuse de Maistre Pierre Faifeu* (1532) est racontée en vers par le poète Charles de Bourdigné. Le 7 mai 1830, Gérard a emprunté à la Bibliothèque royale l'édition de 1723 de cet ouvrage (voir Huguette Brunet et Jean Ziegler, *Gérard de Nerval et la Bibliothèque nationale*, Presses Universitaires de Namur, « Études nervaliennes et romantiques », IV, 1982, p. 34).

nation truande ! Les *Illustrations* de Dubellay[15], *Aristoteles Peripoliticon*[16] et le *Cymbalum mundi*[17] lui paraissaient bien faibles à côté du *Jargon*[18], *suivi des États généraux du royaume de l'Argot*, et des *Dialogues du polisson et du malingreux, par un courtaud de boutanche, qui maquille en mollanche en la vergne de Tours*, et imprimé avec autorisation du *roi de Thunes*, Fiacre l'emballeur ; Tours, 1603. Et, comme naturellement ceux qui font cas d'une certaine vertu ont le plus grand mépris pour le défaut contraire, il n'était pas de gens qui lui fussent si odieux que les personnes simples, d'entendement épais et d'esprit peu compliqué. Cela allait au point qu'il eût voulu changer entièrement la distribution de la justice et que, lorsqu'il se découvrait quelque larronnerie grave, on pendît non point le voleur, mais le volé. C'était une idée ; c'était la sienne. Il pensait y voir le seul moyen de hâter l'émancipation intellectuelle du peuple, et de faire arriver les hommes du siècle à un progrès suprême d'esprit, d'adresse et d'invention, qu'il disait être la vraie couronne de l'humanité et la perfection la plus agréable à Dieu.

Voilà pour la morale. Et quant à la politique, il lui était démontré que le vol organisé sur une grande échelle favorisait plus que toute chose la division des grandes fortunes et la circulation des moindres ; d'où seulement peuvent résulter pour les classes inférieures le bien-être et l'affranchissement.

---

15 Il s'agit de la *Deffence et Illustration de la langue françoise* (1549) de Du Bellay.

16 Il s'agit de *La Politique* d'Aristote.

17 Le *Cymbalum mundi* (soit *Le Tintamarre du monde*) est une œuvre, parue sans nom d'auteur, de Bonaventure des Périers en 1537. Dès sa parution, le livre, où l'auteur se moque des religions dans quatre dialogues « joyeux et facétieux », fut condamné par le Parlement de Paris et brûlé. En 1839, Charles Nodier publiera une étude sur Bonaventure Des Périers, faisant l'éloge de cet humaniste satyrique qu'il place aussi haut que Rabelais et Marot (« Notice littéraire sur Bonaventure des Périers », *Revue des Deux Mondes*, oct.-déc. 1839, p. 329-351, – étude reprise dans Charles Nodier, *Bonaventure Desperiers, Cyrano de Bergerac*, Paris, Techener, 1841). Nerval avait emprunté *Les Contes ou les Nouvelles récréations et joyeux devis* de Desperiers (édition de 1735) le 13 décembre 1830 (voir Huguette Brunet et Jean Ziegler, *Gérard de Nerval et la Bibliothèque nationale*, Presses Universitaires de Namur, « Études nervaliennes et romantiques », IV, 1982, p. 40).

18 Ouvrage d'Ollivier Chéreau, *Le Jargon ou Langage de l'Argot réformé* (1630) : voir p. 99, n. 6. Dans la suite du titre, un « malingreux » est un mendiant qui « a de fausses plaies » ; un « courtaud de boutanche » : un commis de boutique ; qui « maquille en mollanche » : qui travaille dans la laine ; « vergne » : ville ; le « roi de Thunes » est le roi des Gueux, évoqué aussi dans *Notre-Dame de Paris*. Ce volume avait été réimprimé par Techener en 1831. Nerval le mentionne en outre dans un article de *La Presse*, 19 août 1850, où il consacre un long développement sur l'argot (NPl II, p. 1180).

Vous entendez bien que c'était seulement la bonne et double piperie qui le ravissait, les subtilités et patelinages des vrais clercs de Saint-Nicolas, les vieux tours de maître Gonin[19], conservés depuis deux cents ans dans le sel et dans l'esprit ; et que Villon, le villonneur[20], était son compère, et non point des routiers tels que les Guilleris[21] ou le capitaine Carrefour[22]. Certes, le scélérat qui, planté sur une grande route, dépouille brutalement un voyageur désarmé, lui était aussi en horreur qu'à tous les bons esprits, de même que ceux qui, sans autre effort d'imagination, pénètrent avec effraction dans quelque maison isolée, la pillent, et souvent en égorgent les maîtres. Mais s'il eût connu ce trait d'un larron distingué, qui, perçant une muraille pour s'introduire dans un logis, prit soin de figurer son ouverture en un trèfle gothique, pour que le lendemain, s'apercevant du vol, on vît bien qu'un homme de goût et d'art l'avait exécuté, certes, maître Godinot Chevassut eût estimé celui-là beaucoup plus haut que Bertrand de Clasquin[23] ou l'empereur Cæsar ; et c'est peu dire.

III
LES GRÈGUES[24] DU MAGISTRAT

Tout ceci étant déduit, je crois qu'il est l'heure de tirer la toile, et, suivant l'usage de nos anciennes comédies, de donner un coup de pied par derrière à mons[25] le Prologue, qui devient outrageusement prolixe, au point que les chandelles ont été déjà trois fois mouchées depuis son exorde. Qu'il se hâte donc de terminer, comme Bruscambille[26], en

19 Maître Gonin – dont le nom est passé en proverbe – est un célèbre « joueur de gobelets » installé sur le Pont-Neuf dans les premières années du règne de Louis XIII.

20 Dans la langue du Moyen Âge, un « villon » est un non commun signifiant un « trompeur », et « villonner » signifie « tromper ».

21 Les Guilleris étaient trois frères, brigands de grand chemin au début du XVIIe siècle.

22 Le Capitaine Carrefour, après une vie aventureuse, finit pendu à Melun en 1622.

23 Graphie ancienne pour Bertrand Du Guesclin. « Où est Clacquin, le bon Breton », écrit Villon dans la *Ballade des seigneurs du temps jadis* (François Villon, *Œuvres complètes*, édition citée, p. 55).

24 Les grègues sont des hauts-de-chausses.

25 Forme ancienne et souvent ironique de « Monsieur ».

26 Bruscambille (pseudonyme de l'acteur Des Lauriers), d'abord arracheur de dents célèbre pour son bagout, devint le harangueur du théâtre de l'hôtel de Bourgogne de Molière.

conjurant les spectateurs « de nettoyer les imperfections de son dire avec les époussettes de leur humanité, et de recevoir un clystère d'excuses aux intestins de leur impatience » ; et voilà qui est dit, et l'action va commencer.

C'est dans une assez grande salle, sombre et boisée. Le vieux magistrat, assis dans un large fauteuil sculpté, à pieds tortus, dont le dossier est vêtu de sa chemisette de damas à franges, essaye une paire de grègues bouffantes toutes neuves que lui vient d'apporter Eustache Bouteroue, apprenti de maître Goubard, drapier-chaussetier. Maître Chevassut, en nouant ses aiguillettes, se lève et se rassied successivement, adressant par intervalles la parole au jeune homme qui, raide comme un saint de pierre, a pris place, d'après son invitation, sur le coin d'un escabeau, et qui le regarde avec hésitation et timidité.

– Hum ! celles-là ont fait leur temps ! dit-il en poussant du pied les vieilles grègues qu'il venait de quitter ; elles montraient la corde comme une ordonnance prohibitive de la prévôté[27] ; et puis tous les morceaux se disaient adieu… un adieu déchirant !

Le facétieux magistrat releva cependant encore l'ancien *vêtement nécessaire* pour y prendre sa bourse, dont il répandit quelques pièces dans sa main.

– Il est sûr, poursuivit-il, que nous autres gens de loi faisons de nos vêtements un très durable usage, à cause de la robe sous laquelle nous les portons aussi longtemps que le tissu résiste et que les coutures gardent leur sérieux ; c'est pourquoi, et comme il faut que chacun vive, même les voleurs, et partant les drapiers-chaussetiers, je ne réduirai rien des six écus que maître Goubard me demande ; à quoi même j'ajoute généreusement

Ses œuvres ont été publiées en 1626 à Rouen sous le titre *Œuvres de Bruscambille contenant ses Fantaisies, Imaginations et autres discours comique [sic], le tout nouvellement tiré de l'escarcelle de ses imaginations*. La citation qui suit, sensiblement modifiée par Nerval, est tirée du *Prologue sur un habit* (p. 139). En voici le texte original : « C'est pourquoy je vous conjure par les quatre fesses qui vous ont engendrez et par la vivifique cheville qui les accouploit de nettoyer la pouldre de nos imperfections avec les époussettes de vostre humanité et donner un clistère d'excuses aux intestins de vostre mécontentement » (cité par Michel Glatigny, article cité, p. 338). Les *Œuvres complètes* de Bruscambille ont été rééditées par Hugh Roberts et Annette Tomarken, Paris, éditions Honoré Champion, 2012 (le passage du *Prologue sur un habit* repris par Nerval se trouve p. 263).

27 Michel Glatigny (article cité, p. 334) a repéré l'allusion : Nerval emprunte au *Pédant joué* de Cyrano de Bergerac (acte III, scène II) : « ce manteau… cette robe, cette soutane, ce lange, cet habit… fait bien dire aux gausseurs qu'il fait peur aux larrons en leur montrant la corde ».

un écu rogné pour le courtaud de boutique[28], sous la condition qu'il ne le changera pas au rabais, mais le fera passer pour bon à quelque bélître[29] de bourgeois, déployant, à cet effet, toutes les ressources de son esprit ; sans cela, je garde ledit écu pour la quête de demain dimanche à Notre-Dame.

Eustache Bouteroue prit les six écus et l'écu rogné, en saluant bien bas.

– Ça, mon gars, commence-t-on à *mordre* à la draperie ? Sait-on gagner sur l'aunage, sur la coupe, et *couler* au chaland du vieux pour du neuf, du puce pour du noir ?... soutenir enfin la vieille réputation des marchands aux piliers des Halles ?

Eustache leva les yeux vers le magistrat avec quelque terreur ; puis, supposant qu'il plaisantait, se mit à rire ; mais le magistrat ne plaisantait pas.

– Je n'aime point, ajouta-t-il, la larronnerie des marchands ; le voleur vole et ne trompe pas ; le marchand vole et trompe. Un bon compagnon, affilé du bec et sachant son latin, achète une paire de grègues ; il débat longtemps son prix et finit par la payer six écus. Vient ensuite quelque honnête chrétien, de ceux que les uns appellent un *gonze*[30], les autres un *bon chaland* ; s'il arrive qu'il prenne une paire de grègues exactement pareille à l'autre, et que, confiant au chaussetier, qui jure de sa probité par la Vierge et les saints, il la paye huit écus, je ne le plaindrai pas, car c'est un sot. Mais pendant que le marchand, comptant les deux sommes qu'il a reçues, prend dans sa main et fait sonner avec satisfaction les deux écus qui sont la différence de la seconde à la première, passe devant sa boutique un pauvre homme qu'on mène aux galères pour avoir tiré d'une poche quelque sale mouchoir troué : – Voilà un grand scélérat, s'écrie le marchand ; si la justice était juste, le gredin serait roué vif, et j'irais le voir, poursuit-il, tenant toujours dans sa main les deux écus... Eustache, que penses-tu qu'il arriverait si, selon le vœu du marchand, la justice était juste ?

Eustache Bouteroue ne riait plus ; le paradoxe était trop inouï pour qu'il songeât à y répondre, et la bouche d'où il sortait le rendait presque inquiétant. Maître Chevassut, voyant le jeune homme ébahi comme un loup pris au piège, se mit à rire avec son rire particulier, lui donna une tape légère sur la joue et le congédia. Eustache descendit tout pensif l'escalier à balustre de pierre, quoiqu'il entendît de loin, dans la cour du

---

28 « Courtaud de boutique » : commis de boutique, en référence aux vêtements plus « courts » que ceux des nobles et des grands bourgeois.

29 « Gueux qui mendie par fainéantise » (Furetière), c'est-à-dire un « bon à rien ».

30 « Gonze », terme d'argot, masculin de notre « gonzesse » ; désigne un « dupe » selon le dictionnaire d'Ollivier Chéreau, *Le Jargon ou Langage de l'argot réformé*.

Palais, la trompette de Galinette la Galine, bouffon du célèbre opérateur Geronimo[31], qui appelait les badauds à ses facéties et à l'achat des drogues de son maître ; il y fut sourd cette fois, et se mit en devoir de traverser le Pont-Neuf pour gagner le quartier des Halles.

IV
LE PONT-NEUF

Le Pont-Neuf, achevé sous Henri IV, est le principal monument de ce règne. Rien ne ressemble à l'enthousiasme que sa vue excita, lorsque, après de grands travaux, il eut entièrement traversé la Seine de ses douze enjambées, et rejoint plus étroitement les trois cités de la maîtresse ville.

Aussi devint-il bientôt le rendez-vous de tous les oisifs parisiens, dont le nombre est grand, et partant de tous les jongleurs, vendeurs d'onguents et filous, dont les métiers sont mis en branle par la foule, comme un moulin par un courant d'eau.

Quand Eustache sortit du triangle de la place Dauphine, le soleil dardait à plomb ses rayons poudreux sur le pont, et l'affluence y était grande, les promenades les plus fréquentées de toutes à Paris étant d'ordinaire celles qui ne sont fleuries que d'étalages, terrassées que de pavés, ombragées que de murailles et de maisons.

Eustache fendait à grand-peine ce fleuve de peuple qui croisait l'autre fleuve et s'écoulait avec lenteur d'un bout à l'autre du pont, arrêté du moindre obstacle, comme des glaçons que l'eau charrie, formant de

---

31 Nerval emprunte l'histoire de ce charlatan du Pont-Neuf, Hieronimo, et de son aboyeur, Galinette la Galine, à Jacques-Antoine Dulaure, *Histoire physique, civile et morale de Paris* (1821-1825), réédition de 1839, t. III, p. 38 : « Peu de temps avant l'établissement de Tabarin, on voyait dans la cour du Palais, à Paris, sur un théâtre, *il signor Hieronimo*, magnifiquement vêtu, décoré d'une chaîne d'or, et vendant de l'onguent contre la brûlure. Il avait pris à gage un bouffon de l'hôtel de Bourgogne, nommé *Galinette la Galine*, et, en outre, quatre joueurs de violon, lesquels, le premier par ses bouffonneries, les seconds par leur bruit, attiraient les regards et l'attention des passants. Le seigneur Hieronimo se brûlait publiquement les mains avec un flambeau jusqu'à ce qu'elles fussent couvertes d'ampoules ; il se donnait des coups d'épée à travers le corps. Aussitôt il appliquait son baume ; et le lendemain il montrait aux nombreux assistants qui se pressaient autour de son théâtre les plaies faites la veille guéries et cicatrisées et les ravissait en admiration. »

place en place mille tournants et mille remous autour de quelques escamoteurs, chanteurs ou marchands prônant leurs denrées. Beaucoup s'arrêtaient le long des parapets à voir passer les trains de bois sous les arches, circuler les bateaux, ou bien à contempler le magnifique point de vue qu'offrait la Seine en aval du pont, la Seine côtoyant à droite la longue file des bâtiments du Louvre, à gauche le grand Pré-aux-Clercs, rayé de ses belles allées de tilleuls, encadré de ses saules gris ébouriffés et de ses saules verts pleurant dans l'eau ; puis, sur chaque bord, la tour de Nesle et la tour du Bois, qui semblaient faire sentinelle aux portes de Paris comme les géants des romans anciens[32].

Tout à coup un grand bruit de pétards fit tourner vers un point unique les yeux des promeneurs et des observateurs, et annonça un spectacle digne de fixer l'attention. C'était au centre d'une de ces petites plates-formes en demi-lune, surmontées naguère encore de boutiques en pierre, et qui formaient alors des espaces vides au-dessus de chaque pile du pont, et en dehors de la chaussée. Un escamoteur s'y était établi ; il avait dressé une table, et, sur cette table, se promenait un fort beau singe, en costume complet de diable, noir et rouge, avec la queue naturelle, et qui, sans la moindre timidité, tirait force pétards et soleils d'artifice, au grand dommage de toutes les barbes et les fraises qui n'avaient pas élargi le cercle assez vite.

Pour son maître, c'était une de ces figures du type bohémien, commun cent ans avant, déjà rare alors, et aujourd'hui noyé et perdu dans la laideur et l'insignifiance de nos têtes bourgeoises[33] : un profil en fer de hache, front élevé mais étroit, nez très long et très bossu, et cependant ne surplombant pas comme les nez romains, mais fort retroussé au contraire, et dépassant à peine de sa pointe la bouche aux lèvres minces très avancées, et le menton rentré ; puis des yeux longs et fendus obliquement sous leurs sourcils, dessinés comme un V, et de longs cheveux noirs complétant l'ensemble ; enfin, quelque chose de souple et de dégagé dans les gestes et

32 La Tour de Nesle et la Tour du Bois, dite aussi la Tour du Grand Prévôt, étaient deux des quatre tours qui gardaient la Seine à l'entrée ou la sortie de Paris. La tour de Nesle, construite par Philippe II au début du XIIIe siècle, est représentée par Jacques Callot (1630).

33 « La laideur et l'insignifiance de nos têtes bourgeoises » : les bourgeois, opposés aux artistes et aux rebelles, sont la cible constante des bousingots ; – et Nerval lui-même, en réhabilitant les théâtres populaires, ne cessera de stigmatiser ce « siècle en habit noir » qui a perdu le goût de la liberté et le sens de la joie.

dans toute l'attitude du corps témoignait un drôle adroit de ses membres et brisé de bonne heure à plusieurs métiers et à beaucoup d'autres.

Son habillement était un vieux costume de bouffon, qu'il portait avec dignité ; sa coiffure, un grand chapeau de feutre à larges bords, extrêmement froissé et recoquevillé[34] ; maître Gonin était le nom que tout le monde lui donnait, soit à cause de son habileté et de ses tours d'adresse[35], soit qu'il descendît effectivement de ce fameux jongleur qui fonda, sous Charles VII[36], le théâtre des Enfants-sans-Souci et porta le premier le titre de Prince des Sots[37], lequel, à l'époque de cette histoire, avait passé au seigneur d'Engoulevent, qui en soutint les prérogatives souveraines jusque devant les parlements[38].

V
LA BONNE AVENTURE

L'escamoteur, voyant amassé un assez bon nombre de gens, commença quelques tours de gobelets qui excitèrent une bruyante admiration. Il est vrai que le compère avait choisi sa place dans la demi-lune avec quelque dessein, et non pas seulement en vue de ne point gêner la circulation, comme il paraissait ; car de cette façon il n'avait les spectateurs que devant lui et non derrière.

---

34 Coquille probable pour « recroquevillé ». Les versions du *Cabinet de lecture*, du *Messager* et de la *Revue pittoresque* donnent quant à elles « recoquillé » (c'est-à-dire « retroussé en forme de coquille »).

35 Voir p. 103, n. 19.

36 Il faut lire Charles VI comme dans les états antérieurs du texte.

37 Les *Enfants-sans-Souci* étaient une troupe très populaire fondée vers 1380, dont le chef portait le titre de « Prince des Sots ». Nerval composa en 1830 un *Prince des sots*, dont le manuscrit est perdu, mais qui figure encore dans le projet de ses *Œuvres complètes* (NPl III, p. 785). Gautier évoque la pièce au chapitre VIII de son *Histoire du Romantisme.* Il existe en outre un dessin de Célestin Nanteuil représentant la *Maison des Enfants sans soucy*, reproduite par Jean Richer, dans Gérard de Nerval, *Œuvres complémentaires*, Paris, Minard, 1960, t. VI, *Le Prince des sots*, p. XXXIII.

38 Ce Prince des sots, seigneur d'Engoulevent, de son vrai nom Nicolas Joubert, eut en effet un procès en 1604 avec les comédiens de l'Hôtel de Bourgogne. La figure de ce Prince des sots, ainsi que son procès, sont évoqués par Dulaure, *Histoire physique, civile et morale de Paris* (1821-1825), réédition de 1839, t. II, p. 447.

C'est que véritablement l'art n'était pas alors ce qu'il est devenu aujourd'hui, où l'escamoteur travaille entouré de son public. Les tours de gobelets terminés, le singe fit une tournée dans la foule, recueillant force monnaie, dont il remerciait très galamment, en accompagnant son salut d'un petit cri assez semblable à celui du grillon. Mais les tours de gobelets n'étaient que le prélude d'autre chose, et par un prologue fort bien tourné, le nouveau maître Gonin annonça qu'il avait en outre le talent de prédire l'avenir par la cartomancie, la chiromancie, et les nombres pythagoriques ; ce qui ne pouvait se payer, mais qu'il ferait pour un sol, dans la seule vue d'obliger. En disant cela, il battait un grand jeu de cartes, et son singe, qu'il nommait Pacolet[39], les distribua ensuite avec beaucoup d'intelligence à tous ceux qui tendirent la main.

Quand il eut satisfait à toutes les demandes, son maître appela successivement les curieux dans la demi-lune par le nom de leurs cartes, et leur prédit à chacun leur bonne ou mauvaise fortune, tandis que Pacolet, à qui il avait donné un oignon pour loyer de son service, amusait la compagnie par les contorsions que ce régal lui occasionnait, enchanté à la fois et malheureux, riant de la bouche et pleurant de l'œil, faisant à chaque coup de dent un grognement de joie et une grimace pitoyable.

Eustache Bouteroue, qui avait pris une carte aussi, se trouva le dernier appelé. Maître Gonin regarda avec attention sa longue et naïve figure, et lui adressa la parole d'un ton emphatique :

« Voici le passé : Vous avez perdu père et mère ; vous êtes depuis six ans apprenti drapier sous les piliers des Halles. Voici le présent : Votre patron vous a promis sa fille unique ; il compte se retirer et vous laisser son commerce. Pour l'avenir, tendez-moi votre main. »

Eustache, très étonné, tendit sa main ; l'escamoteur en examina curieusement les lignes, fronça le sourcil avec un air d'hésitation, et appela son singe comme pour le consulter. Celui-ci prit la main, la regarda, puis s'allant poster sur l'épaule de son maître, sembla lui parler à l'oreille ; mais il agitait seulement ses lèvres très vite, comme font ces animaux lorsqu'ils sont mécontents.

« Chose bizarre ! s'écria enfin maître Gonin, qu'une existence si simple dès l'abord, si bourgeoise, tende vers une transformation si peu

39 Pacolet – dans l'expression « cheval de Pacolet » – est un nom propre utilisé dans la littérature burlesque (Bruscambille, Cyrano, Furetière, Molière) pour désigner un être rapide comme un cheval.

commune, vers un but si élevé !... Ah ! mon jeune coquardeau[40], vous romprez votre coque ; vous irez haut, très haut... vous mourrez plus grand que vous n'êtes. »

« Bon ! dit Eustache en soi-même, c'est ce que ces gens-là vous promettent toujours. Mais comment donc sait-il les choses qu'il m'a dites en premier ? Cela est merveilleux !... À moins toutefois qu'il ne me connaisse de quelque part. »

Cependant il tira de sa bourse l'écu rogné du magistrat, en priant l'escamoteur de lui rendre sa monnaie. Peut-être avait-il parlé trop bas ; mais celui-ci n'entendit point car il reprit ainsi, en roulant l'écu dans ses doigts :

« Je vois assez que vous savez vivre ; aussi j'ajouterai quelques détails à la prédiction très véritable, mais un peu ambiguë, que je vous ai faite. Oui, mon compagnon, bien vous a pris de ne me point solder d'un sol comme les autres, encore que votre écu perde un bon quart ; mais n'importe, cette blanche pièce vous sera un miroir éclatant où la vérité pure va se refléter.

– Mais, observa Eustache, ce que vous m'avez dit de mon élévation n'était-ce donc pas la vérité ?

– Vous m'avez demandé votre bonne aventure, et je vous l'ai dite, mais la glose y manquait... Ça, comment comprenez-vous le but élevé que j'ai donné à votre existence dans ma prédiction ?

– Je comprends que je puis devenir syndic des drapiers-chaussetiers, marguillier[41], échevin...

– C'est bien rentrer de pic noir[42], bien trouvé sans chandelle[43] !... Et pourquoi pas le grand sultan des Turcs, l'Amorabaquin[44] ?... Eh ! non, non, monsieur mon ami, c'est autrement qu'il faut l'entendre ; et puisque vous désirez une explication de cet oracle sibyllin, je vous dirai

40 « Coquardeau » : « jeune coq », mais aussi « sot », « niais ».

41 Le marguillier, qui tenait à l'origine le registre des pauvres, gérait les biens de la paroisse.

42 « Rentrer de pic noir » : expression que l'on trouve dans Rabelais (*Gargantua*, chap. XLV, et *Quart Livre*, chap. XXXIII). Le sens est expliqué par Edmond Huguet, *Dictionnaire de la langue du XVIe siècle*, Paris, Champion, 1925-1967 : « Les cartes de piques étant les plus mauvaises, on emploie ces expressions pour dire que la personne qui vient de parler s'est trompée, a dit une sottise, ou a parlé mal à propos ».

43 Expression approximativement reprise à Rabelais, *Pantagruel*, chap. XII : « le bœuf salé faisait trouver le vin sans chandelle ». Nerval veut dire qu'Eustache parle hors de propos, sans lumière et comme inspiré par l'alcool.

44 Déformation du nom (Bayazid) et du titre (Amiral) de Bajazet Ier, sultan des Turcs, qui envahit le sud de l'Europe à la fin du XIVe siècle.

que, dans notre style, *aller haut* est pour ceux qu'on envoie garder les moutons à la lune[45], de même que *aller loin*, pour ceux qu'on envoie écrire leur histoire dans l'Océan, avec des plumes de quinze pieds…

– Ah ! bon, mais si vous m'expliquiez encore votre explication, je comprendrais sûrement.

– Ce sont deux phrases honnêtes pour remplacer deux mots : *gibet* et *galères*. Vous irez haut et moi loin. Cela est parfaitement indiqué chez moi par cette ligne médiane, traversée à angles droits d'autres lignes moins prononcées ; chez vous, par une ligne qui coupe celle du milieu sans se prolonger au-delà, et une autre les traversant obliquement toutes deux…

– Le gibet ! s'écria Eustache.

– Est-ce que vous tenez absolument à une mort horizontale ? observa maître Gonin. Ce serait puéril ; d'autant que vous voici assuré d'échapper à toutes sortes d'autres fins, où chaque homme mortel est exposé. De plus, il est possible que lorsque messire le Gibet vous lèvera par le cou à bras tendu, vous ne soyez plus qu'un vieil homme dégoûté du monde et de tout… Mais voici que midi sonne, et c'est l'heure où l'ordre du prévôt de Paris nous chasse du Pont-Neuf jusqu'au soir. Or, s'il vous faut jamais quelque conseil, quelque sortilège, charme ou philtre à votre usage, dans le cas d'un danger, d'un amour ou d'une vengeance, je demeure là-bas, au bout du pont, dans le Château-Gaillard[46]. Voyez-vous bien d'ici cette tourelle à pignon ?…

– Un mot encore, s'il vous plaît, dit Eustache en tremblant, serai-je heureux en mariage ?

– Amenez-moi votre femme, et je vous le dirai… Pacolet, une révérence à monsieur, et un baisemain.

L'escamoteur plia sa table, la mit sous son bras, prit le singe sur son épaule, et se dirigea vers le Château-Gaillard, en ramageant[47] entre ses dents un air très vieux.

---

45 L'expression « envoyer garder des moutons à la lune », pour « envoyer au gibet », renvoie à l'atmosphère des ballades en jargon de Villon.

46 Le Château-Gaillard, « situé vers l'extrémité méridionale du Pont-Neuf, sur le quai Conti, au bord de la Seine », est mentionné par Dulaure, *Histoire physique, civile et morale de Paris* (1821-1825), édition de 1839, t. II, p. 438. « Ce château Gaillard, où Brioché faisait jouer ses marionnettes, fut démoli sous le règne de Louis XIV », ajoute Dulaure.

47 « En ramageant », de « ramage », – c'est-à-dire « en chantant ». Michel Glatigny (article cité, p. 350) fait remarquer que le verbe « ramager » se rencontre dans une édition de 1713 du *Roman bourgeois* de Furetière, où Nerval l'aura probablement trouvé.

VI
CROIX ET MISÈRES

Il est bien vrai qu'Eustache Bouteroue s'allait marier dans peu avec la fille du drapier-chaussetier. C'était un garçon sage, bien entendu dans le commerce, et qui n'employait point ses loisirs à jouer à la boule ou à la paume, comme bien d'autres, mais à faire des comptes, à lire le *Bocage des six corporations*[48], et à apprendre un peu d'espagnol, qu'il était bon qu'un marchand sût parler, comme aujourd'hui l'anglais, à cause de la quantité de personnes de cette nation qui habitaient dans Paris. Maître Goubard s'étant donc, en six années, convaincu de la parfaite honnêteté et du caractère excellent de son commis, ayant de plus surpris entre sa fille et lui quelque penchant bien vertueux et bien sévèrement comprimé des deux parts, avait résolu de les unir à la Saint-Jean d'été, et de se retirer ensuite à Laon, en Picardie, où il avait du bien de famille.

Eustache ne possédait cependant aucune fortune; mais l'usage n'était point alors général de marier un sac d'écus avec un sac d'écus[49] ; les parents consultaient quelquefois le goût et la sympathie des futurs époux, et se donnaient la peine d'étudier longtemps le caractère, la conduite et la capacité des personnes qu'ils destinaient à leur alliance; bien différents des pères de famille d'aujourd'hui, qui exigent plus de garanties morales d'un domestique qu'ils prennent que d'un gendre futur.

Or la prédiction du jongleur avait tellement condensé les idées assez peu fluides de l'apprenti drapier, qu'il était demeuré tout étourdi au centre de la demi-lune, et n'entendait point les voix argentines qui babillaient dans les campaniles de la Samaritaine[50], et répétaient *midi*, *midi* !… Mais, à Paris, midi sonne pendant une heure, et l'horloge

48 Il y avait bien six corporations de marchands à Paris; mais le livre mentionné est sans doute une invention parodique.

49 Nouvel emprunt au *Roman bourgeois* de Furetière (Michel Glatigny, article cité, p. 348) : « Sçachez donc que, la corruption du siècle ayant introduit de marier un sac d'argent avec un autre sac d'argent, en mariant une fille avec un garçon… » (Furetière, *Le Roman bourgeois*, édition citée, p. 919).

50 Le bâtiment abritant la pompe-fontaine de la Samaritaine, près du Pont-Neuf, était surmonté d'une horloge monumentale, décorée d'un groupe en bronze doré qui figurait la femme de Samarie donnant à boire à Jésus.

du Louvre prit bientôt la parole avec plus de solennité, puis celle des Grands-Augustins, puis celle du Châtelet ; si bien qu'Eustache, effrayé de se voir si fort en retard, se prit à courir de toutes ses forces, et, en quelques minutes, eut mis derrière lui les rues de la Monnaie, du Borrel et Tirechappe ; alors il ralentit son pas et, quand il eut tourné la rue de la Boucherie-de-Beauvais, son front s'éclaircit en découvrant les parapluies rouges du carreau des Halles, les tréteaux des Enfants-sans-Souci, l'échelle et la croix, et la jolie lanterne du pilori coiffée de son toit en plomb. C'était sur cette place, sous un de ces parapluies, que sa future, Javotte[51] Goubard, attendait son retour. La plupart des marchands aux piliers avaient ainsi un étalage sur le carreau des Halles, gardé par une personne de leur maison, et servant de succursale à leur boutique obscure. Javotte prenait place tous les matins à celui de son père, et, tantôt assise au milieu des marchandises, elle travaillait à des nœuds d'aiguillettes, tantôt elle se levait pour appeler les passants, les saisissait étroitement par le bras, et ne les lâchait guère qu'ils n'eussent fait quelque achat ; ce qui ne l'empêchait pas d'être, au demeurant, la plus timide fille qui jamais eût atteint *l'âge d'un vieil bœuf*[52] sans être encore mariée ; toute pleine de grâce, mignonne, blonde, grande, et légèrement ployée en avant, comme la plupart des filles du commerce dont la taille est élancée et frêle ; enfin, rougissant comme une fraise aux moindres paroles qu'elle disait hors du service de l'étalage, tandis que sur ce point, elle ne le cédait à aucune marchande du carreau par le *bagout* et la *platine*[53] (style commercial d'alors).

À midi, Eustache venait d'ordinaire la remplacer sous le parapluie rouge, pendant qu'elle allait dîner à la boutique avec son père. C'était à ce devoir qu'il se rendait en ce moment, craignant fort que son retour n'eût impatienté Javotte ; mais, d'aussi loin qu'il l'aperçut, elle lui parut très calme, le coude appuyé sur un rouleau de marchandises, et

---

51 Furetière dans *Le Roman bourgeois* met en scène une Javotte.

52 L'expression proverbiale « être de l'âge d'un vieil bœuf » est citée en épigraphe d'un poème (« Adroit refus ») des *Rhapsodies* (1832) de Pétrus Borel, qui l'emprunte à Béroalde de Verville : « Elle était de l'âge d'un vieil bœuf, désirable et fraîche », – c'est-à-dire âgée de seize ou dix-huit ans. On la trouve en effet au chapitre VIII du *Moyen de parvenir* de Béroalde de Verville, qui est en outre l'une des sources de l'*Histoire du Roi de Bohême* de Nodier. Mais Michel Glatigny (article cité, p. 343) suppose que Nerval a pu trouver aussi cette expression dans Merlin Coccaïe, *Histoire macaronique de Merlin Coccaie, prototype de Rabelais [...]*, Paris chez Toussainct du Bray, 1606, p. 129.

53 « platine » : verve, faconde, bagout.

fort attentive à la conversation animée et bruyante d'un beau militaire, penché sur le même rouleau, et qui n'avait pas plus l'air d'un chaland que de toute autre chose que l'on pût s'imaginer.

– C'est mon futur ! dit Javotte en souriant à l'inconnu, qui fit un léger mouvement de tête sans changer de situation : seulement il toisait le commis de bas en haut, avec ce dédain que les militaires témoignent pour les personnes de l'état bourgeois dont l'extérieur est peu imposant.

– Il a un faux air d'un trompette de chez nous, observa-t-il gravement ; seulement, l'autre a plus de *corporance*[54] dans les jambes ; mais tu sais, Javotte, le trompette, dans un escadron, c'est un peu moins qu'un cheval, et un peu plus qu'un chien…

– Voici mon neveu, dit Javotte à Eustache, en ouvrant sur lui ses grands yeux bleus avec un sourire de parfaite satisfaction ; il a obtenu un congé pour venir à notre noce. Comme cela se trouve bien, n'est-ce pas ? Il est arquebusier à cheval… Oh ! le beau corps ! Si vous étiez vêtu comme cela, Eustache… mais vous n'êtes pas assez grand, vous, ni assez fort…

– Et combien de temps, dit timidement le jeune homme, monsieur nous fera-t-il cet avantage de demeurer à Paris ?

– Cela dépend, dit le militaire en se redressant, après avoir fait attendre un peu sa réponse. On nous a envoyés dans le Berri pour exterminer les *croquants*[55] ; et, s'ils veulent rester tranquilles quelque temps encore, je vous donnerai un bon mois ; mais, de toutes façons, à la Saint-Martin, nous viendrons à Paris remplacer le régiment de M. d'Humières[56], et alors je pourrai vous voir tous les jours et indéfiniment.

Eustache examinait l'arquebusier à cheval, tant qu'il pouvait le faire sans rencontrer ses regards, et, décidément, il le trouvait hors de toutes les proportions physiques qui conviennent à un neveu.

– Quand je dis tous les jours, reprit ce dernier, je me trompe ; car il y a, le jeudi, la grande parade… Mais nous avons la soirée, et, de fait, Je pourrai toujours souper avec vous ces jours-là.

– Est-ce qu'il compte y dîner avec les autres ? pensa Eustache… Mais vous ne m'aviez point dit, demoiselle Goubard, que monsieur votre neveu était si…

---

54 Pour « corpulence » (*Dictionnaire des expressions vicieuses usitées dans un grand nombre de départements […]*, par J.-F. Michel, 1807).

55 Allusion aux jacqueries des croquants, c'est-à-dire aux révoltes paysannes qui eurent lieu à plusieurs reprises sous Henri IV (voir p. 117).

56 Nom d'un maréchal de France du XVIIe siècle.

– Si bel homme ? Oh ! oui, comme il a renforcé ! Dame, c'est que voilà sept ans que nous ne l'avions vu, ce pauvre Joseph ; et, depuis ce temps-là, il a passé bien de l'eau sous le pont…

– Et, à lui, bien du vin sous le nez, pensa le commis, ébloui de la face resplendissante de son neveu futur ; on ne se met pas la figure en couleur avec de l'eau rougie, et les bouteilles de maître Goubard vont danser le branle des morts avant la noce[57], et peut-être après…

– Allons dîner, papa doit s'impatienter ! dit Javotte en sortant de sa place. Ah ! je vais donc te donner le bras, Joseph !… Dire qu'autrefois j'étais la plus grande, quand j'avais douze ans et toi dix ; on m'appelait la maman… Mais comme je vais être fière au bras d'un arquebusier ! Tu me conduiras promener, n'est-ce pas ? Je sors si peu ; je ne puis pas y aller seule ; et, le dimanche soir, il faut que j'assiste au salut[58], parce que je suis de la confrérie de la Vierge, aux Saints-Innnocents ; je tiens un ruban du guidon[59]…

Ce caquetage de jeune fille, coupé à temps égaux par le pas sonnant du cavalier, cette forme gracieuse et légère qui sautillait enlacée à cette autre massive et raide, se perdirent bientôt dans l'ombre sourde des piliers qui bordent la rue de la Tonnellerie, et ne laissèrent aux yeux d'Eustache qu'un brouillard, et à ses oreilles qu'un bourdonnement.

VII
MISÈRES ET CROIX

Nous avons jusqu'ici emboîté le pas à cette action bourgeoise[60], sans guère mettre à la conter plus de temps qu'elle n'en a mis à se poursuivre ; et maintenant, malgré notre respect, ou plutôt notre

57 Dans l'économie du recueil des *Contes et facéties*, ces bouteilles qui dansent « le branle des morts avant la noce » annoncent l'histoire du *Monstre vert*.

58 Salut du saint sacrement.

59 Les *guides* ou *guidons* sont les cordons des bannières des confréries.

60 L'expression renvoie au *Roman bourgeois* de Furetière où le terme de « bourgeois » (comme dans *Le Bourgeois gentilhomme*) désigne les catégories urbaines et roturières de la société d'Ancien Régime. On notera la métalepse narrative qui ouvre ce chapitre, bien dans la tradition de l'anti-roman, à la manière de Furetière aussi bien que de Nodier.

profonde estime pour l'observation des unités dans le roman même[61], nous nous voyons contraints de faire faire à l'une des trois un saut de quelques journées. Les tribulations d'Eustache[62], relativement à son neveu futur, seraient peut-être assez curieuses à rapporter ; mais elles furent cependant moins amères qu'on ne le pourrait juger d'après l'exposition. Eustache se fut bientôt rassuré *à l'endroit* de sa fiancée : Javotte n'avait fait véritablement que garder une impression un peu trop fraîche de ses souvenirs d'enfance qui, dans une vie si peu accidentée que la sienne, prenaient une importance démesurée. Elle n'avait vu tout d'abord, dans l'arquebusier à cheval, que l'enfant joyeux et bruyant, autrefois le compagnon de ses jeux ; mais elle ne tarda pas à s'apercevoir que cet enfant avait grandi, qu'il avait pris d'autres allures, et elle devint plus réservée à son égard.

Quant au militaire, à part quelques familiarités d'habitude, il ne faisait point paraître envers sa jeune tante de blâmables intentions ; il était même de ces gens assez nombreux à qui les honnêtes femmes inspirent peu de désir ; et, pour le présent, il disait comme Tabarin[63], que *la bouteille était sa mie*. Les trois premiers jours de son arrivée, il n'avait pas quitté Javotte, et même il la conduisait le soir au Cours la Reine, accompagnée seulement de la grosse servante de la maison, au grand déplaisir d'Eustache. Mais cela ne dura point ; il ne tarda pas à s'ennuyer de sa compagnie, et prit l'habitude de sortir seul tout le jour, ayant, il est vrai, l'attention de rentrer aux heures des repas.

La seule chose donc qui inquiétât le futur époux, c'était de voir ce parent si bien établi dans la maison qui allait devenir sienne après la noce, qu'il ne paraissait pas facile de l'en évincer avec douceur, tant il semblait tous les jours s'y emboîter plus solidement. Pourtant, il n'était neveu de Javotte que par alliance, étant né seulement d'une fille que feu l'épouse de maître Goubard avait eue d'un premier mariage.

---

61 Cet éloge de la règle des trois unités – qui serait même étendue jusqu'au roman – est bien évidemment ironique sous la plume d'un romantique.

62 Dans *Le Cabinet de lecture* et la *Revue pittoresque*, le texte porte ici « Eustache Corniquet ». *Le Messager* donne quant à lui « Eustache Bouterone », résultant sans doute d'une coquille pour « Bouteroue ».

63 Tabarin (Antoine Girard, dit, 1584-1633) est l'une des plus célèbres figures des bateleurs et bonimenteurs du Pont-Neuf. Ses farces influencèrent Molière. Le 3 juillet 1835, Nerval emprunte à la bibliothèque royale l'*Inventaire universel des œuvres de Tabarin*, édition de 1623 (Huguette Brunet et Jean Ziegler, ouvrage cité, p. 49). Dans le *Monde dramatique* de juillet 1835, un article, signé Édouard Alboize, est consacré au « Théâtre de Tabarin ».

Mais comment lui faire comprendre qu'il tendait à s'exagérer l'importance des liens de famille et qu'il avait, à l'égard des droits et des privilèges de la parenté, des idées trop larges, trop arrêtées, et, en quelque sorte, trop patriarcales ?

Cependant il était probable que bientôt il sentirait de lui-même son indiscrétion, et Eustache se vit obligé de prendre patience, *ainsi que les dames de Fontainebleau*, *quand la cour est à Paris*, comme dit le proverbe[64].

Mais la noce faite et parfaite ne changea rien aux habitudes de l'arquebusier à cheval, qui même fit espérer qu'il pourrait obtenir, grâce à la tranquillité des *croquants*, de rester à Paris jusqu'à l'arrivée de son corps. Eustache tenta quelques allusions épigrammatiques sur ce que certaines gens prenaient des boutiques pour des hôtelleries, et bien d'autres qui ne furent point saisies, ou qui parurent faibles ; du reste, il n'osait encore en parler ouvertement à sa femme et à son beau-père, ne voulant pas se donner, dès les premiers jours de son mariage, une couleur d'homme intéressé, lui qui leur devait tout.

Avec cela, la compagnie du soldat n'avait rien de bien divertissant : sa bouche n'était que la cloche perpétuelle de sa gloire, laquelle était fondée moitié sur ses triomphes dans les combats singuliers qui le rendaient la terreur de l'armée, moitié sur ses prouesses contre les *croquants*, malheureux paysans français à qui les soldats du roi Henri faisaient la guerre pour n'avoir pu payer la taille, et qui ne paraissaient pas près de jouir de la célèbre *poule au pot*...

Ce caractère de vanterie excessive était alors assez commun, ainsi qu'on le voit par les types des Taillebras et des Capitans Matamores, reproduits sans cesse dans les pièces comiques de l'époque[65], et doit, je pense, être attribué à l'irruption victorieuse de la Gascogne dans Paris, à la suite du Navarrois. Ce travers s'affaiblit bientôt en s'élargissant, et, quelques années après, le baron de Fœneste[66] en fut le portrait déjà bien

64 Jusqu'à Louis XIV, la cour de France était itinérante, – d'où ce proverbe qui semble toutefois inventé.

65 Matamore (de l'espagnol *mata moros*, tueur de Maures), comme Taillebras, est un des avatars du *Miles gloriosus* de Plaute, – soit le type du soldat fanfaron. Il appartient à la *Commedia dell'arte*, et on le trouve encore dans *L'Illusion comique* de Corneille.

66 Nerval a emprunté *Les Aventures du baron de Fæneste* (1617-1630) d'Agrippa d'Aubigné le 11 avril 1832 (Huguette Brunet et Jean Ziegler, ouvrage cité, p. 47). Fæneste est un aventurier gascon, ignorant et poltron, digne héritier en effet du *Miles gloriosus* de Plaute.

adouci, mais d'un comique plus parfait, et enfin la comédie du *Menteur* le montra, en 1662[67], réduit à des proportions presque communes.

Mais ce qui, dans les façons du militaire, choquait le plus le bon Eustache, c'était une tendance perpétuelle à le traiter en petit garçon, à mettre en lumière les côtés peu favorables de sa physionomie, et enfin à lui donner en toute occasion vis-à-vis de Javotte une couleur ridicule, fort désavantageuse dans ces premiers jours où un nouveau marié a besoin de s'établir sur un pied respectable et de prendre position pour l'avenir ; ajoutez aussi qu'il fallait peu de chose pour froisser l'amour-propre tout neuf et tout raide encore d'un homme établi en boutique, patenté et assermenté.

Une dernière tribulation ne tarda pas à combler la mesure. Comme Eustache allait faire partie du guet des métiers, et qu'il ne voulait pas, comme l'honnête maître Goubard, faire son service en habit bourgeois et avec une hallebarde prêtée par le quartier[68], il avait acheté une épée à coquille qui n'avait plus de coquille, une salade[69] et un haubergeon[70] en cuivre rouge que menaçait déjà le marteau d'un chaudronnier, et, ayant passé trois jours à les nettoyer et à les fourbir, il parvint à leur donner un certain lustre qu'ils n'avaient pas avant ; mais quand il s'en revêtit et qu'il se promena fièrement dans sa boutique en demandant s'il avait bonne grâce à porter le harnois, l'arquebusier se prit à rire *comme un tas de mouches au soleil*[71], et l'assura qu'il avait l'air d'avoir sur lui sa batterie de cuisine.

VIII
LA CHIQUENAUDE

Tout étant disposé de la sorte, il arriva qu'un soir, c'était le 12 ou le 13, un jeudi toujours, Eustache ferma sa boutique de bonne heure ; chose

67 *Le Menteur*, comédie de Corneille, date en fait de 1644 (les éditions antérieures indiquaient la date de 1642). Nerval avait fait allusion au *Menteur* dans un passage du *Roman tragique* (NPl I, p. 707) repris dans la préface aux *Filles du feu* (OC XI, p. 61).

68 Les éditions antérieures portent « le quartenier », c'est-à-dire l'officier chargé de la police du quartier.

69 « Salade » : casque de forme ronde.

70 Petit haubert, soit une cotte de maille.

71 Expression empruntée à Rabelais, *Gargantua*, chap. XII (« rire comme un tas de mouches »).

qu'il ne se fût pas permise sans l'absence de maître Goubard qui était parti l'avant-veille pour voir son bien en Picardie, parce qu'il comptait y aller demeurer trois mois plus tard, quand son successeur serait solidement établi en son lieu, et posséderait pleinement la confiance des pratiques[72] et des autres marchands.

Or, l'arquebusier, revenant ce soir-là, comme de coutume, trouva la porte close et les lumières éteintes. Cela l'étonna beaucoup, la guette[73] n'étant pas sonnée au Châtelet ; et, comme il ne rentrait point d'ordinaire sans être un peu animé par le vin, sa contrariété se produisit par un gros jurement qui fit tressaillir Eustache dans son entresol, où il n'était pas couché encore, s'effrayant déjà de l'audace de sa résolution.

– Holà ! hé ! cria l'autre en donnant un coup de pied dans la porte, c'est donc ce soir fête ! C'est donc la Saint-Michel, la fête des drapiers, des tire-laine et des vide-goussets ?...

Et il tambourinait du poing sur la devanture ; mais cela ne produisit pas plus d'effet que s'il eût pilé de l'eau dans un mortier[74].

– Ohé ! mon oncle et ma tante !... voulez-vous donc me faire coucher en plein vent, sur le grès[75], au risque d'être gâté par les chiens et les autres bêtes ?... Holà ! hé ! diantre soit des parents ! Ils en sont corbleu capables !... Et la nature donc, manants ! Ho ! ho ! descends vitement, bourgeois, c'est de l'argent qu'on t'apporte !... Le cancre te vienne, vilain maroufle !

Toute cette harangue du pauvre neveu n'émouvait aucunement le visage de bois de la porte ; il usait à rien ses paroles, comme le vénérable Bède prêchant à un tas de pierres[76].

Mais quand les portes sont sourdes, les fenêtres ne sont pas aveugles, et il y a un moyen fort simple de leur éclaircir le regard ; le soldat se fit tout d'un coup ce raisonnement, il sortit de la galerie sombre des piliers,

---

72 Au sens de « clients », « clientèle ».

73 Le tour de guet.

74 Cette expression proverbiale signifie « perdre sa peine ». Nerval, selon Michel Glatigny (article cité, p. 342), l'a probablement trouvée dans Merlin Coccaie, *L'Histoire macaronique de Merlin Coccaie, prototype de Rabelais [...]*, Paris chez Toussainct du Bray, 1606, Livre I, p. 19.

75 Sur le grès des pavés de la rue.

76 *La Légende dorée* de Jacques de Voragine raconte que Bède, devenu aveugle, croyant se trouver devant une assemblée de fidèles, prononça un sermon devant un tas de pierres, et que les pierres, à la fin de son sermon, répondirent *Amen ! vénérable Bède*. L'emprunt est toutefois indirect : on lit une allusion à la légende de Bède dans le *Roman bourgeois* de Furetière (édition citée, p. 1040), où Nerval, selon Michel Glatigny (article cité, p. 349), a pu en effet la trouver.

se recula jusqu'au milieu de la rue de la Tonnellerie, et, ramassant à ses pieds un tesson, l'adressa si bien, qu'il éborgna l'une des petites fenêtres de l'entresol. C'est un incident à quoi Eustache n'avait nullement songé, un point d'interrogation formidable à cette question où se résumait tout le monologue du militaire : Pourquoi donc n'ouvre-t-on pas la porte ?...

Eustache prit subitement une résolution ; car un couard qui s'est monté la tête ressemble à un vilain qui se met en dépense, et pousse toujours les choses à l'extrême ; mais de plus, il avait à cœur de se bien montrer une fois devant sa nouvelle épouse, qui pouvait avoir pris pour lui peu de respect en le voyant depuis plusieurs jours servir de quintaine[77] au militaire, avec cette différence que la quintaine rend quelquefois de bons coups pour ceux qu'on lui porte continuellement. Il tira donc son feutre de travers, et eut dégringolé l'escalier étroit de son entresol avant que Javotte songeât à l'arrêter. Il décrocha sa rapière en passant dans l'arrière-boutique, et seulement quand il sentit dans sa main brûlante le froid de la poignée en cuivre, il s'arrêta un instant et ne chemina plus qu'avec des pieds de plomb vers sa porte, dont il tenait la clef de l'autre main. Mais une seconde vitre qui se cassa avec grand bruit, et les pas de sa femme qu'il entendit derrière les siens, lui rendirent toute son énergie ; il ouvrit précipitamment la porte massive, et se planta sur le seuil avec son épée nue, comme l'archange à l'*huis du paradis terrien*.

– Que veut donc ce coureur de nuit ? ce méchant ivrogne à un sou le pot ? ce casseur de plats fêlés ?... cria-t-il d'un ton qui eût été tremblant pour peu qu'il l'eût pris deux notes plus bas. Est-ce de la façon qu'on se comporte avec les gens honnêtes ?... Çà, tournez-nous les talons sans retard, et vous en allez dormir sous les charniers avec vos pareils, ou j'appelle mes voisins et les gens du guet pour vous prendre !

– Oh ! oh ! voilà comme tu chantes à présent, coqcigrue[78] ? on t'a donc sifflé ce soir avec une trompette ?... Oh ! bien, c'est différent... j'aime à te voir parler tragiquement comme Tranchemontagne[79], et les gens de cœur sont mes mignons... Viens çà que je t'accole, picrochole[80] !...

---

77 Mannequin d'entraînement pour les chevaliers, qui, lorsqu'on le frappait maladroitement avec la lance, pivotait et frappait le dos du cavalier.

78 Mot-valise forgé par Rabelais (*Gargantua*, chap. XLIX) pour désigner une chimère (coq, cicogne et grue à la fois), – employé ici comme une simple injure.

79 Héros imaginaire, qui fait grand bruit de son courage et fanfaronne.

80 C'est-à-dire, en grec, « bile amère », comme le roi irascible inventé par Rabelais (*Gargantua*, chap. XXVI et suiv.).

– Va-t'en, ribleur[81] ! Entends-tu les voisins s'éveiller au bruit et qui vont te conduire au premier corps de garde, comme un affronteur et un larron ? va-t'en donc sans plus d'esclandre, et ne reviens point !

Mais, au contraire, le soldat s'avançait entre les piliers, ce qui émoussa un peu la fin de la réplique d'Eustache :

– C'est bien parlé ! dit-il à ce dernier ; l'avis est honnête et mérite qu'on le paye…

Le temps de compter deux, il était tout près et avait lâché sur le nez du jeune marchand drapier une chiquenaude à le lui rendre cramoisi :

– Garde tout, si tu n'as pas de monnaie ! s'écria-t-il ; et sans adieu, mon oncle !

Eustache ne put endurer patiemment cet affront, plus humiliant encore qu'un soufflet, devant sa nouvelle épousée, et, nonobstant les efforts qu'elle faisait pour le retenir, il s'élança vers son adversaire, qui s'en allait, et lui porta un coup de taillant qui eût fait honneur au bras du preux Roger, si l'épée eût été une *balisarde*[82] ; mais elle ne coupait plus depuis les guerres de religion et n'entama point le buffle[83] du soldat ; celui-ci lui saisit aussitôt les deux mains dans les siennes, de telle sorte que l'épée tomba d'abord, et qu'ensuite le patient se mit à crier si haut qu'il ne le pouvait davantage, allongeant de furieux coups de pied sur les bottes molles de son *tourmenteur*.

Heureusement que Javotte s'interposa, car les voisins regardaient bien la lutte par leurs fenêtres, mais ne songeaient guère à descendre pour y mettre fin ; et Eustache, tirant ses doigts bleuâtres de l'étau naturel qui les avait serrés, eut à les frotter longtemps pour leur faire perdre la figure carrée qu'ils y avaient prise.

– Je ne te crains pas, s'écria-t-il, et nous nous reverrons ! Trouve-toi, si tu as seulement le cœur d'un chien, trouve-toi demain matin au Pré-aux-Clercs !… À six heures, bélître[84] ! et nous nous battrons à mort, coupe-jarrets !

– L'endroit est bien choisi, mon championnet, et nous ferons en gentilshommes ! À demain donc ; par saint Georges, la nuit te paraîtra courte !

---

81 Filou (*ribaud*) qui parcourt les rues la nuit ; débauché. La version du *Messager* ajoute : « Hors d'ici, gratte-ruisseaux ».

82 Roger est un héros du *Roland furieux* de l'Arioste, et *Balisarde* est le nom de son épée.

83 Justaucorps qui servait de protection aux soldats.

84 *Bélître* : « Gros gueux qui mendie par fainéantise, et qui pourrait bien gagner sa vie. Il se dit par extension, des coquins qui n'ont ni bien ni honneur » (Furetière).

Le militaire prononça ces mots avec un ton de considération qu'il n'avait pas montré jusque-là. Eustache se retourna fièrement vers sa femme ; son cartel[85] l'avait grandi de six empans. Il ramassa son épée et poussa sa porte à grand bruit.

IX
LE CHÂTEAU-GAILLARD

Le jeune marchand drapier, se réveillant, se trouva tout dégrisé de son courage de la veille. Il ne fit point difficulté de s'avouer qu'il avait été très ridicule en proposant un duel à l'arquebusier, lui qui ne savait manier d'autre arme que la demi-aune, dont il s'était escrimé souvent, du temps de son apprentissage, avec ses compagnons, dans le clos des Chartreux. Partant, il ne tarda guère à prendre la ferme résolution de rester chez lui et de laisser son adversaire promener son béjaune[86] dans le Pré-aux-Clercs, en se balançant sur ses pieds comme un *oison bridé*[87].

Quand l'heure fut passée, il se leva, ouvrit sa boutique et ne parla point à sa femme de la scène de la veille, comme elle évita, de son côté, d'y faire la moindre allusion. Ils déjeunèrent silencieusement ; après quoi Javotte alla, comme à l'ordinaire, s'établir sous le parapluie rouge, laissant son mari occupé, avec sa servante, à visiter une pièce de drap et à en marquer les défauts. Il faut bien dire qu'il tournait souvent les yeux vers la porte et tremblait à chaque instant que son redoutable parent ne vînt lui reprocher sa couardise et son manque de parole. Or, vers huit heures et demie, il aperçut de loin l'uniforme de l'arquebusier poindre sous la galerie des piliers, encore baigné d'ombres comme un reître de Rembrandt, qui luit par trois paillettes, celle du morion, celle du haubert

85 Défi par lequel est proposé un duel.

86 Un « béjaune », par référence au « bec jaune » des oisillons, désigne une personne peu expérimentée, et, par extension, *le fait d'être sot*.

87 Un « oison bridé » désigne un « sot », selon le dictionnaire des *Curiositez françoises* d'Antoine Oudin (1640). Mais Furetière indique l'origine de l'expression : « On appelle un oison bridé, celuy à qui on a passé une plume à travers des ouvertures qui sont à la partie supérieure de son bec, pour les empescher de passer des hayes ». Et Rabelais l'emploie en ce sens au début du Prologue du *Gargantua*.

et celle du nez[88] ; funeste apparition qui s'agrandissait et s'éclaircissait rapidement, et dont le pas métallique semblait battre chaque minute de la dernière heure du drapier.

Mais le même uniforme ne recouvrait point le même moule et, pour parler plus simplement, c'était un militaire compagnon de l'autre, qui s'arrêta devant la boutique d'Eustache, remis à grand'peine de sa frayeur, et lui adressa la parole d'un ton très calme et très civil.

Il lui fit connaître d'abord que son adversaire l'ayant attendu pendant deux heures au lieu du rendez-vous sans le voir arriver, et jugeant qu'un accident imprévu l'avait empêché de s'y rendre, retournerait le lendemain, à la même heure, au même endroit, y demeurerait le même espace de temps, et que, si c'était sans plus de succès, il se transporterait ensuite à sa boutique, lui couperait les deux oreilles, et lui mettrait dans sa poche, comme avait fait, en 1605, le célèbre Brusquet[89] à un écuyer du duc de Chevreuse pour le même sujet, action qui obtint l'applaudissement de la cour, et fut généralement trouvée de bon goût.

Eustache répondit à cela que son adversaire faisait tort à son courage par une menace pareille, et qu'il aurait à lui rendre raison doublement ; il ajouta que l'obstacle ne venait point d'une autre cause que de ce qu'il n'avait pu trouver encore quelqu'un pour lui servir de second.

L'autre parut satisfait de cette explication et voulut bien instruire le marchand qu'il trouverait d'excellents *seconds* sur le Pont-Neuf, devant la Samaritaine, où ils se promenaient d'ordinaire ; gens qui n'avaient point d'autre profession, et qui, pour un écu, se chargeaient d'embrasser la querelle de qui que ce fût, et même d'apporter des épées. Après ces observations, il fit un salut profond, et se retira.

Eustache, resté seul, se mit à songer et demeura longtemps dans cet état de perplexité ; son esprit *fourchait* à trois résolutions principales : tantôt il voulait donner avis au lieutenant civil de l'importunité du militaire et de ses menaces et lui demander l'autorisation de porter des

---

88 Comme Aloysius Bertrand qui sous-titre son *Gaspard de la Nuit*, *Fantaisies à la manière de Rembrandt et de Callot*, Nerval plonge par endroits ses personnages croqués à la façon de Callot dans l'atmosphère plus sombre d'un tableau de Rembrandt. Un « morion » est un casque. Le « haubert » est une cotte de mailles. Un « reître » est un cavalier mercenaire allemand, « par corruption du mot allemand *Reuter*, "cavalier" », précise Mérimée dans sa *Chronique du règne de Charles IX* (chap. I).

89 Brusquet était le successeur de Triboulet dans l'emploi de fou du roi auprès de François Ier, Henri II, François II et Charles IX. Mais il est mort en 1568, bien avant la date qu'indique ici Nerval.

armes pour sa défense ; mais cela aboutissait toujours à un combat. Ou bien il se décidait à se rendre sur le terrain, en avertissant les sergents, de façon qu'ils arrivassent au moment même où le duel commencerait ; mais ils pouvaient arriver quand il serait fini. Enfin, il songeait aussi à s'en aller consulter le bohémien du Pont-Neuf, et c'est à cela qu'il se résolut en dernier lieu.

À midi, la servante remplaça, sous le parapluie rouge, Javotte, qui vint dîner avec son mari ; celui-ci ne lui parla point, pendant le repas, de la visite qu'il avait reçue ; mais il la pria ensuite de garder la boutique pendant qu'il irait *faire l'article* chez un gentilhomme nouvellement arrivé, et qui voulait se faire habiller. Il prit en effet son sac d'échantillons, et se dirigea vers le Pont-Neuf.

Le Château-Gaillard, situé au bord de l'eau, à l'extrémité méridionale du pont, était un petit bâtiment surmonté d'une tour ronde, qui avait servi de prison dans son temps, mais qui maintenant commençait à se ruiner et se crevasser, et n'était guère habitable que pour ceux qui n'avaient point d'autre asile. Eustache, après avoir marché quelque temps d'un pas mal assuré parmi les pierres dont le sol était couvert, rencontra une petite porte au centre de laquelle une souris chauve était clouée. Il y frappa doucement, et le singe de maître Gonin lui ouvrit aussitôt en levant un loquet, service auquel il était dressé, comme le sont quelquefois les chats domestiques.

L'escamoteur était à une table, et lisait. Il se retourna gravement, et fit signe au jeune homme de s'asseoir sur un escabeau. Quand celui-ci lui eut conté son aventure, il l'assura que c'était la chose du monde la moins fâcheuse, mais qu'il avait bien fait de s'adresser à lui. – C'est un *charme* que vous demandez, ajouta-t-il, un charme magique pour vaincre votre adversaire à coup sûr ; n'est-ce pas cela qu'il vous faut ?

– Oui-dà, si cela se peut.

– Bien que tout le monde se mêle d'en composer, vous n'en trouverez nulle part d'aussi assurés que les miens ; encore ne sont-ils pas, comme d'aucuns, formés par art diabolique ; mais ils résultent d'une science approfondie de la blanche magie, et ne peuvent, en aucune façon, compromettre le salut de l'âme.

– Bon cela, dit Eustache, autrement je me garderais d'en user. Mais combien coûte votre œuvre magique ? car encore faut-il que je sache si je la pourrai payer.

– Songez que c'est la vie que vous achetez là, et la gloire encore par-dessus. Ce point convenu, pensez-vous que, pour ces deux choses excellentes, on puisse exiger moins que cent écus ?

– Cent diables pour t'emporter ! grommela Eustache, dont la figure s'obscurcit ; c'est plus que je ne possède !... Et que me sera la vie sans pain et la gloire sans habits ? Encore peut-être est-ce là une fausse promesse de charlatan dont on leurre les personnes crédules.

– Vous ne payerez qu'après.

– C'est quelque chose... Enfin, quel gage en voulez-vous ?

– Votre main seulement.

– Eh bien donc... Mais je suis un grand fat d'écouter vos sornettes ! Ne m'avez-vous pas prédit que je finirais par la hart[90] ?

– Sans doute, et je ne m'en dédis point.

– Or donc, si cela est, qu'ai-je donc à redouter de ce duel ?

– Rien, sinon quelques estocades et estafilades, pour ouvrir à votre âme les portes plus grandes... Après cela, vous serez ramassé et hissé néanmoins à la *demi-croix*[91], haut et court, mort ou vif, comme l'ordonnance le porte ; et ainsi votre destinée se verra accomplie. Comprenez-vous cela ?

Le drapier comprit tellement, qu'il s'empressa d'offrir sa main à l'escamoteur, en forme de consentement, lui demandant dix jours pour trouver la somme, à quoi l'autre s'accorda, après avoir noté sur le mur le jour fixe de l'échéance. Ensuite il prit le livre du grand Albert, commenté par Corneille Agrippa et l'abbé Trithème[92], l'ouvrit à l'article des *Combats singuliers*, et pour assurer davantage Eustache que son opération n'aurait rien de diabolique, lui dit qu'il pourrait cependant réciter ses prières, sans crainte d'y apporter aucun obstacle. Il leva alors le couvercle d'un bahut, en tira un pot de terre non vernissé, et y fit le mélange de divers ingrédients qui paraissaient lui être indiqués par son livre, en prononçant à voix basse une sorte d'incantation. Quand il eut fini, il prit la main droite d'Eustache, qui, de l'autre, faisait le signe de la croix, et l'oignit jusqu'au poignet de la mixtion qu'il venait de composer.

---

90 Corde avec laquelle on étranglait les criminels.

91 Le gibet.

92 La légende attribue au théologien Albert le Grand (1193-1280) la paternité de deux recueils de préceptes alchimiques et philosophiques, *Le Grand Albert* et *Le Petit Albert*, classiques de la bibliographie ésotérique. Corneille Agrippa est l'auteur de *La Philosophie occulte* (1727), et Jean Trithème (1462-1516) un bénédictin allemand connu comme occultiste.

Ensuite il tira encore du bahut un flacon très vieux et très gras, et le renversant lentement, répandit quelques gouttes sur le dos de la main, en prononçant des mots latins qui se rapprochaient de la formule que les prêtres emploient pour le baptême.

Alors seulement Eustache ressentit dans tout le bras une sorte de commotion électrique qui l'effraya beaucoup ; sa main lui sembla comme engourdie, et cependant, chose bien étrange, elle se tordit et s'allongea plusieurs fois à faire craquer ses articulations, comme un animal qui s'éveille, puis il ne sentit plus rien, la circulation parut se rétablir, et maître Gonin s'écria que tout était fini, et qu'il pouvait bien à présent défier à l'épée les *plus raides* plumets[93] de la cour et de l'armée, et leur percer des boutonnières pour tous les boutons inutiles dont la mode surchargeait alors leurs vêtements.

X
LE PRÉ-AUX-CLERCS[94]

Le lendemain matin, quatre hommes traversaient les vertes allées du Pré-aux-Clercs en cherchant un endroit convenable et suffisamment écarté. Arrivés au pied du petit coteau qui bordait la partie méridionale, ils s'arrêtèrent sur l'emplacement d'un jeu de boules, qui leur parut un terrain très propre à s'escrimer commodément. Alors Eustache et son adversaire mirent bas leurs pourpoints, et les témoins les visitèrent, selon l'usage, *sous la chemise et sous les chausses*. Le drapier n'était pas sans émotion, mais pourtant il avait foi dans le charme du bohémien ; car on sait que jamais les opérations magiques, charmes, philtres et *envoultements* n'eurent plus de crédit qu'à cette époque, où ils donnèrent lieu à tant de procès dont les registres des parlements sont remplis, et dans lesquels les juges eux-mêmes partageaient la crédulité générale.

93 *Plumet* : « cavalier qui porte des plumes ; et particulièrement, il se dit de celui qui fait le fanfaron » (Furetière).

94 Nerval s'inspire du chapitre 11 (« Le Raffiné et le Pré-aux-Clercs ») de Mérimé, *Chronique du règne de Charles IX* (1829), où Mérimée met en scène, au Pré-aux-Clercs, le duel opposant Comminges et Mergy, celui-ci se battant pour la première fois alors que celui-là est un duelliste expérimenté mais finalement vaincu.

Le témoin d'Eustache, qu'il avait pris sur le Pont-Neuf et payé un écu, salua l'ami de l'arquebusier, et lui demanda s'il était dans l'intention de se battre aussi ; l'autre lui ayant fait réponse que non, il se croisa les bras avec indifférence et se recula pour voir faire les champions.

Le drapier ne put se garder d'un certain mal de cœur quand son adversaire lui fit le salut d'armes, qu'il ne rendit point. Il demeurait immobile, tenant son épée devant lui comme un cierge et si mal planté sur ses jambes, que le militaire, qui au fond n'avait pas le cœur mauvais, se promit bien de ne lui faire qu'une égratignure. Mais à peine les rapières se furent-elles touchées, qu'Eustache s'aperçut que sa main entraînait son bras en avant, et se démenait d'une rude façon. Pour mieux dire, il ne la sentait plus que par le tiraillement puissant qu'elle exerçait sur les muscles de son bras ; ses mouvements avaient une force et une élasticité prodigieuse, que l'on pourrait comparer à celle d'un ressort d'acier ; aussi le militaire eut-il le poignet presque faussé en parant le coup de tierce ; mais le coup de quarte envoya son épée à dix pas, tandis que celle d'Eustache, sans se reprendre et du même mouvement dont elle était lancée, lui traversa le corps si violemment, que la coquille s'imprima sur sa poitrine. Eustache, qui ne s'était pas fendu, et que la main avait entraîné par une secousse imprévue, se fût brisé la tête en tombant de toute sa longueur, si elle n'eût porté sur le ventre de son adversaire.

– Tudieu, quel poignet !... s'écria le témoin du soldat ; ce gars-là en remontrerait au chevalier *Tord-Chêne*[95] ! Il n'a pas la grâce pour lui, ni le physique ; mais, pour la raideur du bras, c'est pire qu'un arc du pays de Galles !

Cependant Eustache s'était relevé avec l'aide de son témoin, et demeura un instant absorbé sur ce qui venait de se passer ; mais quand il put distinguer clairement l'arquebusier étendu à ses pieds, et que l'épée fixait en terre, comme un crapaud cloué dans un cercle magique, il se prit à fuir de telle sorte, qu'il oublia sur l'herbe son pourpoint des dimanches, tailladé et garni de passements de soie.

---

95 Aucun chevalier Tord-Chêne n'apparaît, semble-t-il, dans les récits médiévaux. Mais Jacques Bony (*Le Récit nervalien*, p. 107) a fait remarquer qu'un bûcheron porte ce nom dans le conte populaire *Jean de l'ours*, où il se distingue par sa force prodigieuse (il lie les fagots avec des chênes de cent ans, d'où son nom), d'où peut-être l'association de Nerval. Il y a, en outre, un autre Tord-Chêne dans *Contes et facéties* : celui qui apparaît dans la *Reine des poissons* et que certains traits rapprochent du Tord-Chêne de *Jean de l'ours*.

Or, comme le soldat était bien mort, les deux seconds n'avaient rien à gagner en restant sur le terrain, et ils s'éloignèrent rapidement. Ils avaient fait une centaine de pas, quand celui d'Eustache s'écria en se frappant le front :

– Et mon épée que j'avais prêtée, et que j'oublie !

Il laissa l'autre poursuivre son chemin et, revenu au lieu du combat, se mit à retourner curieusement les poches du mort, où il ne trouva que des clés, un bout de ficelle et un jeu de tarots sale et écorné.

– *Floutière* ! et puis *floutière* ! murmura-t-il ; encore un marpaut qui n'a ni *michon* ni *tocante* ! Le *glier t'entrolle*, souffleur de mèches[96] !

L'éducation encyclopédique du siècle nous dispense d'expliquer, dans cette phrase, autre chose que le dernier terme, lequel faisait allusion à l'état d'arquebusier du défunt.

Notre homme, n'osant rien emporter de l'uniforme, dont la vente l'eût pu compromettre, se borna à tirer les bottes du militaire, les roula sous sa cape avec le pourpoint d'Eustache, et s'éloigna en maugréant.

XI
OBSESSION

Le drapier fut plusieurs jours sans sortir de chez lui, le cœur navré de cette mort tragique, qu'il avait causée pour des offenses assez légères et par un moyen condamnable et damnable, en ce monde comme en l'autre. Il y avait des instants où il considérait tout cela comme un rêve, et n'eût été son pourpoint oublié sur l'herbe, témoin irrécusable qui *brillait par son absence*, il eût démenti l'exactitude de sa mémoire.

Un soir, enfin, il voulut se brûler les yeux à l'évidence, et se rendit au Pré-aux-Clercs comme pour s'y promener. Sa vue se troubla en reconnaissant le jeu de boule où le duel avait eu lieu, et il fut obligé de s'asseoir. Des procureurs y jouaient, comme c'est leur usage avant souper ; et Eustache, dès que le brouillard qui couvrait ses yeux se fut

96 Certains de ces termes sont définis dans le dictionnaire d'Ollivier Chéreau, *Le Jargon ou langage de l'argot réformé* (édition citée) : – *Floutière* : rien ; – *marpaut* : un homme ou un voleur ; – *Glier* : le diable. La phrase signifie donc : « Rien ! et puis rien ; encore un voleur qui n'a ni argent ni montre ! Le diable t'emporte ». Le paragraphe suivant explique l'expression : « souffleur de mèches », c'est-à-dire « arquebusier ».

dissipé, crut distinguer sur le terrain uni, entre les pieds écartés de l'un d'eux, une large plaque de sang.

Il se leva convulsivement, et pressa sa marche pour sortir de la promenade, ayant toujours devant les yeux la tache de sang qui, gardant sa forme, se posait sur tous les objets où son regard s'arrêtait en passant, comme ces taches livides qu'on voit longtemps voltiger autour de soi quand on a fixé les yeux sur le soleil[97].

En revenant chez lui, il crut s'apercevoir qu'on l'avait suivi ; alors seulement, il songea que des gens de l'hôtel de la reine Marguerite, devant lequel il avait passé l'autre matin et ce soir-là même, l'avaient peut-être reconnu ; et, quoique les lois sur le duel ne fussent point à cette époque exécutées à la rigueur, il réfléchit qu'on pouvait fort bien juger à propos de faire pendre un pauvre marchand, pour l'enseignement des gens de cour, auxquels on n'osait point alors s'attaquer comme on le fit plus tard.

Ces pensées et plusieurs autres lui procurèrent une nuit fort agitée : il ne pouvait fermer l'œil un instant sans voir mille gibets lui montrer les poings, de chacun desquels pendait au bout d'une corde un mort qui se tordait de rire horriblement, ou un squelette dont les côtes se dessinaient avec netteté sur la face large de la lune.

Mais une idée heureuse vint balayer toutes ces visions *fourchues* : Eustache se ressouvint du lieutenant civil, vieille pratique[98] de son beau-père, et qui lui avait déjà fait un accueil assez bienveillant ; il se promit d'aller le lendemain le trouver, et de se confier entièrement à lui, persuadé qu'il le protégerait au moins en considération de Javotte, qu'il avait vue et caressée toute petite, et de maître Goubard, dont il faisait grande estime. Le pauvre marchand s'endormit enfin et reposa jusqu'au matin sur l'oreiller de cette bonne résolution.

Le lendemain, vers neuf heures, il frappait à la porte du magistrat. Le valet de chambre, supposant qu'il venait pour prendre mesure d'habits, ou pour proposer quelque achat, l'introduisit aussitôt près de son maître, qui, à demi renversé dans un grand fauteuil à oreillettes, faisait une lecture réjouissante. Il tenait à la main l'ancien poème de

97 Nerval reprend une image qu'il a déjà utilisée avant la publication de *La Main de Gloire*, puisque le motif de la tâche noire qui demeure après qu'on a regardé le soleil est le thème d'un « Sonnet » soi-disant traduit de Bürger, recueilli dans les *Poésies allemandes* (1830), en même temps que le thème du poème des *Odelettes* intitulé « Le Soleil et la Gloire » (NPl I, p. 336, et p. 1632-1633).

98 Au sens ancien de « client ».

Merlin Coccaie, et se délectait singulièrement du récit des prouesses de Balde, le vaillant prototype de Pantagruel et plus encore des subtilités et larronneries sans égales de Cingar, ce grotesque patron sur lequel notre Panurge se modela si heureusement[99].

Maître Chevassut en était à l'histoire des moutons, dont Cingar débarrasse la nef en jetant à la mer celui qu'il a payé et que tous les autres suivent aussitôt[100], quand il s'aperçut de la visite qui lui venait, et, posant le livre sur une table, se tourna vers son drapier d'un air de belle humeur.

Il le questionna sur la santé de sa femme et de son beau-père, et lui fit toutes sortes de plaisanteries banales touchant son nouvel état de marié. Le jeune homme prit occasion de ce propos pour en venir à son aventure, et ayant récité toute la suite de sa querelle avec l'arquebusier, encouragé par l'air paterne du magistrat, lui fit aussi l'aveu du triste dénouement qu'elle avait eu.

L'autre le regarda avec le même étonnement que s'il fût le bon géant Fracasse de son livre[101], ou le fidèle Falquet qui avait l'arrière-train d'un lévrier[102], au lieu de maître Eustache Bouteroue, marchand sous les piliers : car encore qu'il eût appris déjà que l'on soupçonnait ledit Eustache, il n'avait pu donner la moindre créance à ce rapport, à ce

---

99 Il s'agit de l'épopée burlesque *Baldus* (1517) de Teofilo Folengo (1491-1544), dit Merlin Coccaïe (soit Merlin le cuisinier), poète italien de l'école dite « macaronique ». Le *Baldus* est traduit en français en 1606 sous le titre *Histoire macaronique de Merlin Coccaie, prototype de Rablais (sic) où est traicté les Ruses de Cingar, les tours de Boccal, les adventures de Léonard, les Forces de Fracasse, les enchantements de Gelfore et Pandrague et les rencontres heureuses de Balde.* Nerval, qui dans *Les Faux Saulniers* et *Angélique* se situe lui-même dans la filiation de Merlin Coccaïe (OC XI, p. 162), désigne ici une de ses sources directes, puisqu'il fait plusieurs emprunts à Merlin Coccaïe dans *La Main enchantée* (emprunts que nous relevons à la suite de Michel Glatigny, article cité, p. 339-345). – Le style *macaronique* – à déguster comme un plat de macaronis – consiste à ajouter des terminaisons latines à des mots de la langue vulgaire. Charles Nodier est l'auteur d'une étude intitulée *Du langage factice appelé macaronique*, publiée en 1834. Parmi les macaronées célèbres, on peut citer, outre Rabelais, la cérémonie finale du *Malade imaginaire* de Molière. Mais le mot « macaronique » a aussi un sens plus large : il désigne un récit carnavalesque mêlant le comique et le tragique, comme la chronique historique et la fantaisie burlesque.

100 Rabelais s'inspire de cet épisode – les moutons de Panurge – dans *Le Quart Livre*, chap. VII.

101 Le géant Fracasse, dans le *Baldus* de Merlin Coccaïe, est l'ami de Balde et de Cingar. Gautier emprunte son nom dans *Le Capitaine Fracasse*, paru en 1863 mais dont le projet remonte aux années de la bohème du Doyenné.

102 Falchetto, francisé en Falquet, est un héros, mi-homme, mi-chien, du *Baldus* de Merlin Coccaïe.

fait d'armes d'une épée clouant contre terre un soldat du roi, attribué à un *courtaud* de boutique, haut de taille comme Gribouille[103] ou Triboulet[104].

Mais quand il ne put douter davantage du fait, il assura le pauvre drapier qu'il ferait de tout son pouvoir pour assourdir la chose et pour dépister de sa trace les gens de justice, lui promettant, pourvu que les témoins ne l'accusassent point, qu'il pourrait bientôt vivre en repos et *franc du collier*.

Maître Chevassut l'accompagnait même jusqu'à la porte en lui réitérant ses assurances, quand, au moment de prendre humblement congé de lui, Eustache s'avisa de lui appliquer un soufflet à lui effacer la figure, un glorieux soufflet qui fit au magistrat une face mi-partie de rouge et de bleu comme l'écusson de Paris, de quoi il demeura plus étonné *qu'un fondeur de cloches*[105], ouvrant la bouche d'un pied ou deux, et aussi incapable de parler qu'un poisson privé de sa langue.

Le pauvre Eustache fut si épouvanté de cette action qu'il se précipita aux pieds de maître Chevassut, et lui demanda pardon de son irrévérence avec les termes les plus suppliants et les plus piteuses protestations, jurant que c'était quelque mouvement convulsif imprévu, où sa volonté n'entrait pour rien, et dont il espérait miséricorde de lui comme du bon Dieu. Le vieillard le releva, plus étonné que colère ; mais à peine fut-il sur ses pieds qu'il donna, du revers de sa main, sur l'autre joue, un pendant à l'autre soufflet, tel que les cinq doigts y imprimèrent un *bon creux* où l'on aurait pu les mouler.

Pour cette fois, cela devenait insupportable et maître Chevassut courut à sa sonnette pour appeler ses gens ; mais le drapier le poursuivit, continuant la danse, ce qui formait une scène singulière, parce qu'à chaque maître soufflet dont il gratifiait son protecteur, le malheureux se confondait en excuses larmoyantes et en supplications étouffées, dont

---

103 Dans les contes populaires, Gribouille, qui se jette à l'eau pour se protéger de la pluie, est un enfant naïf et rêveur. George Sand a écrit une *Histoire du véritable Gribouille*, dont Nerval rend compte dans *Le National* du 29 décembre 1850, – article dans lequel il inclut aussi sa propre *Reine des poissons* (NPl II, p. 1251-1258).

104 Le nain Triboulet fut le bouffon de Louis XII et de François Ier. Il est le personnage principal du *Roi s'amuse* de Victor Hugo (1832). Mais on le trouve aussi évoqué dans *Pantagruel* où Rabelais le qualifie de « morosophe », de fou sage.

105 Proverbe emprunté à Rabelais, *Gargantua*, chap. XXVII (« tous estonnez comme fondeurs de cloches ») : il fait allusion à la surprise des ouvriers, étonnés, quand ils ouvrent le moule de la cloche, de voir celle-ci brisée.

le contraste avec son action était des plus réjouissants[106] ; mais en vain cherchait-il à s'arrêter dans les élans où sa main l'entraînait, il semblait un enfant qui tient un grand oiseau par une corde attachée à sa patte. L'oiseau tire par tous les coins de sa chambre l'enfant effrayé, qui n'ose le laisser envoler et qui n'a point la force de l'arrêter. Ainsi, le malencontreux Eustache était tiré par sa main à la poursuite du lieutenant civil, qui tournait autour des tables et des chaises, et sonnait et criait, outré de rage et de souffrance. Enfin les valets entrèrent, s'emparèrent d'Eustache Bouteroue, et le jetèrent à bas étouffant et défaillant. Maître Chevassut, qui ne croyait guère à la magie blanche, ne devait penser autre chose sinon qu'il avait été joué et maltraité par le jeune homme pour quelque raison qu'il ne pouvait s'expliquer ; aussi fit-il chercher les sergents, auxquels il abandonna son homme sous la double accusation de meurtre en duel et d'outrages manuels à un magistrat dans son propre logis. Eustache ne sortit de sa défaillance qu'au grincement des verrous ouvrant le cachot qu'on lui destinait[107].

– Je suis innocent !… cria-t-il au geôlier qui l'y poussait.

– Oh, vertubleu ! lui répliqua gravement cet homme, où donc croyez-vous être ? Nous n'en avons jamais ici que de ceux-là[108] !

---

106 Le comique de la scène – où Eustache est entraîné par sa propre main à faire le contraire de ce que lui-même voudrait – résulte de la transformation de l'humain en mécanique, selon un processus mis en lumière par Bergson.

107 Emprunt discret, signalé par Michel Glatigny (article cité, p. 333), à Cyrano de Bergerac, *Histoire comique des Estats et Empires du Soleil* : « […] le bruit d'une grosse de clés joint à celuy des verroux de ma porte me resveilla de l'attention que je prestois à mes douleurs » (*Les Nouvelles Œuvres de M. de Cyrano de Bergerac contenant l'Histoire comique des Estats et Empires du Soleil, plusieurs lettres et pièces divertissantes*, À Paris chez Charles de Sercy, 1662, p. 66).

108 Plaisanterie reprise à Cyrano de Bergerac, *Histoire comique des Estats et Empires du Soleil* : « À ce mot d'*innocens*, mon geôlier s'éclata de rire : – Et par ma foy, dit-il, vous estes donc de nos gens, car je n'en ay jamais tenu sous ma clef que de ceux-là » (*Histoire comique des Estats et Empires du Soleil*, édition citée, p. 59-60). L'emprunt est signalé par Michel Glatigny, article cité, p. 333.

XII
D'ALBERT LE GRAND ET DE LA MORT

Eustache avait été descendu dans une de ces logettes du Châtelet, dont Cyrano disait qu'en l'y voyant, on l'eût pris pour une bougie sous une ventouse.

« Si l'on me donne, ajoutait-il après en avoir visité tous les recoins ensemble par une pirouette, si l'on me donne ce vêtement de roc pour un habit, il est trop large ; si c'est pour un tombeau, il est trop étroit. Les poux y ont des dents plus longues que le corps, et l'on y souffre sans cesse de la pierre, qui n'est pas moins douloureuse pour être extérieure[109]. »

Là notre héros put faire à loisir des réflexions sur sa mauvaise fortune, et maudire le fatal secours qu'il avait reçu de l'escamoteur, qui avait distrait ainsi un de ses membres de l'autorité naturelle de sa tête ; d'où toutes sortes de désordres devaient résulter forcément. Aussi sa surprise fut-elle grande de le voir un jour descendre en son cachot et lui demander d'un ton calme comment il s'y trouvait.

– Que le diable te pende avec tes tripes ! méchant hâbleur et jeteur de sorts, lui fit-il, pour tes enchantements damnés !

– Qu'est-ce donc, répondit l'autre, suis-je cause pourquoi vous n'êtes pas venu le dixième jour faire lever le charme en m'apportant la somme dite ?

---

109 Cet emprunt, cette fois explicite, à Cyrano de Bergerac a été identifié par Michel Glatigy (article cité, p. 332) : Nerval condense différents passages pris au début des *Estats et Empires du Soleil* : « Il estoit bien sept heures du soir quand nous arrivâmes à un bourg où, pour me rafraischir, on me traîna dans la geôle ; car le lecteur ne me croiroit pas si je disois qu'on m'enterra dans un trou. Et cependant il est si vray qu'avec *une pirouette j'en visitay toute l'étendue.* Enfin, il n'y a personne *qui me voyant en ce lieu ne m'eust pris pour une bougie allumée sous une ventouse.* D'abord que mon geôlier me précipita dans cette caverne : / "*Si vous me donnez, luy dis-je, ce vestement de pierre pour un habit, il est trop large ; mais si c'est pour un tombeau, il est trop étroit* ». Et, plus loin : « La voûte, les murailles, et le plancher estoient composez de six pierres de tombe, afin qu'ayant la mort dessus, dessous et à l'entour de moy, je ne pusse douter de mon enterrement. La froide bave des limas et le gluant venin des crapauts me coulaient sur le visage ; *les poux y avoient les dents plus longues que le corps ; je me voyois travaillé de la pierre, qui ne me faisoit pas moins mal pour estre externe. Enfin* je pense que, pour estre Job, il ne me manquoit plus qu'une femme et un pot cassé » (*Histoire comique des Estats et Empires du Soleil*, édition citée, p. 58-59, et p. 65-66).

– Hé !... savais-je aussi qu'il vous fallût si vite cet argent, dit Eustache un peu moins haut, à vous qui faites de l'or à volonté, comme l'écrivain Flamel[110] ?

– Point, point ! fit l'autre, c'est bien le contraire ! J'y viendrai sans doute à ce grand œuvre hermétique, étant tout à fait sur la voie ; mais je n'ai encore réussi qu'à transmuer l'or fin en un fer très bon et très pur : secret qu'avait aussi trouvé le grand Raymond Lulle sur la fin de ses jours[111]...

– La belle science ! dit le drapier. Çà, vous venez donc m'ôter d'ici à la fin ; pardigues ! c'est bien raison ! et je n'y comptais plus guère...

– Voici justement l'enclouure[112], mon compagnon ! C'est, en effet, à quoi je compte bientôt réussir, que d'ouvrir aussi les portes sans clefs, pour entrer et sortir ; et vous allez voir par quelle opération on y parvient.

Disant cela, le Bohémien tira de sa poche son livre d'Albert le Grand, et, à la clarté de la lanterne qu'il avait apportée, il lut le paragraphe qui suit :

« Moyen héroïque dont se servent les scélérats
pour s'introduire dans les maisons.

« On prend la main coupée d'un pendu, qu'il faut lui avoir achetée avant la mort ; on la plonge, en ayant soin de la tenir presque fermée, dans un vase de cuivre contenant du zimac et du salpêtre, avec de la graisse de *spondillis*. On expose le vase à un feu clair de fougère et de verveine ; de sorte que la main s'y trouve, au bout d'un quart d'heure, parfaitement desséchée et propre à se conserver longtemps. Puis, ayant composé une chandelle avec de la graisse de veau marin et du sésame de

110 Sous le règne de Charles VI, Nicolas Flamel (1330-1418) passait, du fait de sa fortune, pour un alchimiste ayant trouvé la pierre philosophale, et donc capable de transmuer les métaux en or. Nerval avait donné dans *Le Mercure de France au* XIX*e siècle*, les 25 juin et 9 juillet 1831, les fragments d'un *Nicolas Flamel*, « drame-chronique » (NPl I, p. 319-331). Auparavant, il avait emprunté à la Bibliothèque royale le livre de l'abbé Villain, *Histoire critique de Nicolas Flamel et de Pernelle, sa femme, recueillie d'actes anciens*, édition de 1761, ainsi que le *Dictionnaire mytho-hermétique* (1787) de Don Pernetty (voir Huguette Brunet et Jean Ziegler, ouvrage cité, p. 43-44). Nicolas Flamel est évoqué en outre par Paul Lacroix dans *Les Soirées de Walter Scott à Paris* (« Le Trésor, 1394 », et « Le Grand Œuvre, 1418 »), et par Victor Hugo dans *Notre-Dame de Paris* (Livre IV, chap. V). Dans la liste de ses œuvres que Nerval établit à la fin de sa vie, on trouve un sujet « commencé » portant sur Nicolas Flamel (NPl III, p. 786).

111 Raymond Lulle (1232-1316) est un des grands écrivains catalans du Moyen Âge auquel on a attribué des écrits alchimistes.

112 « Enclouure » : blessure produite au pied d'un animal par un clou de ferrure. D'où le sens de « problème », « point gênant ».

Laponie, on se sert de la main comme d'un martinet[113] pour y tenir cette chandelle allumée ; et, par tous les lieux où l'on va, la portant devant soi, les barres tombent, les serrures s'ouvrent, et toutes les personnes que l'on rencontre demeurent immobiles.

« Cette main ainsi préparée reçoit le nom de *main de gloire*[114]. »

– Quelle belle invention ! s'écria Eustache Bouteroue.

– Attendez donc ; quoique vous ne m'ayez pas vendu votre main, elle m'appartient cependant, parce que vous ne l'avez point dégagée au jour convenu et la preuve de cela est qu'une fois l'échéance passée, elle s'est conduite, par l'esprit dont elle est possédée, de façon à ce que je puisse en jouir au plus tôt. Demain, le Parlement vous jugera à la hart ; après-demain, la sentence s'accomplira, et, le soir même, je cueillerai ce fruit tant convoité et l'accommoderai de la manière qu'il faut.

– Non dà ! s'écria Eustache ; et je veux, dès demain, dire à *messieurs* tout le mystère.

– Ah ! c'est bon, faites cela... et seulement vous serez brûlé vif pour avoir usé de magie, ce qui vous habituera par avance à la broche de M. le diable... Mais ceci même ne sera point, car votre horoscope porte la hart, et rien ne peut vous en distraire !

Alors le misérable Eustache se mit à crier si fort et à pleurer si chaudement, que c'était grande pitié.

– Hé, là là ! mon ami cher, lui fit doucement maître Gonin, pourquoi se bander ainsi contre la destinée ?

---

113 Au XVIe siècle, le martinet désignait certains chandeliers en forme d'oiseau.

114 Nerval a remanié l'article « De la main de gloire dont se servent les scélérats voleurs pour entrer dans les maisons, de nuit, sans empêchement », tiré des *Secrets merveilleux de la magie naturelle et cabalistique du Petit Albert*, Lyon, Paris, [1722], édition de 1820, p. 109-111 : « On prend la main droite ou gauche d'un pendu exposé sur les grands chemins, on l'enveloppe dans un morceau de drap mortuaire, dans lequel on la presse bien pour lui faire rendre le peu de sang qui pourrait être resté, puis on la met dans un vase de terre, avec du zimat, du salpêtre, du sel et du poivre long, le tout bien pulvérisé ; on la laisse durant 15 jours dans ce pot ; puis, l'ayant tirée, on l'expose au grand soleil de la canicule, jusqu'à ce qu'elle soit devenue bien sèche ; et, si le soleil ne suffit pas, on la met dans un four qui soit chauffé avec de la fougère et de la verveine, puis on compose une espèce de chandelle avec de la graisse de pendu, de la cire vierge et du sisame de Laponie, et l'on se sert de cette Main de gloire comme un chandelier, pour y tenir cette chandelle allumée ; et, dans tous les lieux où l'on va avec ce funeste instrument, ceux qui y sont, demeurent immobiles ». L'article, reproduit par Jean Richer dans *Nerval, Expérience et création* (Paris, Hachette, édition de 1970, p. 242), est accompagné d'une illustration représentant *La Main de Gloire*. Marcel Schwob utilisera aussi cette description dans une nouvelle intitulée précisément *La Main de Gloire* (publiée d'abord le 11 mars 1893 dans *L'Écho de Paris*).

– Sainte Dame ! c'est aisé de parler, sanglota Eustache ; mais quand la mort est là tout proche…

– Eh bien ! qu'est-ce donc que la mort, que l'on s'en doive tant étonner ?… Moi, j'estime la mort une rave[115] !

« Nul ne meurt avant son heure ! » dit Sénèque le Tragique[116].

Êtes-vous donc seul son vassal, à cette dame camarde ? Aussi le suis-je, et celui-là, un tiers, un quart, Martin, Philippe !… La mort n'a respect à aucun. Elle est si hardie, qu'elle condamne, tue, et prend indifféremment papes, empereurs et rois, comme prévôts, sergents et autres telles canailles[117].

Donc, ne vous affligez point de faire ce que tous les autres feront plus tard ; leur condition est plus déplorable que la vôtre ; car, si la mort est un mal, elle n'est mal qu'à ceux qui ont à mourir[118]. Ainsi, vous n'avez plus qu'un jour de ce mal, et la plupart des autres en ont vingt ou trente ans, et davantage.

Un ancien disait : « L'heure qui vous a donné la vie l'a déjà diminuée[119]. » Vous êtes en la mort pendant que vous êtes en la vie, car, quand vous n'êtes plus en vie, vous êtes après la mort ; ou, pour mieux dire, et bien terminer : la mort ne vous concerne ni mort ni vif, vif parce que vous êtes, mort parce que vous n'êtes plus[120] !

Qu'il vous suffise, mon ami, de ces raisonnements, pour vous bien encourager à boire cette absinthe sans grimace, et méditez encore d'ici là un beau vers de Lucrétius dont voici le sens :

---

115 Michel Glatigny (article cité, p. 340) a identifié cet emprunt à Merlin Coccaïe, qui fait dire à Cindar : « je n'estime *la mort une rave* » (*Histoire macaronique*, Livre XVII, édition citée, p. 530).

116 Citation de Sénèque, *Hercule furieux*, acte I, v. 189.

117 Michel Glatigny (article cité, p. 341) a identifié cet emprunt à Merlin Coccaïe : « Ô Balde, mon ami, Léonard *estoit vassal de la mort ; aussi sommes-nous, aussi est cestui-cy et cestui-là, un tiers, un quart, Martin, Philippes* […]. La mort ne pardonne à personne ; icelle n'excepte personne, elle *est si hardie, qu'elle n'a respect à aucunes personnes. Elle condamne* un chascun *indifféremment, tue, prend*, emporte *Papes, Empereurs, Roys*, grands seigneurs, fainéans, souillons de cuisine, *sergens et autres telles canailles.* » (*Histoire macaronique*, Livre XVII, édition citée, p. 536).

118 Michel Glatigny (article cité, p. 333-334) a identifié cet emprunt à Cyrano de Bergerac, *Les Estats et Empires du Soleil* : « Ne t'afflige donc point de faire plus tost ce que quelques-uns de tes compagnons feront plus tard : leur condition est plus déplorable que la tienne ; car si la mort est un mal, elle n'est mal qu'à ceux qui ont à mourir […] » (édition citée, p. 343).

119 Nouvel emprunt à Sénèque, *Hercule furieux*, acte III, v. 874.

120 Maître Gonin débite ici des maximes épicuriennes ou stoïciennes sur la mort.

« Vivez aussi longtemps que vous pourrez, vous n'ôterez rien à l'éternité de votre mort[121] ! »

Après ces belles maximes quintessenciées des anciens et des modernes, subtilisées et sophistiquées dans le goût du siècle, maître Gonin releva sa lanterne, frappa à la porte du cachot que le geôlier vint lui rouvrir, et les ténèbres retombèrent sur le prisonnier comme une chape de plomb.

XIII
OÙ L'AUTEUR PREND LA PAROLE

Les personnes qui désireront savoir tous les détails du procès d'Eustache Bouteroue en trouveront les pièces dans les *Arrêts mémorables du Parlement de Paris*[122], qui sont à la bibliothèque des manuscrits, et dont M. Paris[123] leur facilitera la recherche avec son obligeance accoutumée. Ce procès tient sa place alphabétique immédiatement avant celui du baron de Boutteville, très curieux aussi, à cause de la singularité de son duel avec le marquis de Bussi, où, pour mieux braver les édits, il vint exprès de Lorraine à Paris, et se battit dans la place Royale même, à trois heures après midi, et le propre jour de Pâques (1627)[124]. Mais ce n'est point de cela qu'il s'agit ici. Dans le procès d'Eustache Bouteroue, il n'est question que du duel et des outrages au lieutenant civil, et non du charme magique qui causa tout ce désordre. Mais une note annexée aux autres pièces renvoie au *Recueil des histoires tragiques de Belleforest* (édition de la

121 Lucrèce, *De natura rerum*, Livre III, v. 1090-1091 : « aussi tu auras beau vivre des siècles, la mort restera éternelle », – maxime citée par Montaigne dans les *Essais*, Livre I, chap. XX (« Que philosopher c'est apprendre à mourir »).

122 Jean Richer et les éditeurs qui ont suivi ont dépouillé en vain les *Arrêts mémorables du Parlement de Paris* : la source que donne ici Nerval – et qui ferait de *La Main enchantée* un livre de *seconde main* – n'a pu être retrouvée. Il s'agit donc probablement d'une supercherie littéraire, bien dans le goût bousingo.

123 Il s'agit de Paulin Paris (1800-1881), conservateur de la Bibliothèque royale et historien de la littérature du Moyen Âge.

124 François de Montmorency, comte de Boutteville, brava en effet l'édit de Louis XIII interdisant les duels qui décimaient la noblesse française. Il fut condamné à mort et exécuté en 1627.

Haye, celle de Rouen étant incomplète)[125] ; et c'est là que se trouvent encore les détails qui nous restent à donner sur cette aventure, que Belleforest intitule assez heureusement : *la Main possédée.*

XIV
CONCLUSION

Le matin de son exécution, Eustache, que l'on avait logé dans une cellule mieux éclairée que l'autre, reçut la visite d'un confesseur, qui lui marmonna quelques consolations spirituelles d'un aussi grand goût que celles du bohémien, lesquelles ne produisirent guère plus d'effet. C'était un tonsuré de ces bonnes familles où l'un des enfants est toujours abbé de son nom ; il avait un rabat brodé, la barbe cirée et tordue en pointe de fuseau, et une paire de moustaches, de celles qu'on nomme *crocs*, troussées très galamment ; ses cheveux étaient fort frisés, et il affectait de parler un peu gras, pour se donner un langage mignard[126]. Eustache le voyant si léger et si *pimpant* n'eut point le cœur de lui avouer toute sa *coulpe*, et se confia en ses propres prières pour en obtenir le pardon.

Le prêtre lui donna l'absolution et, pour passer le temps, comme il fallait qu'il demeurât jusqu'à deux heures auprès du condamné, lui présenta un livre intitulé : *les Pleurs de l'âme pénitente, ou le Retour du pécheur vers son Dieu.* Eustache ouvrit le volume à l'endroit du privilège royal, et se mit à le lire avec beaucoup de componction, commençant par : *Henry, roy de France et de Navarre, à nos amés et féaulx, etc.*, jusqu'à la

125 François de Belleforest (1530-1583) est bien l'auteur d'*Histoires tragiques*, mais celles-ci ont été publiées entre 1559 et 1572, bien avant donc « l'histoire tragique » d'Eustache Bouteroue. La source, donnée avec une précision qui imite ironiquement l'érudition des bibliophiles, semble donc fantaisiste, et tend à faire de *La Main enchantée* une supercherie littéraire.

126 Emprunt, signalé par Michel Glatigny (article cité, p. 346), au *Roman bourgeois* de Furetière : « C'estoit un jeune abbé sans abbaye, c'est à dire *un tonsuré de bonne famille, où l'un des enfans est toujours abbé de son nom.* Il avoit un surpelis ou rochet bordé de dentele, bien plicé et bien empesé ; il avait la barbe bien retroussée, ses *cheveux estoient fort frisez*, afin qu'ils parussent plus courts, *et il affectoit de parler un peu gras, pour avoir le langage plus mignard* » (*Romanciers du* XVIIe *siècle*, édition citée, p. 906). « Parler gras » signifie « grasseyer » en roulant les « r » (à la mode du XVIIe siècle).

phrase : *à ces causes, voulant traiter favorablement ledit exposant*[127]... Là, il ne put s'empêcher de fondre en larmes, et rendit le livre en disant que c'était fort touchant, et qu'il craignait trop de s'attendrir en en lisant davantage. Alors le confesseur tira de sa poche un jeu de cartes fort bien peint, et proposa à son pénitent quelques parties où il lui gagna un peu d'argent que Javotte lui avait fait passer pour qu'il pût se procurer quelques soulagements. Le pauvre homme ne songeait guère à son jeu, mais il est vrai aussi que la perte lui était peu sensible.

À deux heures, il sortit du Châtelet, *tremblant le grelot*[128] en disant les patenôtres du singe, et fut conduit sur la place des Augustins, entre les deux arcades formant l'entrée de la rue Dauphine et la tête du Pont-Neuf, où il eut l'honneur d'un gibet de pierre. Il montra assez de fermeté sur l'échelle, car beaucoup de gens le regardaient, cette place d'exécution étant une des plus fréquentées. Seulement, comme pour faire ce grand *saut sur rien*, on prend le plus de champ que l'on peut, dans le moment où l'exécuteur s'apprêtait à lui passer la corde au cou, avec autant de cérémonie que si ce fût la Toison d'or, car ces sortes de personnes, exerçant leur profession devant le public, mettent d'ordinaire beaucoup d'adresse et même de grâce dans les choses qu'ils font, Eustache le pria de vouloir bien arrêter un instant, qu'il eût débridé encore deux oraisons à saint Ignace et à saint Louis de Gonzague, qu'il avait, entre tous les autres saints, réservés pour les derniers, comme n'ayant été béatifiés que cette même année 1609[129] ; mais cet homme lui fit réponse que le public qui était là avait ses affaires, et qu'il était malséant de le faire attendre autant pour un si petit spectacle qu'une simple pendaison ; la corde qu'il serrait cependant, en le poussant hors de l'échelle, coupa en deux la repartie d'Eustache.

On assure que, lorsque tout semblait terminé, et que l'exécuteur s'allait retirer chez lui, maître Gonin se montra à l'une des embrasures du Château-Gaillard, qui donnait du côté de la place. Aussitôt, bien que le corps du drapier fût parfaitement lâche et inanimé, son bras se leva et sa main s'agita joyeusement, comme la queue d'un chien qui

127 La référence semble ici encore fantaisiste, et moque, par sa précision même, la manie des bibliophiles.

128 « Tremblant le grelot » : locution vieillie, courante et familière au XVIe siècle, pour dire « grelotter en claquant des dents ».

129 Saint Ignace de Loyola a en effet été béatifié en 1609, mais saint Louis de Gonzague l'avait été, non en 1609 mais en 1604, avant d'être canonisé en 1726.

revoit son maître. Cela fit naître dans la foule un long cri de surprise, et ceux qui déjà étaient en marche pour s'en retourner revinrent en grande hâte, comme des gens qui ont cru la pièce finie, tandis qu'il reste encore un acte.

L'exécuteur replanta son échelle, tâta aux pieds du pendu derrière les chevilles : le pouls ne battait plus ; il coupa une artère, le sang ne jaillit point, et le bras continuait cependant ses mouvements désordonnés.

L'homme rouge ne s'étonnait pas de peu ; il se mit en devoir de remonter sur les épaules de son sujet, aux grandes huées des assistants ; mais la main traita son visage bourgeonné avec la même irrévérence qu'elle avait montrée à l'égard de maître Chevassut, si bien que cet homme tira, en jurant Dieu, un large couteau qu'il portait toujours sous ses vêtements, et en deux coups abattit la main *possédée.*

Elle fit un bond prodigieux et tomba sanglante au milieu de la foule, qui se divisa avec frayeur ; alors, faisant encore plusieurs bonds par l'élasticité de ses doigts, et comme chacun lui ouvrait un large passage, elle se trouva bientôt au pied de la tourelle du Château-Gaillard ; puis, s'accrochant encore par ses doigts comme un crabe aux aspérités et aux fentes de la muraille, elle monta ainsi jusqu'à l'embrasure où le bohémien l'attendait[130].

Belleforest s'arrête à cette conclusion singulière et termine en ces termes : « Cette aventure annotée, commentée et illustrée fit pendant longtemps l'entretien des belles compagnies, comme aussi du populaire, toujours avide des récits bizarres et surnaturels ; mais c'est peut-être encore une de ces *baies*[131] bonnes pour amuser les enfants autour du feu, et qui ne doivent pas être adoptées légèrement par des personnes graves et de sens rassis[132]. »

---

130 Ce thème de la main qui marche sans le corps apparaissait déjà dans un poème de Théophile Gautier intitulé « Cauchemar » (publié dans les *Poésies* de 1830) : « Avec ses nerfs rompus, une main écorchée, / Qui marche sans le corps dont elle est arrachée, / Crispe ses doigts crochus armés d'ongles de fer / Pour me saisir [...] » (*Œuvres poétiques complètes*, édition Michel Brix, Paris, Bartillat, 2004, p. 575). Mais c'est aussi un motif fantastique fréquent comme en témoigne l'anthologie *Mains enchantées, et autres mains du diable, Anthologie de Hauff à Conan Doyle, 1825-1899*, La Fresnaie-Fayel, Otrante, 2015 (avec notamment des textes d'Alphonse Karr, de Maupassant, de Verlaine, ou de Marcel Schwob).

131 Une « baie » ou « baye » est une supercherie, une mystification.

132 En se terminant sur une fausse citation (car cette citation ne se trouve pas chez Belleforest), *La Main enchantée* se présente à la fois comme une œuvre de *seconde main*, et comme une mystification (une *baie*), bien dans l'esprit bousingo moquant « les personnes graves et de sens rassis ».

LE MONSTRE VERT[1]

I
LE CHÂTEAU DU DIABLE[2]

Je vais parler d'un des plus anciens habitants de Paris ; on l'appelait autrefois le *diable Vauvert.*

D'où est résulté le proverbe : « C'est au diable Vauvert ! Allez au diable Vauvert ! »

---

1 Avant d'être repris dans *Contes et facéties*, *Le Monstre vert* a connu trois publications toutes trois sous le titre *Le Diable vert* et toutes trois situées à la fin de l'année 1849 : – dans *La Silhouette* du 7 octobre 1849 (avec le sous-titre « Légende parisienne », et, en bas de page, la mention « Extrait inédit d'un almanach de 1850 ») ; – dans *La Revue comique à l'usage des gens sérieux. Histoire morale, philosophique, politique, critique, littéraire et artistique de l'année 1849*, 38e livraison, décembre 1849, p. 181-184 ; – et dans *Le Diable vert, almanach satirique, pittoresque et anecdotique, donnant en regard du calendrier grégorien le calendrier républicain, d'après l'annuaire de la Convention, avec l'explication raisonnée des divisions de l'année, renfermant le lorgnon du Diable vert à l'aide duquel on verra le passé, le présent et l'avenir daguerréotypés dans une suite de vignettes*, 1850 (p. 17-22). Entre ces versions et la version de *Contes et facéties*, nous relevons les variantes les plus significatives.

2 Dans les versions de *La Revue comique* et de l'*Almanach satirique, pittoresque et anecdotique [...]*, le chapitre est intitulé « Qu'est-ce que le diable vert ? », et il commence ainsi : « – Pourquoi se sert-il d'un lorgnon ? / Nous répondrons à cette seconde question que les diables ont toujours eu la vue basse. Cela tient à leur séjour prolongé dans les entrailles de la terre et à leur prédilection particulière pour les ténèbres. / L'autre question est plus compliquée. / Le Diable Vert est un des plus vieux habitants de Paris ; – on l'appelait autrefois le Diable Vauvert [...] ». – Par ailleurs, dans sa thèse *Le Diable dans la Littérature française, de Cazotte à Baudelaire (1772-1861)*, (Paris, José Corti, 1960), réédition en 1 vol., 2007, p. 149, Max Milner signale une pièce intitulée *Le Château du Diable* (1792) de Loaisel de Tréogate (dont Nerval avait voulu adapté le *Dolbreuse*) ; certaines péripéties du *Château du Diable* rappellent, selon Max Milner, un épisode de l'*Ollivier* de Cazotte, cher également à Nerval. – En outre, dans les *Petits châteaux de Bohême*, Nerval semble donner une autre valeur à ce « Château du diable » : « je crois bien que j'ai passé une fois par le château du diable », écrit-il (NPl III, p. 438), faisant sans doute allusion aux internements consécutifs aux crises de folie. Le motif fantastique, d'abord emprunté à des modèles littéraires diffus et essentiellement « pittoresques », s'intériorise donc et résonne finalement au plus intime.

C'est-à-dire : Allez vous... promener aux Champs-Élysées.

Les portiers disent généralement :

« C'est au diable aux vers ! » pour exprimer un lieu qui est fort loin.

Cela signifie qu'il faut payer très cher la commission dont on les charge. – Mais c'est là, en outre, une locution vicieuse et corrompue, comme plusieurs autres familières au peuple parisien.

Le diable Vauvert est essentiellement un habitant de Paris, où il demeure depuis bien des siècles, si l'on en croit les historiens. Sauval, Félibien, Sainte-Foix et Dulaure ont raconté longuement ses escapades[3].

Il semble d'abord avoir habité le château de Vauvert, qui était situé au lieu occupé aujourd'hui par le joyeux bal de la Chartreuse, à l'extrémité du Luxembourg et en face des allées de l'Observatoire, dans la rue d'Enfer.

Ce château, d'une triste renommée, fut démoli en partie, et les ruines devinrent une dépendance d'un couvent de Chartreux, dans lequel mourut, en 1414, Jean de la Lune, neveu de l'anti-pape Benoît XIII. Jean de la Lune avait été soupçonné d'avoir des relations avec un certain diable, qui peut-être était l'esprit familier de l'ancien château de Vauvert, chacun de ces édifices féodaux ayant le sien, comme on le sait[4].

Les historiens ne nous ont rien laissé de précis sur cette phase intéressante.

Le diable Vauvert fit de nouveau parler de lui à l'époque de Louis XIII.

---

3 Henri Sauval, *Histoire et recherches des antiquités de la ville de Paris*, Moette et Chardon, 1724, 3 vol. ; Michel Félibien, *Histoire de la ville de Paris*, Desprez et Desessartz, 1725, 5 vol. ; Georges François Poullain de Saint-Foix (et non Sainte-Foix), *Essais historiques sur Paris*, 1754-1758, in *Œuvres complètes*, Vve Duchesne, 1778, t. III et IV ; Jacques-Antoine Dulaure, *Histoire civile, physique et morale de Paris*, 1825, [6e éd., Furne, 1839]. Voici ce que l'on peut lire dans Dulaure, édition de 1839, vol. I, p. 432, où Nerval a peut-être trouvé la matrice de son récit : « Au midi et hors des murs de Paris, vers l'entrée de la grande avenue qui, du parterre du Luxembourg, se dirige vers l'Observatoire, s'élevait, au milieu des prairies, un ancien château entouré de hautes murailles, et appelé le *château de Vauvert*. Ce château était pour les habitants de Paris un objet d'effroi, et réveillait en eux d'épouvantables et sinistres pensées. Des revenants y apparaissaient ; des diables, chaque nuit, y tenaient l'assemblée du sabbat ; on y entendait des bruits affreux. Depuis longtemps ce séjour d'horreur était inhabité ; on se détournait même du chemin qui conduit de Paris à Issy, pour éviter la rencontre des esprits infernaux. La terreur qu'inspirait ce lieu s'était si puissamment emparée des imaginations que le souvenir s'en est conservé longtemps après, et a donné naissance à cette phrase proverbiale : *Aller au diable Vauvert* pour signifier une course pénible et dangereuse ; et aujourd'hui, par corruption, on dit encore *aller au diable auvert*. Plusieurs écrivains des quinzième, seizième et dix-septième siècles ont souvent parlé de la puissance de ce diable. »

4 Dulaure, édition Furne de 1839, t. II, p. 267.

Pendant fort longtemps on avait entendu, tous les soirs, un grand bruit dans une maison faite des débris de l'ancien couvent, et dont les propriétaires étaient absents depuis plusieurs années.

Ce qui effrayait beaucoup les voisins.

Ils allèrent prévenir le lieutenant de police, qui envoya quelques archers.

Quel fut l'étonnement de ces militaires, en entendant un cliquetis de verres, mêlé de rires stridents !

On crut d'abord que c'étaient des faux monnayeurs qui se livraient à une orgie, et jugeant de leur nombre d'après l'intensité du bruit, on alla chercher du renfort.

Mais on jugea encore que l'escouade n'était pas suffisante : aucun sergent ne se souciait de guider ses hommes dans ce repaire, où il semblait qu'on entendît le fracas de toute une armée.

Il arriva enfin, vers le matin, un corps de troupes suffisant ; on pénétra dans la maison. On n'y trouva rien.

Le soleil dissipa les ombres.

Toute la journée l'on fit des recherches, puis l'on conjectura que le bruit venait des catacombes, situées, comme on sait, sous ce quartier.

On s'apprêtait à y pénétrer ; mais pendant que la police prenait ses dispositions, le soir était venu de nouveau, et le bruit recommençait plus fort que jamais.

Cette fois personne n'osa plus redescendre, parce qu'il était évident qu'il n'y avait rien dans la cave que des bouteilles, et qu'alors il fallait bien que ce fût le diable qui les mît en danse.

On se contenta d'occuper les abords de la rue et de demander des prières au clergé.

Le clergé fit une foule d'oraisons, et l'on envoya même de l'eau bénite avec des seringues par le soupirail de la cave.

Le bruit persistait toujours.

II
LE SERGENT

Pendant toute une semaine, la foule des Parisiens ne cessait d'obstruer les abords du faubourg, en s'effrayant et demandant des nouvelles.

Enfin, un sergent de la prévôté, plus hardi que les autres, offrit de pénétrer dans la cave maudite, moyennant une pension réversible, en cas de décès, sur une couturière nommée Margot.

C'était un homme brave et plus amoureux que crédule. Il adorait cette couturière, qui était une personne bien nippée et très économe, on pourrait même dire un peu avare, et qui n'avait point voulu épouser un simple sergent, privé de toute fortune.

Mais en gagnant la pension, le sergent devenait un autre homme.

Encouragé par cette perspective, il s'écria : « qu'il ne croyait ni à Dieu ni à diable, et qu'il aurait raison de ce bruit. »

– À quoi donc croyez-vous ? lui dit un de ses compagnons.

– Je crois, répondit-il, à M. le lieutenant criminel et à M. le prévôt de Paris.

C'était trop dire en peu de mots.

Il prit son sabre dans ses dents, un pistolet à chaque main, et s'aventura dans l'escalier.

Le spectacle le plus extraordinaire l'attendait en touchant le sol de la cave.

Toutes les bouteilles se livraient à une sarabande éperdue, et formaient les figures les plus gracieuses.

Les cachets verts représentaient les hommes, et les cachets rouges représentaient les femmes.

Il y avait même là un orchestre établi sur les planches à bouteilles.

Les bouteilles vides résonnaient comme des instruments à vent, les bouteilles cassées comme des cymbales et des triangles, et les bouteilles fêlées rendaient quelque chose de l'harmonie pénétrante des violons.

Le sergent, qui avait bu quelques chopines avant d'entreprendre l'expédition, ne voyant là que des bouteilles, se sentit fort rassuré, et se mit à danser lui-même par imitation.

Puis, de plus en plus encouragé par la gaieté et le charme du spectacle, il ramassa une aimable bouteille à long goulot, d'un bordeaux pâle, comme il paraissait, et soigneusement cachetée de rouge, et la pressa amoureusement sur son cœur.

Des rires frénétiques partirent de tous côtés ; le sergent, intrigué, laissa tomber la bouteille, qui se brisa en mille morceaux.

La danse s'arrêta, des cris d'effroi se firent entendre dans tous les coins de la cave, et le sergent sentit ses cheveux se dresser en voyant que le vin répandu paraissait former une mare de sang.

Le corps d'une femme nue, dont les blonds cheveux se répandaient à terre et trempaient dans l'humidité, était étendu sous ses pieds.

Le sergent n'aurait pas eu peur du diable en personne, mais cette vue le remplit d'horreur ; songeant après tout qu'il avait à rendre compte de sa mission, il s'empara d'un cachet vert qui semblait ricaner devant lui, et s'écria :

– Au moins j'en aurai une !

Un ricanement immense lui répondit.

Cependant il avait regagné l'escalier, et montrant la bouteille à ses camarades, il s'écria :

– Voilà le farfadet !... vous êtes bien capons[5] (il prononça un autre mot plus vif encore), de ne pas oser descendre là-dedans !

Son ironie était amère. Les archers se précipitèrent dans la cave, où l'on ne retrouva qu'une bouteille de bordeaux cassée. Le reste était en place.

Les archers déplorèrent le sort de la bouteille cassée ; mais, braves désormais, ils tinrent tous à remonter chacun avec une bouteille à la main.

On leur permit de les boire.

Le sergent de la prévôté dit :

– Quant à moi, je garderai la mienne pour le jour de mon mariage.

On ne put lui refuser la pension promise, il épousa la couturière, et...

Vous allez croire qu'ils eurent beaucoup d'enfants ?

Ils n'en eurent qu'un.

---

5 « capon » : poltron, lâche, couard.

III
CE QUI S'ENSUIVIT

Le jour de la noce du sergent, qui eut lieu à la Rapée, il mit la fameuse bouteille au cachet vert entre lui et son épouse, et affecta de ne verser de ce vin qu'à elle et à lui.

La bouteille était verte comme ache, le vin était rouge comme sang.

Neuf mois après, la couturière accouchait d'un petit monstre entièrement vert, avec des cornes rouges sur le front.

Et maintenant, allez, ô jeunes filles ! allez-vous-en danser à la Chartreuse… sur l'emplacement du château de Vauvert !

Cependant l'enfant grandissait, sinon en vertu, du moins en croissance. Deux choses contrariaient ses parents : sa couleur verte, et un appendice caudal, qui semblait n'être d'abord qu'un prolongement du coccyx, mais qui peu à peu prenait les airs d'une véritable queue.

On alla consulter les savants, qui déclarèrent qu'il était impossible d'en opérer l'extirpation sans compromettre la vie de l'enfant. Ils ajoutèrent que c'était un cas assez rare, mais dont on trouvait des exemples cités dans Hérodote et dans Pline le Jeune. On ne prévoyait pas alors le système de Fourier[6].

Pour ce qui était de la couleur, on l'attribua à une prédominance du système bilieux. Cependant on essaya de plusieurs caustiques pour atténuer la nuance trop prononcée de l'épiderme, et l'on arriva, après

6 Dans *Le Diable à Paris*, « Histoire véridique du canard » (octobre 1844), Nerval, retraçant l'histoire des canards de presse, donne les mêmes références : « Hérodote et Pline sont inimitables sur ce point : – l'un a inventé des hommes sans tête, l'autre a vu des hommes à queue. Selon Fourier, l'homme parfait aura une trompe ». L'idée est illustrée par un dessin de Bertell (NPl I, p. 855). Le « système de Fourier », avec la croyance en la « perfectibilité » de l'espèce humaine, est également moqué par Gautier, dans la préface de *Mademoiselle de Maupin* (1834) : « [Charles Fourier] affirme, sans hésiter, que les hommes ne tarderaient pas à avoir une queue de quinze pieds de long avec un œil au bout » (Théophile Gautier, *Romans, contes et nouvelles*, édition sous la direction de Pierre Laubriet, Paris, Gallimard, Bibliothèque de la Pléiade, 2002, p. 233). Honoré Daumier a publié une caricature de Victor Considérant, muni d'une telle queue, dans *La Charivari*, 22 février 1849, – caricature que Flaubert, par ailleurs, évoque dans *Bouvard et Pécuchet* : « Une caricature du *Charivari* trainait sur une console […] ; cela représentait un citoyen, dont les basques de la redingote laissaient voir une queue, se terminant par un œil. » (Flaubert, *Œuvres*, Paris, Gallimard, Bibliothèque de la Pléiade, 1952, t. II, p. 863).

une foule de lotions et frictions, à l'amener tantôt au vert bouteille, puis au vert d'eau, et enfin au vert pomme. Un instant la peau sembla tout à fait blanchir, mais le soir elle reprit sa teinte.

Le sergent et la couturière ne pouvaient se consoler des chagrins que leur donnait ce petit monstre, qui devenait de plus en plus têtu, colère et malicieux.

La mélancolie qu'ils éprouvèrent les conduisit à un vice trop commun parmi les gens de leur sorte. Ils s'adonnèrent à la boisson.

Seulement le sergent ne voulait jamais boire que du vin cacheté de rouge, et sa femme que du vin cacheté de vert.

Chaque fois que le sergent était ivre mort, il voyait dans son sommeil la femme sanglante dont l'apparition l'avait épouvanté dans la cave, après qu'il eut brisé la bouteille.

Cette femme lui disait : – Pourquoi m'as-tu pressée sur ton cœur, et ensuite immolée… moi qui t'aimais tant ?

Chaque fois que l'épouse du sergent avait trop fêté le cachet vert, elle voyait dans son sommeil apparaître un grand diable, d'un aspect épouvantable, qui lui disait : – Pourquoi t'étonner de me voir… puisque tu as bu de la bouteille ?…

« Ne suis-je pas le père de ton enfant ?… »

Ô mystère !

Parvenu à l'âge de treize ans, l'enfant disparut.

Ses parents, inconsolables, continuèrent de boire, mais ils ne virent plus se renouveler les terribles apparitions qui avaient tourmenté leur sommeil.

IV
MORALITÉ

C'est ainsi que le sergent fut puni de son impiété, – et la couturière de son avarice.

V
CE QU'ÉTAIT DEVENU LE MONSTRE VERT

On n'a jamais pu le savoir.

[Dans la *Revue comique à l'usage des gens sérieux* et dans *Le Diable vert. Almanach [...]* de 1850, la fin du texte était beaucoup plus longue, et renvoyait à l'actualité immédiate. La voici, dans la version de l'*Almanach* de 1850 :

> Seulement, de temps en temps, on a vu se renouveler dans Paris les inexplicables lutineries de l'ancienne Chartreuse et du château de Vauvert.
>
> Tantôt c'étaient des coups de pistolet entendus chaque jour au coucher du soleil.
>
> Tantôt des applaudissements mystérieux, – qui ne s'adressaient à aucun auteur, à aucun acteur et à aucun orateur.
>
> Tantôt des pluies de crapauds, – sans le moindre nuage qui en justifiât la chute.
>
> Pour ne parler que de l'époque actuelle, nous signalerons une pluie de pièces de cent sous qui eut lieu vers 1821, dans la rue Montesquieu.
>
> Ce qui fut cause que l'on établit un magasin sous le titre du *Diable d'Argent.*
>
> Le fait ne s'étant pas renouvelé, on en ouvrit un autre sous le titre du *Pauvre Diable.*
>
> S'il n'est pas prouvé que l'un ou l'autre fût le Diable vert, du moins le contraire n'est pas démontré.
>
> On peut même remarquer que le Diable d'Argent, dont chacun s'empresse de tirer la queue, – a toujours été représenté comme un diable vert.
>
> Le vert est la couleur de l'espérance.
>
> N'allez pas croire cependant que ce diable soit légitimiste.
>
> C'est un observateur et un sceptique.
>
> Si nous en croyons des renseignements sûrs, il a beaucoup fait des siennes depuis quelque temps.
>
> Tout le monde se rappelle la chute de pierres qui eut lieu tous les jours dans le quartier d'Enfer, près de la Sorbonne, il y a plus d'un an.
>
> On n'en put découvrir la cause.
>
> C'était simplement le réveil du Diable vert.
>
> Depuis, bien des personnes l'ont rencontré ou croient l'avoir vu dans la foule des oisifs, des curieux ou des flâneurs.

Il est soupçonné d'avoir une mission secrète qui lui aurait été confiée par le Carlier du sombre royaume[7].

Tous les costumes lui sont familiers.

Il observe, vêtu comme le premier venu, – comme vous et moi, les monarchies qui défilent.

Il suit la marche des événements.

Il écrit des lettres humoristiques qu'il signe de sa griffe et que, dit-on, il jette dans le puits de Grenelle, en les lestant d'une balle de plomb.

C'est la petite poste de l'enfer.

Quelquefois, pour épargner sa rédaction, il s'exprime *en images*[8]. – Voici, par exemple, aux feuillets suivants, de quelle manière il a retracé les événements qui se sont passés depuis le commencement de l'année dernière[9].

Une contre-épreuve nous en est parvenue, nous ne savons comment ; – seulement nous avons été forcés d'en censurer bien des passages.

On comprendra notre discrétion.

Note essentielle

On n'a jamais pu comprendre pourquoi les diables se trouvaient si souvent renfermés dans des bouteilles. – Cependant depuis ceux des Mille et une Nuits que les nécromanciens délivraient quelquefois de leurs vases de plomb – le verre n'était pas encore inventé – jusqu'au fameux *Diable Boiteux*, que nous connaissons tous, toujours ces malheureux ont gémi dans ces réceptacles – jusqu'à ce qu'une bonne âme fût venue les en délivrer.

Comprendra-t-on maintenant qu'un sergent et sa femme, absorbant dans une bouteille un de ces esprits fantastiques, le reproduisent matériellement sur la terre par l'opération du *mauvais* esprit. Il faudrait, pour se rendre compte de ces étranges conceptions, lire assidûment le *Comte de Gabalis* de l'abbé de Villars[10],

---

7 Au début du Diable vert dans la version de la *Revue comique à l'usage des gens sérieux*, on peut voir une gravure (anonyme) portant la légende suivante : « M. Carlier conduisant l'expédition de la rue Rumfort ». On y voit M. Carlier, chef de la police, investir une masure et ne trouver, au lieu des conspirateurs (monarchistes) recherchés, que deux pauvres chats. Voir notre reproduction en annexe, p. 166.

8 Pour Nerval, auteur de *L'Imagier de Harlem*, le Diable est en effet un *imagier*, autant qu'un *canardier* de presse.

9 *L'Almanach* de 1850 présente en effet toute une série de dessins facétieux figurant les événements politiques et sociaux de 1848. Pour exemples, nous reproduisons deux de ces vignettes en annexe, p. 164, et p. 165.

10 *Le Comte de Gabalis, ou Entretiens sur les sciences secrètes* de Nicolas-Pierre-Henri de Montfaucon, abbé de Villars, est publié anonymement en 1670. Le livre, où un cabaliste expose les théories des Rose-Croix sur le monde des esprits, profite de la vogue des contes merveilleux, en y ajoutant la distance de l'ironie ; il est en réalité dirigé contre les sciences secrètes ; et, de nature résolument libertine, il vise à ruiner la croyance à l'action du Démon. Nerval évoque l'abbé de Villars dans *Le Marquis de Fayolle* (NPl I, p. 1140), dans le *Voyage en*

le Monde Enchanté de Bekker[11], et surtout le *Diable rouge*[12], un peu cousin du *Diable Vert.*]

Orient (NPl II, p. 727), et dans *Les Illuminés* (« Jacques Cazotte », OC IX, p. 278, p. 281 ; « Cagliostro », OC IX, p. 327, p. 331).

11 Le pasteur hollandais Balthasar Bekker publia en 1694 *Le Monde enchanté, ou Examen des communs sentiments touchant les Esprits, leur nature, leur pouvoir, leur administration, et leurs opérations. Et touchant les effets que les hommes sont capables de produire par leur communication et leur vertu*. Bekker y combat les fondements théologiques que l'on donne à la croyance au Diable.

12 *Le Diable rouge* est également un almanach paru en octobre 1849, peu avant *Le Diable vert*. Il a été republié dans son ensemble par Michel Brix : *Le Diable rouge. Almanach cabalistique pour 1850, par Gérard de Nerval et Henri Delaage. Illustrations de Bertall, Nadar, Pastelot, etc.*, Bassac, Plein Chant, Bibliothèque facétieuse, libertine et merveilleuse, 2013. Cet almanach contient six textes de Nerval : « Le Diable rouge » ; « Doctrine des génies » ; « Du mysticisme révolutionnaire » ; « Les Prophètes rouges » ; « Saint-Germain » ; « L'Évêque de mer » (voir NPl I, p. 1267-1275).

LA REINE DES POISSONS[1]

Il y avait dans la province du Valois, au milieu des bois de Villers-Coterets, un petit garçon et une petite fille qui se rencontraient de temps en temps sur les bords des petites rivières du pays, l'un obligé par un bûcheron, nommé Tord-Chêne[2], qui était son oncle, d'aller ramasser du bois mort ; l'autre, envoyée par ses parents pour saisir de petites anguilles que la baisse des eaux permet d'entrevoir dans la vase en certaines saisons. Elle devait encore, faute de mieux, atteindre entre les pierres les écrevisses, très nombreuses en quelques endroits.

Mais la pauvre petite fille, toujours courbée et les pieds dans l'eau, était si compatissante pour les souffrances des animaux que, le plus souvent, voyant les contorsions des poissons qu'elle tirait de la rivière, elle les y remettait et ne rapportait guère que les écrevisses, qui souvent lui pinçaient les doigts jusqu'au sang, et pour lesquelles elle devenait alors moins indulgente.

Le petit garçon, de son côté, faisant des fagots de bois mort et des bottes de bruyère, se voyait exposé souvent aux reproches de Tord-Chêne,

---

1 Nerval publiera en tout quatre fois *La Reine des poissons* : – d'abord dans *Le National* du 29 décembre 1850 au sein d'un article sur « Les livres d'enfants » portant sur *Gribouille* de George Sand, *Les Fées de la mer* d'Alphonse Karr, et sur *Le Royaume des roses* d'Arsène Houssaye (voir NPl II, p. 1251-1258) ; – le conte est repris ensuite dans *La Bohême galante*, lors de la livraison de *L'Artiste* du 15 décembre 1852 ; – de là, il se retrouve dans les derniers recueils de Nerval, *Contes et facéties* (1852) d'abord, – puis *Les Filles du feu* (1854) à la fin des *Chansons et légendes du Valois*, qui sont elles-mêmes annexées à *Sylvie*. L'origine folklorique de ce conte n'a pas pu être attestée. Celui-ci pourrait donc être, sinon une pure invention de Nerval, du moins une *refonte*, singulièrement nervalienne, d'éléments empruntés à diverses traditions folkloriques. En outre, dans l'économie de *Contes et facéties*, « La Reine des poissons » actualise une valeur générique nouvelle du « conte » : conte pour enfant sans doute, – « conte de veillée » aussi, – mais surtout conte romantique (*Märchen*) rendant aux manifestations du monde invisible leur évidence naïve.

2 Le nom de « Tord-Chêne » appartient bien au registre des contes populaires. Jacques Bony signale qu'on le trouve dans *Jean de l'ours*, où le personnage qu'il désigne a cependant une fonction toute différente de celle qu'il occupe dans *La Reine des poissons*.

soit parce qu'il n'en avait pas assez rapporté, soit parce qu'il s'était trop occupé à causer avec la petite pêcheuse.

Il y avait un certain jour dans la semaine où ces deux enfants ne se rencontraient jamais... Quel était ce jour ? Le même sans doute où la fée Mélusine se changeait en poisson, et où les princesses de l'Edda[3] se transformaient en cygnes.

Le lendemain d'un de ces jours-là, le petit bûcheron dit à la pêcheuse :

– Te souviens-tu qu'hier je t'ai vue passer là-bas dans les eaux de Challepont[4], avec tous les poissons qui te faisaient cortège... jusqu'aux carpes et aux brochets ; et tu étais toi-même un beau poisson rouge, avec les côtés tout reluisants d'écailles en or.

– Je m'en souviens bien, dit la petite fille, puisque je t'ai vu, toi, qui étais sur le bord de l'eau, et que tu ressemblais à un beau chêne vert, dont les branches d'en haut étaient d'or fin, et que tous les arbres du bois se courbaient jusqu'à terre en te saluant.

– C'est vrai, dit le petit garçon, j'ai rêvé cela.

– Et moi aussi j'ai rêvé ce que tu m'as dit ; mais comment nous sommes-nous rencontrés tous deux dans le rêve[5] ?...

En ce moment, l'entretien fut interrompu par l'apparition de Tord-Chêne, qui frappa le petit avec un gros gourdin, en lui reprochant de n'avoir pas seulement lié encore un fagot.

---

3 Cette intervention du narrateur ressource les différentes figures des contes – La Reine des poissons, la fée Mélusine, les princesses de l'Edda – à une même origine et les refond dans un même creuset imaginaire. Elle signale aussi qu'il n'y a pas chez Nerval de solution de continuité entre le conteur « naïf », puisant directement son inspiration à « la coupe d'or des légendes » (*Sylvie*, OC XI, p. 170), et le conteur « sentimental », conscient de la tradition littéraire dans laquelle il s'inscrit.

4 Pour la transcription de ce toponyme, Nerval conserve la prononciation populaire, dont il indiquera l'étrangeté dans *Sylvie*, OC XI, p. 202 : « Nous sommes revenus par la vallée, en suivant le chemin de Charlepont, que les paysans, peu étymologistes de leur nature, s'obstinent à appeler *Châllepont* ».

5 L'union de deux êtres, séparés dans la vie mais réunis dans le rêve, est un thème cher à Nerval, qui le signale à propos du *Songe de Polyphile* (voir NPl II, p. 239), l'amplifie dans l'*Histoire du calife Hakem* (NPl II, p. 530), et le redéploie dans *Aurélia*, – non sans se souvenir aussi des contes d'Hoffmann qui font également communiquer le rêve et la réalité (*Les Élixirs du diable*, mais aussi *Le Pot d'or* ou *Princesse Brambilla*). Au reste, dans l'article du *National* du 29 décembre 1850, où il publie pour la première fois *La Reine des poissons*, Nerval notait à propos de l'*Histoire de Gribouille* de George Sand : « On y retrouve également [...] *cette double existence idéale et réelle* qui est le caractère de tous ces récits, et qu'Hoffmann a su rendre si admirablement dans la plupart de ses récits » (NPl II, p. 1255-1256).

– Et puis, ajouta-t-il, est-ce que je ne t'ai pas recommandé de tordre les branches qui cèdent facilement, et de les ajouter à tes fagots ?

– C'est que, dit le petit, le garde me mettrait en prison s'il trouvait dans mes fagots du bois vivant… Et puis, quand j'ai voulu le faire, comme vous me l'aviez dit, j'entendais l'arbre qui se plaignait[6] !

– C'est comme moi, dit la petite fille, quand j'emporte des poissons dans mon panier, je les entends qui chantent si tristement, que je les rejette dans l'eau… Alors on me bat chez nous !

– Tais-toi, petite masque[7] ! dit Tord-Chêne, qui paraissait animé par la boisson, tu déranges mon neveu de son travail. Je te connais bien, avec tes dents pointues couleur de perle… Tu es la reine des poissons ! Mais je saurai bien te prendre à un certain jour de la semaine, et tu périras dans l'osier… dans l'osier !

Les menaces que Tord-Chêne avait faites dans son ivresse ne tardèrent pas à s'accomplir. La petite fille se trouva pêchée sous la forme de poisson rouge, que le destin l'obligeait à prendre à de certains jours. Heureusement, lorsque Tord-Chêne voulut, en se faisant aider de son neveu, tirer de l'eau la nasse d'osier, ce dernier reconnut le beau poisson rouge à écailles d'or, qu'il avait vu en rêve, comme étant la transformation accidentelle de la petite pêcheuse.

Il osa la défendre contre Tord-Chêne et le frappa même de sa galoche. Ce dernier, furieux, le prit par les cheveux, cherchant à le renverser ; mais il s'étonna de trouver une grande résistance : c'est que l'enfant tenait des pieds à la terre avec tant de force que son oncle ne pouvait venir à bout de le renverser ou de l'emporter, et le faisait en vain virer dans tous les sens.

Au moment où la résistance de l'enfant allait se trouver vaincue, les arbres de la forêt frémirent d'un bruit sourd ; les branches agitées laissèrent siffler les vents, et la tempête fit reculer Tord-Chêne, qui se retira dans sa cabane de bûcheron.

---

6 La plainte de l'arbre est celle qu'entend Ronsard dans l'élégie à la forêt de Gastine (voir OC I, p. 133-134, où Nerval recueille non l'élégie, mais l'*ode* à la forêt de Gastine ») ; si bien que le petit garçon de *La Reine des poissons* exprime une vision animiste ou panthéiste de la Nature, qui apparaît aussi dans le sonnet « Vers dorés » des *Chimères* (OC XI, p. 358).

7 Une « masque », au féminin, dans l'expression « petite masque », est un terme de gronderie familière pour reprocher à une petite fille sa malice.

Il en sortit bientôt, menaçant, terrible et transfiguré comme un fils d'Odin ; dans sa main brillait cette hache scandinave qui menace les arbres, pareille au marteau de Thor brisant les rochers[8].

Le jeune prince des forêts, victime de Tord-Chêne, – son oncle, usurpateur, – savait déjà quel était son rang, qu'on voulait lui cacher[9]. Les arbres le protégeaient, mais seulement par leur masse et leur résistance passive...

En vain les broussailles et les bourgeons s'entrelaçaient de tous côtés pour arrêter les pas de Tord-Chêne ; celui-ci avait appelé ses bûcherons et se traçait un chemin à travers ces obstacles. Déjà plusieurs arbres, autrefois sacrés, du temps des vieux druides, étaient tombés sous les haches et les cognées.

Heureusement, la reine des poissons n'avait pas perdu de temps. Elle était allée se jeter aux pieds de la Marne, de l'Aisne et de l'Oise[10], les trois grandes rivières voisines, leur représentant que si l'on n'arrêtait pas les projets de Tord-Chêne et de ses compagnons, les forêts, trop éclaircies, n'arrêteraient plus les vapeurs qui produisent les pluies et qui fournissent l'eau aux ruisseaux, aux rivières et aux étangs ; que les sources elles-mêmes seraient taries et ne feraient plus jaillir l'eau nécessaire à alimenter les rivières ; sans compter que tous les poissons se verraient détruits en très peu de temps, ainsi que les bêtes sauvages et les oiseaux[11].

---

8 Odin est le dieu suprême des Eddas ; et Thor est le dieu du Tonnerre et de la Guerre, représenté avec un marteau entre les mains. Ces références à la mythologie scandinave se retrouveront dans *Les Mémorables* à la fin *Aurélia*, où le matériel des contes et des légendes nourrit alors l'hallucination « supernaturaliste » : « Malheur à toi, dieu du Nord, – qui brisas d'un coup de marteau la sainte table [...] / Malheur à toi, dieu forgeron, qui as voulu briser un monde ! [...] / Sois donc béni toi-même, ô Thor, le géant, – le plus puissant des fils d'Odin ! » (OC XIII, p. 118).

9 L'usurpation d'un titre ou d'une identité est une situation typique qui entre bien souvent dans la *morphologie* générale des contes. Nerval le sait ; mais dans la conclusion de la version de *La Reine des poissons* publiée dans le *National*, il écarte cette interprétation : « Nous ne pensons pas qu'il faille voir dans cette légende une allusion à quelqu'une de ces usurpations si fréquentes au Moyen Âge, où un oncle dépouille un neveu de sa couronne et s'appuie sur les forces matérielles pour opprimer le pays » (NPl II, p. 1255).

10 Dans la version du *National*, les trois rivières étaient : la Marne, la Meuse et la Moselle.

11 Ces considérations « écologiques » sont sous-tendues par une pensée animiste de la nature, qui, revenue du paganisme antique ou du panthéisme renaissant, court dans tout le romantisme. Nerval y insistait dans l'interprétation qu'il donnait de *La Reine des poissons* dans la conclusion de la version du *National* : « Le sens [de cette légende] se rapporte plutôt à cette antique résistance issue des souvenirs du paganisme contre la destruction

Les trois grandes rivières prirent là-dessus de tels arrangements, que le sol où Tord-Chêne, avec ses terribles bûcherons, travaillait à la destruction des arbres, – sans, toutefois, avoir pu atteindre encore le jeune prince des forêts, – fut entièrement noyé par une immense inondation[12], qui ne se retira qu'après la destruction entière des agresseurs.

Ce fut alors que le prince des forêts et la reine des poissons purent de nouveau reprendre leurs innocents entretiens.

Ce n'étaient plus un petit bûcheron et une petite pêcheuse, – mais un Sylphe et une Ondine, lesquels, plus tard, furent unis légitimement[13].

---

des arbres et des animaux. Là, comme dans les légendes des bords du Rhin, l'arbre est habité par un esprit, l'animal garde une âme prisonnière. Les bois sacrés de la Gaule font les derniers efforts contre cette destruction qui tarit les forces vives et fécondes de la terre, et qui, comme au Midi, crée des déserts de sable où existaient les ressources de l'avenir » (NPl II, p. 1255).

12 Le thème de « l'inondation universelle », associé à l'image du Déluge, est un thème nervalien qui, revenu de Du Bartas (OC I, p. 306-309), prend une ampleur catastrophique dans les hallucinations d'*Aurélia* (OC XIII, p. 102).

13 Nerval supprime la conclusion de la version du *National*, qui rejetait l'interprétation socio-historique du conte de *La Reine des poissons* (valorisant le thème de l'usurpation), pour lui préférer une interprétation historico-mythique (insistant sur les puissances animistes de la nature). Nerval ajoutait encore une réflexion sur le style et la manière des légendes populaires : « Le type de toutes ces légendes, soit en Allemagne, soit en France, ne varie que par les détails, incroyablement fantasques ; la poésie, le style et la description y ajoutent des grâces charmantes. La poésie de la forme a peut-être manqué à Perrault, le maître du genre en France ; mais la naïveté et la bonhomie font le grand mérite de ses récits. » (NPl II, p. 1255).

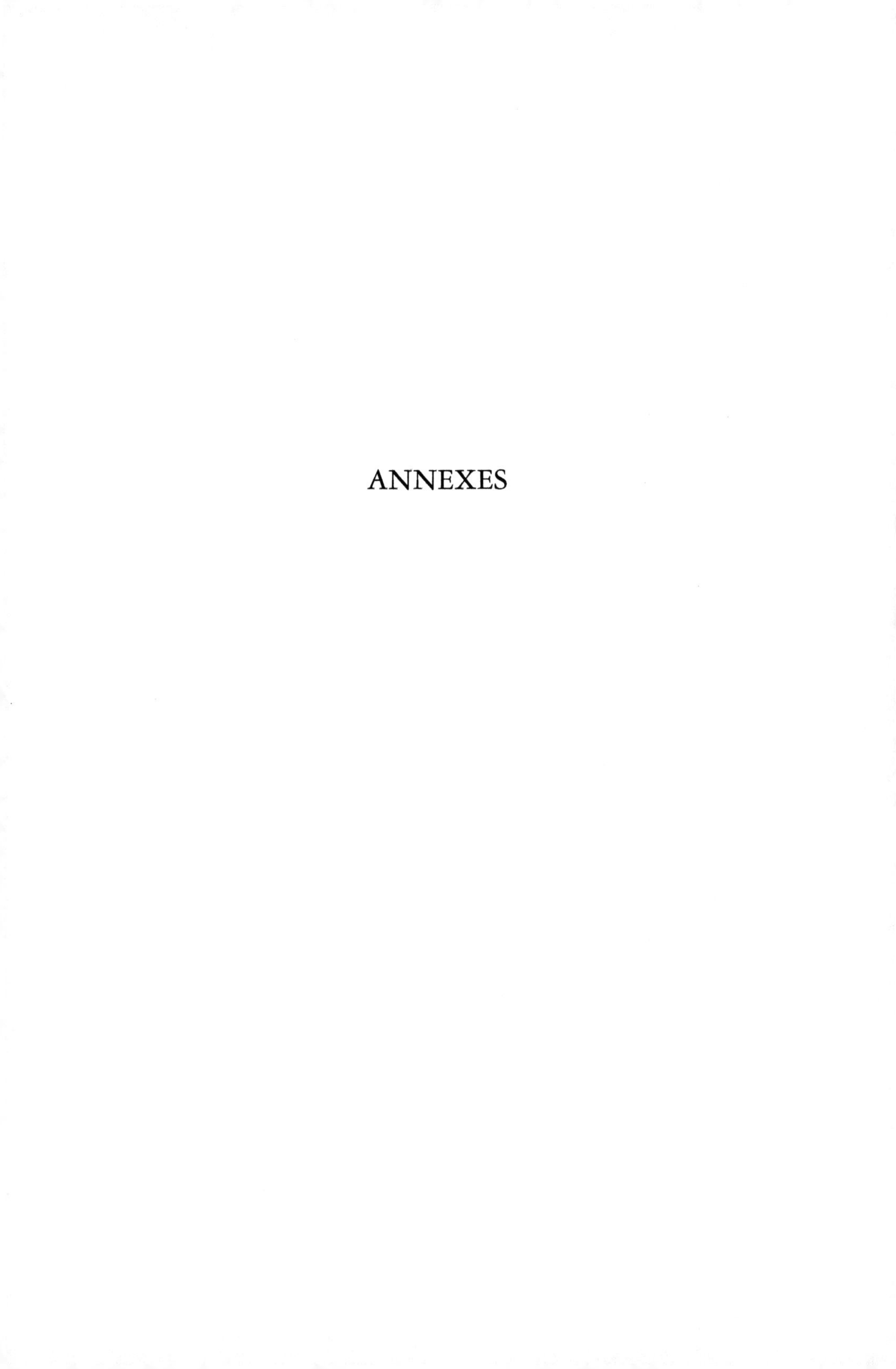

ANNEXES

ILLUSTRATIONS

ILL. 1 – Gavarni, – « Monsieur le maire, le vrai peut quelquefois n'être pas vrai… sans blague. », *L'Illustration*, 6 novembre 1852, Bibliothèque nationale de France. Cliché Ksenia Fesenko.

LA MAIN DE GLOIRE,

HISTOIRE MACARONIQUE

I.

LA PLACE DAUPHINE.

Rien n'est beau comme ces maisons du siècle dix-septième dont la place Royale offre une si majestueuse réunion. Quand leurs faces de briques, entremêlées et encadrées de cordons et de coins de pierre, et quand leurs fenêtres hautes sont enflammées des rayons splendides du couchant, vous vous sentez à les voir la même vénération que devant une cour des

1re SÉRIE. — T. I.

23

ILL. 2 – *La Main de Gloire*, vignettes de *La Revue pittoresque. Musée littéraire illustré par les premiers artistes*, juillet 1844[1], vignette n° 1, Bibliothèque nationale de France. Cliché Ksenia Fesenko.

1 Au dos de la *Revue pittoresque*, on lit les noms des artistes suivants : Gavarni, Jules David, Tony Johannot, Célestin Nanteuil, Henri de Beaumont, etc.

Ill. 3 – *La Main de Gloire*, vignettes de *La Revue pittoresque. Musée littéraire illustré par les premiers artistes*, juillet 1844, vignette n° 2, Bibliothèque nationale de France. Cliché Ksenia Fesenko.

ILL. 4 – *La Main de Gloire*, vignettes de *La Revue pittoresque. Musée littéraire illustré par les premiers artistes*, juillet 1844, vignette n° 3, Bibliothèque nationale de France. Cliché Ksenia Fesenko.

ILL. 5 – *La Main de Gloire*, vignettes de *La Revue pittoresque. Musée littéraire illustré par les premiers artistes*, juillet 1844, vignette n° 4, Bibliothèque nationale de France. Cliché Ksenia Fesenko.

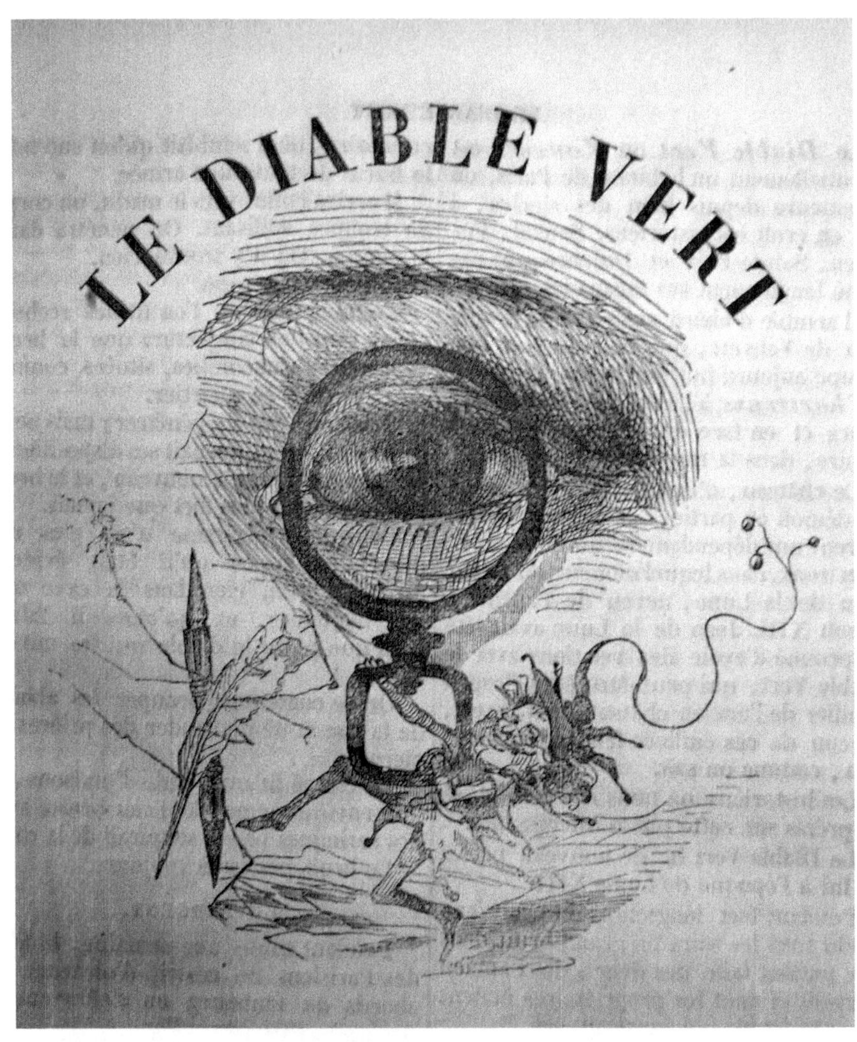

ILL. 6 – *Le Diable vert. Almanach satirique, pittoresque et anecdotique*, 1850, vignette anonyme, « – Pourquoi se sert-il d'un lorgnon ? / Nous répondrons [...] que les diables ont toujours eu la vue basse. Cela tient à leur séjour prolongé dans les entrailles de la terre et à leur prédilection particulière pour les ténèbres. », Bibliothèque nationale de France. Cliché Ksenia Fesenko.

Ill. 7 – *Le Diable vert. Almanach satirique, pittoresque et anecdotique*, 1850, vignette anonyme, « Il observe, vêtu comme le premier venu, – comme vous et moi, les monarchies qui défilent. », Bibliothèque nationale de France. Cliché Ksenia Fesenko.

M. Carlier conduisant l'expédition de la rue Rumfort.

Ill. 8 – « Monsieur Carlier conduisant l'expédition de la rue Rumfort », vignette anonyme publiée dans « Le Diable vert », *La Revue comique à l'usage des gens sérieux*, décembre 1849, Bibliothèque nationale de France. Cliché Ksenia Fesenko.

SCÉNARIO DE *LA MAIN DE GLOIRE*[1]

Le premier tableau se passe dans la mansarde d'un savant nommé Cyprien, qui jeune encore s'occupe de découvertes et de combinaisons chymiques [*sic*]. Élevé par un vieux médecin qui est mort sans lui laisser le secret de sa naissance, il a hérité de sa bibliothèque où se trouvent plusieurs livres sur les sciences occultes.

Une grande dame, la comtesse de Soissons, vient consulter Cyprien qu'elle s'étonne de voir si jeune, étant venue sur la renommée du vieux médecin.

Cyprien pour satisfaire une si belle dame cherche dans les livres la solution de ce qu'elle demande et la trouve dans les Secrets admirables du Grand Albert.

La dame veut lui laisser de l'argent qu'il refuse en feignant de hautes connaissances en alchymie [*sic*].

Par le fait il est devenu amoureux de la comtesse et de ce moment le désespoir s'empare de lui. Pauvre, obscur, il sait bien que la science ne lui donnera pas une situation à se rapprocher d'une si grande dame. La magie seule qu'il avait repoussée jusque-là peut rompre une telle inégalité sociale.

Il ouvre de nouveau le *Grand Albert* et y trouve le moyen de conjurer Gablidone, esprit très serviable qui a inspiré le Grand Albert lui-même.

1 Dans la liste de ses *Œuvres complètes* établie à la fin de sa vie, Nerval mentionne, à la rubrique « Drames et opéras », « *La Main enchantée*, 5 a[ctes], reçu à la Gaîté, avec Maquet » (NPl III, p. 785). Le projet, bien postérieur au récit, date de 1850. En janvier de cette année, Maquet avait insisté auprès de J. Dulong, agent général des auteurs et compositeurs dramatiques, pour que Nerval reçoive une avance de cent francs (voir le reçu signé par Nerval le 22 janvier 1850, NPl I, p. 1441 et note 3) ; et le journal *La Silhouette* avait annoncé la pièce le 17 mars 1850. Celle-ci cependant ne fut jamais représentée. Le scénario, retrouvé par Jean Richer et titré *La Main de Gloire*, est conservé à la Bibliothèque nationale dans le fonds des « Manuscrits littéraires de Maquet ». Les différences très sensibles avec le récit initial signalent la malléabilité de l'imagination nervalienne, capable de traverser les genres et les identités, et refondant sans cesse son matériel poétique dans un creuset qui demeure toutefois constant.

Pour voir paraître ce démon il faut allumer deux chandelles des deux côtés d'un miroir et prononcer l'évocation pendant que sonne minuit.

Cyprien prend ses dispositions, minuit sonne à Saint-Eustache et au douzième coup une figure paraît dans le miroir. C'est celle d'un vieillard qui vient d'ouvrir la porte de la mansarde et qui demande à Cyprien pourquoi il se démène si fort et parle si haut.

– Vous empêchez les voisins de dormir, ajoute-t-il, et moi surtout j'ai bien besoin de repos.

Il expose alors sa misère, il n'a rien mangé de la journée et voulait au moins reprendre des forces dans le sommeil.

Cyprien cherche de l'argent dans un tiroir, il ne lui reste qu'un vieil écu sur lequel on a tracé un x avec la pointe d'un couteau. Cet écu lui a paru fatal et il n'avait pas voulu s'en servir ; le bienfait lui ôtera peut-être ce caractère. Il le donne au pauvre qui descend l'escalier, espérant trouver un boulanger ouvert à la halle située près de là.

2e Tableau.
Le Carreau des Halles.

Le Pauvre descend dans la rue. Tout est fermé ; il déplore son malheur. On apprend alors qu'il est lui-même l'esprit *Gablidone*[2] que Oromazis prince des génies oblige à supporter toutes les misères humaines pour le punir d'avoir révélé aux hommes les secrets magiques que le Grand Albert a recueillis dans son livre d'après son inspiration. Il est forcé d'être témoin de tous les maux qu'amène cette funeste indiscrétion et d'en subir la peine sans pouvoir les réparer.

Au moment où il réfléchit sur sa triste position Gablidone entend une fenêtre s'ouvrir. C'est celle de Cyprien qui furieux contre le livre qui ne lui a été bon à rien le jette dans la rue. Gablidone se dit : « Enfin, je vais pouvoir le détruire !... » Au moment où il se baisse pour le ramasser une main se pose sur son épaule ; c'est celle du commissaire Godinot qui fait sa ronde avec une patrouille de garde urbaine.

Je suis un mendiant, dit Gablidone, et j'allais acheter du pain. – Avec quoi ? dit Godinot. – Avec cet écu qu'une bonne âme m'a donné

2 [N.D.A. dans la marge gauche de la page] : « Au lieu de Gablidone, on peut mettre le Grand Albert si l'on n'a pas besoin d'apparitions fantastiques. »

tout à l'heure. – Une bonne âme qui donne un écu à cette heure, c'est invraisemblable, dit le commissaire faisant glisser l'écu dans sa poche, et il ordonne que l'on consigne le pauvre au violon. – Prenez garde, dit le pauvre, c'est un écu rayé d'un x, il porte malheur. On m'en avait prévenu et vous voyez le résultat. – La justice digère tout, dit le commissaire.

Sa tournée est finie, le jour va naître, il congédie la patrouille et rentre dans sa maison. Un homme se précipite avec force par la porte entrouverte et le jette à terre. Il se relève en maugréant, voyant sa robe tachée et déchirée et crie au voleur. La patrouille revient, mais l'homme est loin déjà. Le commissaire se dit : C'est donc ce diable d'écu qui est cause qu'on m'a volé. Il va à son argent mais rien n'y manque. Par exemple, sa femme est très effrayée et lui jure que c'était un voleur. La patrouille raisonne sur le cas et persuade le commissaire que sa femme doit avoir raison. Ils se séparent tous n'en croyant pas un mot.

Au nombre des bourgeois composant cette patrouille se trouve un courtaud de boutique nommé Eustache Corniquet et qui monte la garde pour son maître M. Goubard, marchand drapier sous les piliers des Halles, alors en voyage. Le commissaire, en rentrant avec sa robe déchirée, lui en a demandé une neuve pour le lendemain matin. Le jour commence à paraître et il faut qu'Eustache ouvre la boutique. Il n'aura pas le temps de se coucher. Pendant qu'il ôte les planches, Mlle Jeannette, fraiche et souriante, sort de la boutique et tourmente le pauvre Eustache sur sa tournure peu militaire. Il se hâte d'aller reprendre son vêtement habituel. On apprend alors que ce garçon qui depuis vingt ans est au service de M. Goubard a la promesse d'épouser Jeannette qui le trouve un peu vieux mais qui habituée à lui apprécie d'ailleurs son bon caractère.

Eustache pense à la robe noire demandée par le commissaire, prie Jeannette de garder la boutique et son paquet sous le bras va frapper à la porte de M. Godinot. Celui-ci essaye la robe, en demande le prix. – C'est dix écus, dit Eustache. – Allons donc je ne les paie jamais que neuf… – Oui mais l'étoffe est augmentée. – Ce n'ai pas vrai. – Et puis c'est mieux conditionné. – Je n'en crois rien. Enfin après une tirade sur la mauvaise foi des marchands, le commissaire dit à Eustache : Voilà les neuf écus, que j'avais préparés ; j'y ajoute celui-ci et fais-y bien attention ; il porte malheur, je te le donne pour punir ta rapacité.

Eustache ricane, s'applaudissant de son bénéfice qu'il considère comme légitime. Avec cet écu il achètera des colifichets à Mlle Jeannette qui deviendra plus tendre pour lui. Il retourne à la boutique. En rentrant sous les piliers, il se trouve nez à nez avec un jeune soldat, un arquebusier, qui lui demande l'adresse du drapier Goubard. – Que lui voulez-vous ? – C'est mon oncle à la mode de Bretagne. Eustache inquiet va l'adresser ailleurs, quand Jeannette sort de la boutique et se jette au cou du militaire. Ils ont été élevés ensemble. Une scène de familiarité et de souvenirs de jeunesse s'établit au grand désespoir d'Eustache, et le nouveau venu s'impatronise dans la maison jusqu'à l'heure où il doit retourner à l'appel, mais il promet de revenir souper, embrasse Jeannette et traite Eustache avec le plus grand dédain.

Cependant la journée s'avance, Jeannette reçoit les chalands, Eustache rêveur heurte du pied un livre, c'est celui du Grand Albert. Il l'ouvre et le lit machinalement, puis tout à coup il y trouve le moyen sûr pour tuer en duel son ennemi. Le désir de se venger des camouflets du soldat qui lui enlève le cœur de Mlle Jeannette lui fait lire le chapitre où il voit qu'on peut, par un charme magique, enchanter la main et la rendre propre à triompher dans toute espèce de rencontre, ce qui lui a fait donner le nom de *Main de gloire*. Cyprien sort en ce moment. Eustache qui le connaît suppose que le livre lui appartenait et le lui rend en lui expliquant sa position. Puisque la fatalité me renvoie ce livre, dit Cyprien, qu'il soit donc bon à quelque chose. S'il est vrai que le soldat t'ait insulté et t'enlève toutes tes espérances, il n'y a pas de mal à lutter avec l'adresse contre la force.

Cyprien sympathise avec Eustache, parce qu'il vient de voir la comtesse de Soissons brillante, entourée de brillants seigneurs et que la jalousie lui a rendu son désespoir. Cependant il se calme et conseille enfin à Eustache de prendre patience.

Le soir est venu, Eustache rentre, espérant dormir pour deux nuits. Alors arrive le soldat, ivre cette fois, battant les murs, qui frappe à la porte avec force. Eustache ne répond pas. Le soldat lance des cailloux dans les vitres. Eustache sort de la boutique revêtu de son uniforme de garde bourgeoise ; l'arquebusier lui jette à terre son casque d'un revers de main sous les yeux de Jeannette qui rit aux éclats de la déconvenue du malheureux. Alors Eustache se rappelle ce qu'il a lu, reprend courage et provoque l'arquebusier en duel pour le lendemain matin, puis le met à la porte avec une dignité et une résolution qui étonnent tout le monde et comme l'autre avait compté coucher dans la maison de son oncle il lui donne un écu pour trouver un gîte. C'est toujours l'écu fatal dont Eustache est fort aise de se débarrasser. Une fois le soldat éloigné Eustache fait rentrer Jeannette, ferme la porte et court chez Cyprien résolu à l'opération magique.

Fin du Ier acte.

SECOND ACTE[3]

Scène au *Pré-aux-Clercs*, où Eustache montre d'abord une maladresse qui fait rire les témoins. Au moment où les épées se croisent, la main enchantée fait son office et l'arquebusier tombe, percé de part en part.

Gablidone sous la figure du pauvre assiste au malheur dont il est cause et l'on peut si l'on veut placer là une scène féerique, où paraîtraient les génies.

Eustache, délivré de son rival, devient très aimable pour Jeannette. Sa main s'émancipe seulement parfois depuis qu'elle est enchantée. Enfin M. Goubard revient de voyage, on fait une cérémonie des fiançailles. Au milieu de la fête, M. Godinot le commissaire vient arrêter Eustache comme duelliste.

Il lui remontre le tort qu'il a eu de surfaire sa robe et comment le fatal écu l'a puni. Enfin touché par ses supplications il consent à le relâcher ; au moment où il le congédie, la main enchantée donne un soufflet au commissaire. Étonnement, protestations d'Eustache, puis cela recommence et décidément le coupable est envoyé en prison.

Scène où Cyprien vient le voir et se désole sur son sort. Le livre lui apprend toutefois que cette main peut servir à un charme puissant et qu'une fois l'homme pendu on peut s'en servir pour tenir une chandelle allumée devant laquelle alors toutes les portes s'ouvrent en quelque lieu que l'on veuille pénétrer la nuit. Tous les assistants sont aussi frappés d'immobilité.

Cyprien s'arrange avec les gens de la prison pour avoir la main du condamné. Ici se placent les dernières scènes d'Eustache et autres accessoires.

---

3 Sur la marge gauche de la page, on lit : « (Le scénario n'est qu'un projet.) »

Cyprien, possesseur de la main, la prépare selon les moyens indiqués et sa première idée étant de se rendre riche pour obtenir celle qu'il aime, il se rend au trésor du Louvre. Les tonnes d'or pourries laissent échapper des ducats, il remplit ses poches, mais en lisant les comptes auxquels travaillent les employés il comprend que ce serait un vol non seulement à l'État mais à une foule de malheureux et se résout à aller chez le roi.

Il pénètre dans le palais, le roi est endormi dans son fauteuil devant sa table de travail. Dans un sommeil pénible il laisse échapper des paroles qui apprennent à Cyprien le secret de sa naissance. Il est le fils d'un grand seigneur proscrit et l'on va donner sa fortune et son nom à un favori, mais le roi hésite. Cyprien songe à s'emparer des papiers qui prouvent sa naissance mais il hésite en voyant signé sur un parchemin le nom royal de son père.

D'un autre côté la chandelle est près de finir, sa pensée la plus ardente est de pénétrer chez celle qu'il aime. Il se dirige vers l'hôtel de Soissons. Il entre dans la chambre où elle dort. Il apprend qu'elle doit épouser celui-là même qui aura son titre et ses biens. Rien ne peut l'empêcher d'enlever cette femme, de la presser sur son cœur ; pourtant un scrupule l'arrête, une image de vierge, ce qu'on voudra. Il jette à terre et éteint la chandelle magique et se retrouve dans sa mansarde.

Le pauvre frappe à sa porte. C'est qu'un jour nouveau se lève pour tous deux. Cyprien a triomphé du mal en résistant trois fois à la tentation. Le ciel pardonne, et la destinée de Cyprien obscurcie auparavant par ses mauvaises pensées va se dérouler avec éclat. On vient le prévenir que le roi le mande. Ses titres lui sont rendus, il épousera la comtesse. Quant à Eustache et au soldat, leur rencontre n'a pas eu les mauvais résultats qu'on supposait. Oromasis, le roi des génies, a tout arrangé pour le mieux.

BIBLIOGRAPHIE

MANUELS BIBLIOGRAPHIQUES ET MANUSCRITS

BRIX, Michel, *Manuel bibliographique des œuvres de Gérard de Nerval*, Namur, Presses universitaires de Namur, Études nervaliennes et romantiques, 1997.

MARIE, Aristide, *Bibliographie des Œuvres de Gérard de Nerval avec un précis sur l'histoire de ses livres*, Paris, Champion, 1926.

RICHER, Jean, *Les Manuscrits d'*Aurélia *de Gérard de Nerval*, présentés par Jean Richer, Paris, Les Belles Lettres, 1972.

ÉDITIONS DE NERVAL

ŒUVRES COMPÈTES

NERVAL, Gérard de, *Œuvres*, éd. Albert Béguin et Jean Richer, Paris, Gallimard, Bibliothèque de la Pléiade, t. I (1952), t. II (1956).

NERVAL, Gérard de, *Œuvres complètes*, éd. Jean Guillaume et Claude Pichois, Paris, Gallimard, Bibliothèque de la Pléiade, t. I (1989), t. II (1984), t. III (1991).

NERVAL, Gérard de, *Œuvres complètes*, sous la direction de Jean-Nicolas Illouz, Paris, Classiques Garnier, en préparation. Déjà parus : – Tome I : *Choix des poésies de Ronsard, Dubellay, Baïf, Belleau, Dubartas, Chassignet, Desportes, Régnier*, édition de Jean-Nicolas Illouz et Emmanuel Buron, Paris, Classiques Garnier, 2011. – Tome VII, vol. 1 et 2 : *Scènes de la vie orientale*, édition de Philippe Destruel, Paris, Classiques Garnier, 2014. – Tome IX : *Les Illuminés*, édition de Jacques-Remi Dahan, Paris, Classiques Garnier, 2014. – Tome X bis, *Les Nuits d'octobre*, édition de Gabrielle Chamarat, *Contes et facéties*, édition de Jean-Nicolas Illouz. – Tome XI : *Les Filles du feu*, édition de Jean-Nicolas Illouz avec la collaboration de Jean-Luc Steinmetz, Paris, Classiques Garnier, 2015. – Tome XIII : *Aurélia*, édition de Jean-Nicolas Illouz, Paris, Classiques Garnier, 2013.

AUTRES ÉDITIONS

NERVAL, Gérard de, *Les Filles du feu*, édition de Nicolas Popa, 2 vol., Paris, Honoré Champion, 1931.

NERVAL, Gérard de, *Sylvie. Aurélia*, édition présentée par Raymond Jean, Paris, José Corti, 1964.

NERVAL, Gérard de, *Les Chimères* de Nerval, édition de Jean Guillaume, Bruxelles, Palais des Académies, 1966.

NERVAL, Gérard de, *Les Illuminés*, édition de Max Milner, Paris, Gallimard, Folio, 1976.

NERVAL, Gérard de, *Aurélia, Un roman à faire, Les Nuits d'octobre, Petits Châteaux de Bohême, Pandora, Promenades et souvenirs*, édition de Jacques Bony, Paris, Flammarion, 1990.

NERVAL, Gérard de, *La Main enchantée. Histoire macaronique*, Paris, Librairie générale française, « Le Livre de poche », édition de Marie-France Azéma, 1994.

NERVAL, Gérard de, *Lorely*, édition de Jacques Bony, Paris, José Corti, 1995.

NERVAL, Gérard de, *Léo Burckart, L'Imagier de Harlem*, édition de Jacques Bony, Paris, GF-Flammarion, 1996.

NERVAL, Gérard de, *Poèmes d'outre-Rhin*, édition de Jean-Yves Masson, Paris, B. Grasset, 1996.

NERVAL, Gérard de, *Contes et Facéties*, édition de Michel Brix, Jaignes, La Chasse au Snark, 2000.

NERVAL, Gérard de, *Le « Faust » de Goethe traduit par Gérard de Nerval*, édition de Lieven D'Hulst, Paris, Fayard, 2002.

NERVAL, Gérard de, et MÉRY, Joseph, *Le Chariot d'enfant*, édition de Michel Brix et Stéphane Le Couëdic, Jaignes, La Chasse au Snark, 2002.

NERVAL, Gérard de, *Jodelet ou l'Héritier ridicule*, éd. Jacques Bony, Jaignes, La Chasse au Snark, 2002.

NERVAL, Gérard de, *Les Filles du feu, Les Chimères*, préface de Gérard Macé, édition de Bertrand Marchal, Paris, Gallimard, Folio classique, 2005.

NERVAL, Gérard de, *Aurélia*, précédé de *Les Nuits d'octobre, Pandora, Promenades et souvenirs*, préface de Gérard Macé, édition de Jean-Nicolas Illouz, Paris, Gallimard, Folio classique, 2005.

NERVAL, Gérard de, *Les Chimères, La Bohême galante, Petits châteaux de Bohême*, préface de Gérard Macé, édition de Bertrand Marchal, Paris, Gallimard, Poésie/Gallimard, 2005.

NERVAL, Gérard de, *Lénore et autres poésies allemandes*, préface de Gérard Macé, édition de Jean-Nicolas Illouz avec la collaboration de Dolf Oehler, Paris, Gallimard, Poésie/Gallimard, 2005.

NERVAL, Gérard de, *La Bohême galante* (*L'Artiste*, 1er juillet-15 décembre 1852), Introduction, notice, notes et relevé des variantes par Philippe Destruel, Tusson, Du Lérot, 2007.

NERVAL, Gérard de, *Han d'Islande*, d'après Victor Hugo, édition de Jacques Bony, Paris, Kimé, 2007.

NERVAL, Gérard de, *Histoire véridique du canard et autres textes*, édition présentée par Jean-Luc Steinmetz, Le Castor Astral, 2008.

NERVAL, Gérard de, *Les Monténégrins*, dans Michel Brix et Jean-Claude Yon, *Nerval et l'opéra-comique. Le dossier des « Monténégrins »*, Presses universitaires de Namur, Études nervaliennes et romantiques XIII, 2009.

NERVAL, Gérard de, *La Généalogie fantastique de Gérard de Nerval*, Transcription et commentaire du manuscrit autographe par Sylvie Lécuyer, Namur, Presses universitaires de Namur, 2011.

NERVAL, Gérard de, CAZOTTE, Jacques, *Le Diable amoureux*, précédé de sa vie, de son procès, et de ses prophéties et révélations par Gérard de Nerval. Illustrations d'Édouard de Beaumont. Notes et postface de Michel Brix et Hisashi Mizuno, Tusson, Du Lérot, 2012.

NERVAL, Gérard de, *Le Diable rouge. Almanach cabalistique pour 1850, par Gérard de Nerval et Henri Delaage. Illustrations de Bertall, Nadar, Pastelot, etc.*, Présentation par Michel Brix, Bassac, Plein Chant, Bibliothèque facétieuse, libertine et merveilleuse, 2013.

NERVAL, Gérard de, *Pandora et autres récits viennois*, Textes édités, présentés et commentés par Sylvie Lécuyer, avec la collaboration d'Éric Buffetaud et de Jacques Clemens, Paris, éditions Honoré Champion, 2014.

NERVAL, Gérard de, *Aurélia ou le Rêve et la Vie*, édition critique de Jean-Nicolas Illouz, Paris, Classiques Garnier, « Classiques jaunes », 2014.

NERVAL, Gérard de, *Les Filles du feu*, édition de Jean-Nicolas Illouz avec la collaboration de Jean-Luc Steinmetz, Paris, Classiques Garnier, « Classiques jaunes », 2018.

CATALOGUES D'EXPOSITION ET ICONOGRAPHIE

Gérard de Nerval, Paris, Ville de Paris, Maison de Balzac, 1981.

PICHOIS, Claude, *Album Gérard de Nerval*, Iconographie choisie et commentée par Éric Buffetaud et Claude Pichois, Paris, Gallimard, Bibliothèque de la Pléiade, 1993.

PICHOIS, Claude, AVICE, Jean-Paul, *Gérard de Nerval. Paris, la vie errante*, Bibliothèque historique de la ville de Paris, 1996.

ÉTUDES SUR NERVAL

OUVRAGES ET ARTICLES

ALEXANDRE, Alizée, « Gérard de Nerval en pays de Saba. Bible, mystères et fiction dans *l'Histoire de la reine du matin et de Soliman, prince des génies* », *Revue Nerval*, n° 1, 2017, p. 171-190.

ARTAUD, Antonin, « Sur les *Chimères* », Lettre à G. Le Breton, 7 mars 1946, *Tel Quel*, n° 22, 1965 (repris dans *Œuvres complètes*, XI, *Lettres écrites de Rodez, 1945-1947*, Paris, Gallimard, 1974, p. 184-201).

ARTIGAS-MENANT, Geneviève, « Aspects du dix-huitième siècle nervalien », dans *Quinze études sur Nerval et le Romantisme*, Paris, Kimé, 2005, p. 47-62.

ASAHINA, Michiko, « Nerval : la ville et l'errance », dans Jean-Nicolas Illouz et Claude Mouchard (dir.), « Clartés d'Orient » : Nerval ailleurs, Paris, éditions Laurence Teper, 2004, p. 81-98.

ASAHINA, Michiko, « L'inspiration du capharnaüm dans l'imaginaire de Nerval », dans *Gérard de Nerval et l'esthétique de la modernité*, Paris, Hermann, 2010, p. 65-80.

AUBAUDE, Camille, *Nerval et le mythe d'Isis*, Paris, Kimé, 1997.

AURAIX-JONCHIÈRE, Pascale, « De la tradition au mythe : la danse comme figure-prétexte chez Gérard de Nerval », dans Alain Montandon (dir.), *Sociopoétique de la danse*, Anthropos, p. 225-236.

AURAIX-JONCHIÈRE, Pascale, « Isis au XIXe siècle, réflexion sur l'écriture symbolique », dans Pascale Auraix-Jonchière et Catherine Volpilhac-Auger (dir.), *Isis, Narcisse, Psyché, entre Lumières et Romantisme*, Clermont-Ferrand, Presses Universitaires Blaise-Pascal, 2000, p. 49-67.

AURAIX-JONCHIÈRE, Pascale, « Géopoésie de la sylve nervalienne », *Paysages romantiques*, dans Gérard Peylet (dir.), *Eidôlon*, n° 54, 2000.

AVNI, Ora, « À Bicêtre : Austin, Searle, Nerval », *Modern Language Notes*, vol. 98, n° 4, 1983, p. 624-638.

BARTHÈLEMY, Guy, « Le destin de Jemmy », dans *Gérard de Nerval, Les Filles du feu, Aurélia, – Soleil noir*, Actes du Colloque d'Agrégation des 28 et 29 novembre 1997, Paris, SEDES, 1997, p. 91-100.

BARTHÈLEMY, Guy, « Le syndrome de la conversion et les frontières du religieux dans le *Voyage en Orient* », *Revue Nerval*, n° 1, 2017, p. 153-170.

BASCH, Sophie, « Lorely à Constantinople. Les origines iconographiques de *La Pandora* de Nerval », *RHLF*, 2011, n° 4, p. 869-889.

BAYLE, Corinne, *La Marche à l'étoile*, Seyssel, Champ Vallon, 2001.

BAYLE, Corinne, Gérard *de Nerval. L'Inconsolé*, éditions Aden, 2008.

BAYLE, Corinne, *Broderies nervaliennes*, Paris, Classiques Garnier, coll. « Études romantiques et dix-neuviémistes », Série Gérard de Nerval, 2016.

BAYLE, Corinne, « Nerval et Novalis : une conjonction poétique idéale », *RHLF*, oct.-déc. 2005, p. 859-878.

BAYLE, Corinne, « Gérard de Nerval et Théodore Chassériau. Sur la représentation du *Christ aux Oliviers* : oppositions et parallélismes de deux images d'un romantisme dissident », dans *Quinze études sur Nerval et le Romantisme*, Paris, Kimé, 2005, p. 117-131.

BAYLE, Corinne, « Nerval et la musique : le chant comme poésie idéale », *Europe*, mars 2007.

BAYLE, Corinne, « Nerval et Baudelaire : de la fleur bleue du romantisme à la fleur du "rouge idéal" », dans *Baudelaire et Nerval : poétiques comparées*, Études réunies par Patrick Labarthe et Dagmar Wieser, avec la collaboration de Jean-Paul Avice, Paris, Honoré Champion, 2015, p. 39-52.

BÉGUIN, Albert, *Gérard de Nerval*, Paris, José Corti, 1945.

BÉGUIN, Albert, *L'Âme romantique et le rêve*, Paris, José Corti, 1963.

BELLELI, Maria Luisa, « L'Italie de Nerval », *Revue de littérature comparée*, t. XXXIV, 1960, p. 378-408.

BELLELI, Maria Luisa, « Nerval et Le Tasse », *Revue des Sciences Humaines*, juillet-septembre 1963, p. 371-382.

BEM, Jeanne, « Feu, parole et écriture dans la *Pandora* de Nerval », *Romantisme*, n° 19, 1978, p. 13-24.

BEM, Jeanne, « *L'autre* de la chanson dans le texte nervalien », dans *Nerval : Une poétique du rêve*, actes du colloque de Bâle, Mulhouse et Fribourg, Paris-Genève, Champion-Slatkine, 1989, p. 133-141.

BEM, Jeanne, « L'énigme de *Pandora* », *Le texte traversé. Corneille, Prévost, Marivaux, Musset, Dumas, Nerval, Baudelaire, Hugo, Flaubert, Verlaine, Laforgue, Proust, Giraudoux, Aragon, Giono*, Paris, Champion, 1991, p. 73-86.

BEM, Jeanne, « Gérard de Nerval et la jeune fille. Essai de lecture mythocritique », dans José-Luis Diaz (dir.), *Gérard de Nerval. Les Filles du feu, Aurélia, « Soleil noir »*, Paris, SEDES, 1997, p. 171-180.

BÉNICHOU, Paul, *Nerval et la chanson folklorique*, Paris, José Corti, 1970.

BÉNICHOU, Paul, « Jeune-France et Bousingots », *Revue d'Histoire Littéraire de la France*, 1971, p. 439-462.

BÉNICHOU, Paul, *Le Sacre de l'Écrivain* [1973], *Paris*, Gallimard, 1996.

BÉNICHOU, Paul, *L'École du désenchantement, Sainte-Beuve, Nodier, Musset, Nerval, Gautier*, Paris, Gallimard, 1992 [« Gérard de Nerval », p. 217-492].

BÉNICHOU, Paul, *L'Écrivain et ses travaux*, Paris, José Corti, 1967 [*Delfica* et *Myrtho*, p. 144-164].

BOMBARDE, Odile, « Palimpseste et souvenir-écran dans *Sylvie* : la noyade du petit Parisien », *Littérature*, n° 158, juin 2010, p. 47-62.

BOMBARDE, Odile, « *Sylvie* de Nerval : un palimpseste paradoxal », dans Patricia Oster et Karlheinz Stierle (dir.), *Palimpsestes poétiques*, Paris, Honoré Champion, 2015, p. 207-240.

BOMBARDE, Odile, « Baudelaire, Nerval : la mémoire et ses chemins de traverse », dans *Baudelaire et Nerval : poétiques comparées*, Études réunies par Patrick Labarthe et Dagmar Wieser, avec la collaboration de Jean-Paul Avice, Paris, Honoré Champion, 2015, p. 111-138.

BOMBOIR, Christine, *Les "Lettres d'amour" de Nerval : mythe ou réalité ?*, Namur, Études nervaliennes et romantiques, n° 1, 1978 (réimpr. 1984).

BONEU, Violaine, « Modernités de l'idylle », dans *Gérard de Nerval et l'esthétique de la modernité*, Paris, Hermann, 2010, p. 261-278.

BONEU, Violaine, *L'Idylle en France au* XIXe *siècle*, Paris, Presses de l'Université Paris-Sorbonne, 2014.

BONNEFOY, Yves, « L'acte et le lieu de la poésie », *L'Improbable et autres essais*, Paris, Gallimard, 1980, p. 107-134.

BONNEFOY, Yves, « La poétique de Nerval », *La Vérité de parole et autres essais*, Paris, Gallimard, 1995, p. 45-70.

BONNEFOY, Yves, *Le Poète et « le flot mouvant des multitudes »*, Paris, Bibliothèque nationale de France, 2003 [« Nerval seul dans Paris », p. 37-72].

BONNEFOY, Yves, « Qu'est-ce pour Baudelaire, la lucidité de Nerval ? », dans *Baudelaire et Nerval : poétiques comparées*, Études réunies par Patrick Labarthe et Dagmar Wieser, avec la collaboration de Jean-Paul Avice, Paris, Honoré Champion, 2015, p. 15-24.

BONNET, Henri, « Sylvie » de Nerval, Paris, Hachette, 1975.

BONNET, Henri, « George Sand et Nerval », dans *Hommage à George Sand*, publications de la Faculté des lettres et sciences humaines de l'Université de Grenoble, P.U.F., 1969, p. 114-150.

BONNET, Henri, « Nerval et le théâtre d'ombres », *Romantisme*, n° 4, 1972, p. 54-64.

BONNET, Henri, « Vienne dans l'imagination nervalienne », *Revue d'histoire littéraire de la France*, mai-juin 1972, p. 454-476.

BONNET, Henri, « Théâtre/Voyage ou Gérard de Nerval au Liban », *Revue des Sciences Humaines (Théâtralité hors du théâtre)*, 1977-3, p. 321-345.

BONNET, Henri, « Othys ou Nerval entre les mots et les choses », *Cahiers Gérard de Nerval* (Langage et expression chez Nerval), 1980 p. 12-14.

BONNET, Henri, « Nerval et la fête interrompue », *L'Herne*, cahier dirigé par Jean Richer, 1980, p. 139-155.

BONNET, Henri, « Le ventre de Paris dans les *Nuits d'octobre* », *Cahiers Gérard de Nerval* (Le Paris de Nerval), 1981, p. 31-34.

BONNET, Henri, « Idyllique Sylvie ou l'astre trompeur d'Aldébaran », *Cahiers Gérard de Nerval* (Nerval et les genres littéraires), 1983, p. 2-7.

BONNET, Henri, « La grécité de Nerval », *Cahiers Gérard de Nerval*, 1983, p. 8-10.

BONNET, Henri, « *Lorely* ou l'art d'exorciser les sortilèges », *Cahiers Gérard de Nerval* (Les affinités germaniques), 1984, p. 34-40.

BONNET, Henri, « De *l'histoire de la Reine du matin* à *Aurélia* », *Cahiers Gérard de Nerval* (le *Voyage en Orient)*, 1985, p. 49-55.

BONNET, Henri, « Gérard de Nerval au rendez-vous de la civilisation grecque et romaine », dans *Le Rêve et la vie*, Société des études romantiques, Sedes, 1986, p. 33-51.

BONNET, Henri, « Dramaturgie et liturgie des *Chimères* », *Cahiers Gérard de Nerval* (Nerval et le théâtre), 1986, p. 56-63.

BONNET, Henri, « *Paysages suisses*, ou le feuilleté du feuilleton », dans *Nerval. Une poétique du rêve*, actes du colloque de Bâle, Mulhouse et Fribourg des 10, 11 et 12 novembre 1986 organisé par Jacques Huré, Joseph Jurt et Robert Kopp, Paris, Champion, 1989, p. 47-58.

BONNET, Henri, « Explication de texte : *Delfica* », *L'Information littéraire*, janvier-février 1986, p. 34-40.

BONNET, Henri, « Le chœur des *Filles du feu* », *Cahiers Gérard de Nerval* (Les *Filles du Feu)*, 1987, p. 14-21.

BONNET, Henri, « Quelque chose de sacré dans le *Marquis de Fayolle* », *Cahiers Gérard de Nerval* (Nerval et le XVIIIe siècle), 1989, p. 10-19.

BONNET, Henri, « Anthropologie du sacré dans le *Voyage en Orient* », dans *Frankofoni*, Ankara 1993, n° 5 p. 159-169.

BONNET, Henri, « Gérard de Nerval et le mérite de l'expression », dans Éthique et écriture, colloque international de Metz, mai 1993, diffusion Klincksieck, 1994, p. 57-69.

BONNET, Henri, « Maîtres et complices de Gérard de Nerval au XVIIe siècle », *Aspects du classicisme et de la spiritualité, Mélanges en l'honneur de Jacques Hennequin*, Paris, Klincksieck, 1996, p. 51-65.

BONNET, Henri, « *Sylvie* » de Nerval, étude de l'œuvre, Repères Hachette, Éducation, 1996.

BONNET, Henri, « "Les voies lumineuses de la religion" dans *Les Filles du feu* et *Aurélia* », dans *Gérard de Nerval, Les Filles du feu, Aurélia*, « Soleil noir », textes réunis par José-Luis Diaz, actes du colloque d'agrégation des 28 et 29 novembre 1997, Paris, SEDES, 1997, p. 211-222.

BONNET, Henri, « Nerval et la Bible. La quête d'une nouvelle alliance », dans *La Bible en littérature*, actes du colloque international de Metz (septembre 1994), publiés sous la direction de Pierre-Marie Beaude, Metz, Éditions du Cerf, Université de Metz, 1997, p. 13-28.

BONNET, Henri, « Le mythe arcadien dans *Sylvie* », dans *Gérard de Nerval*, actes du colloque de la Sorbonne du 15 novembre 1997, éd. André Guyaux, Paris, Presses de l'Université de Paris-Sorbonne, 1997, p. 69-88.

BONNET, Henri, « Portrait de Gérard de Nerval en Pic de la Mirandole », *Les Écrivains face au savoir*, textes rassemblés par Véronique Dufief-Sanchez, Dijon, Éditions Universitaires de Dijon, 2002, p. 89-97.

BONNET, Henri, « La vocation élusinienne de Nerval », *Les Études classiques*, Facultés universitaires ND de la Paix, Namur, 70, 2002, p. 373-387.

BONNET, Henri, « Noces au Liban, ou Nerval et la vie », dans *Orients littéraires*, Paris, Champion, 2004.

BONNET, Henri, « Le bonheur de la maison selon Nerval », *Actes du colloque du 29 janvier 2005*, à Saint-Germain en Laye, éditions Hybride, 2005, p. 91-107.

BONNET, Henri, « Littérature et Philosophie ou la "sagesse" exemplaire d'*Aurélia* », dans Hisashi Mizuno (dir.), *Médaillons nervaliens. Onze études à la mémoire du Père Jean Guillaume*, Saint-Genouph, Nizet, 2003, p. 141-152.

BONNET, Henri, « Gérard de Nerval, émule de l'esthétique médiévale ? », dans *Quinze études sur Nerval et le Romantisme*, Paris, Kimé, 2005, p. 15-32.

BONNET, Henri, « De la mort terrestre aux funérailles célestes », *Plaisance* (*Gérard de Nerval et la mort*, Plaisance, Pagine, Rome, 2006, p. 57-69.

BONNET, Henri, « Sous le signe de *Lorely*, une Arcadie dans le monde germanique », dans *Gérard de Nerval et l'esthétique de la modernité*, Paris, Hermann, 2010, p. 115-130.

BONNET, Henri, « Métamorphoses de l'idylle dans l'univers nervalien », *Littérature*, n° 158, juin 2010, p. 20-32.

BONNET, Henri, « Un *compendium* du *Voyage en Orient* : la *Santa-Barbara* », *Revue Nerval*, n° 1, 2017, p. 135-152.

BONY, Jacques, *Le Dossier des « Faux Saulniers »*, Namur, Presses universitaires de Namur, Études nervaliennes et romantiques, n° 7, 1983.

BONY, Jacques, *Le Récit nervalien. Une recherche des formes*, Paris, José Corti, 1990.

BONY, Jacques, *L'Esthétique de Nerval*, Paris, CEDES, 1997.

BONY, Jacques, *Aspects de Nerval. Histoire – Esthétique – Fantaisie*, Eurédit, 2006.

Bony, Jacques, « Frontières, limites, seuils… », *Europe*, n° 935, mars 2007, p. 142-152.

Borderie, Régine, « Bizarre et vie privée dans l'œuvre en prose de Nerval », *Littérature*, n° 158, juin 2010, p. 63-74.

Bordas, Éric, « La prose lisse de Gérard de Nerval (*Sylvie*) », dans *Gérard de Nerval et l'esthétique de la modernité*, Paris, Hermann, 2010, p. 329-342.

Bordas, Éric, « Jolie Sylvie. Isotopie du "Jolie" dans *Sylvie* de Gérard de Nerval », *L'Information grammaticale*, n° 75, p. 49-54.

Bounoure, Gabriel, « Sophianité de Gérard », *L'Herne*, 1980, p. 289-296.

Boureau, Alain, « Le récit réversible », *Poétique*, n° 44, 1980, p. 462-471.

Bourgeois, René, *L'Ironie romantique*, Grenoble, P. U. de Grenoble, 1974.

Bowman, Frank Paul, *Gérard de Nerval. La Conquête de soi par l'écriture*, Orléans, Paradigme, 1997.

Bowman, Frank Paul, « *Mémorables* d'*Aurélia* : signification et situation générique », *French Forum*, n° 11, 1986, p. 169-182.

Bowman, Frank Paul, « *Les Filles du feu* : genèse et intertextualité », dans André Guyaux (dir.), *Gérard de Nerval*, actes du colloque de la Sorbonne du 15 novembre 1997, Paris, PUPS, 1997, p. 7-22.

Brix, Michel, *Les Déesses absentes. Vérité et simulacre dans l'œuvre de Gérard de Nerval*, préface de Max Milner, Klincksieck, 1997.

Brix, Michel, *Nerval. Glanes et miettes de presse*, Paris, Champion, coll. « Romantisme et modernité », série Bibliothèque nervalienne, 2013.

Brix, Michel, « Une renaissance romantique : les chansons populaires », dans C. Grenouillet, É. Roy-Reverzy (dir.), *Les Voix du peuple dans la littérature des XIX*^e^ *et XX*^e^ *siècles*, P.U. de Strasbourg, 2006, p. 29-40.

Brix, Michel, et Pichois, Claude, *Gérard de Nerval*, Paris, Fayard, 1995.

Brix, Michel, et Pichois, Claude, *Dictionnaire Nerval*, Tusson, Du Lérot, 2006.

Brombert, Victor, *La Prison romantique. Essai sur l'imaginaire*, Paris, José Corti, 1975, (« Nerval et le prestige du lieu clos », p. 127-138).

Brunel, Pierre, « Le mythe d'Orphée dans *Aurélia* », *Nerval : une poétique du rêve*, actes du colloque de Bâle, Mulhouse et Fribourg, Paris-Genève, Champion-Slatkine, 1989, p. 175-181.

Brunet, Huguette, et Ziegler, Jean, *Gérard de Nerval et la Bibliothèque nationale*, Presses Universitaires de Namur, « études nervaliennes et romantiques », IV, 1982.

Buenzod, Jacques, « Nerval et le langage des oiseaux », *Romantisme*, n° 45, 1984, p. 43-56.

Campion, Pierre, *Nerval. Une crise dans la pensée*, Rennes, Presses Universitaires de Rennes, 1998.

Campion, Pierre, « L'écriture de la désignation dans *Aurélia* », dans André

Guyaux (dir.), *Gérard de Nerval*, Paris, Presses Universitaires de Paris-Sorbonne, 1997.

CAMPION, Pierre, « Lire Nerval au temps de notre crise », dans *Gérard de Nerval et l'esthétique de la modernité*, Paris, Hermann, 2010, p. 429-447.

CARLE, Michel, *Du citoyen à l'artiste. Gérard de Nerval et ses premiers écrits*, Ottawa, Les Presses de l'Université d'Ottawa, 1992.

CÉARD, Jean, « Raoul Spifame, Roi de Bicêtre. Recherches sur un récit de Nerval », Études nervaliennes et romantiques, III, 1981, p. 25-50.

CÉARD, Jean, « Nerval et les poètes français du XVIe siècle. Le *Choix* de 1830 », *RHLF*, n° 84, 1989, p. 1033-1048.

CÉARD, Jean, « Les débuts d'un seiziémiste : Nerval et l'introduction aux poètes du XVIe siècle », dans Yvonne Bellenger (dir.), *La Littérature et ses avatars*, Aux amateurs de livres, 1991, p. 267-276.

CÉARD, Jean, « La redécouverte de la Pléiade par les Romantiques français », dans Pierre Brunel (dir.), *Romantismes européens et Romantisme français*, Montpellier, Éditions Espaces, 2000, p. 133-148.

CÉARD, Jean, « Nerval et la Renaissance », RHLH, 2005, n° 4, p. 805-815.

CÉARD, Jean, « Nerval, lecteur de Rabelais », dans Hisashi Mizuno et Jérôme Thélot, (dir.) *Quinze études sur Nerval et le Romantisme*, Paris, éditions Kimé, 2005.

CELLIER, Léon, *Gérard de Nerval, l'homme et l'œuvre*, Paris, Hatier, 1956.

CELLIER, Léon, *De « Sylvie » à « Aurélia », structure close, structure ouverte*, Paris, Minard, 1971.

CELLIER, Léon, « Breton et Nerval », *Cahiers du XXe siècle*, n° 4, 1975, p. 49-64.

CHAMARAT-MALANDAIN, Gabrielle, *Nerval ou l'Incendie du théâtre. Identité et littérature dans l'œuvre en prose de Gérard de Nerval*, Paris, José Corti, 1986.

CHAMARAT-MALANDAIN, Gabrielle, *Nerval, réalisme et invention*, Orléans, Paradigme, 1997.

CHAMARAT-MALANDAIN, Gabrielle, « Le Christ aux Oliviers : Vigny et Nerval », *RHLF*, 1998/3, n° 98, p. 417-428.

CHAMARAT-MALANDAIN, Gabrielle, « *Promenades et souvenirs* : un passé en devenir. Brouillage générique, formel, sémantique dans la prose nervalienne », *RHLF*, 2005, n° 4, p. 793-803.

CHAMARAT-MALANDAIN, Gabrielle, « Le sujet lyrique dans l'histoire : la composition des *Chimères* de Gérard de Nerval », dans Damien Zanone (dir.), *Le Moi, l'Histoire, 1789-1848*, Grenoble, Ellug, 2005, p. 133-142.

CHAMARAT-MALANDAIN, Gabrielle, « "Un petit roman qui n'est pas tout à fait un conte" : peut-on parler d'un réalisme de *Sylvie* ? », *RHLF*, 2008/3, p. 593-606.

CHAMARAT-MALANDAIN, Gabrielle, « Réalisme et fantaisie dans l'œuvre de Nerval », dans Jacques Bony, Gabrielle Chamarat-Malandain et Hisashi

Mizuno (dir.), Gérard de Nerval et l'esthétique de la modernité, Paris, Hermann, 2010, p. 299-314.

CHAMARAT-MALANDAIN, Gabrielle, « La question du réalisme entre 1848 et 1855 », dans Gabrielle Chamarat et Pierre-Jean Dufief (dir.), *Le Réalisme et ses paradoxes (1850-1900). Mélanges offerts à Jean-Louis Cabanès*, Paris, Classiques Garnier, 2014, p. 41-55.

CHAMARAT-MALANDAIN, Gabrielle, « Nerval et Baudelaire, variations sur la flânerie », dans *Baudelaire et Nerval : poétiques comparées*, Études réunies par Patrick Labarthe et Dagmar Wieser, avec la collaboration de Jean-Paul Avice, Paris, Honoré Champion, 2015, p. 97-110.

CHAMARAT, Gabrielle, « Quel réalisme dans *Les Nuits d'octobre* ? », *Revue Nerval*, n° 1, 2017, p. 17-28.

CHAMBERS, Ross, *Mélancolie et opposition. Les Débuts du modernisme en France*, Paris, José Corti, 1987 [chapitre III : « Duplicité du pouvoir, pouvoir de la duplicité », p. 71-95 ; chapitre IV : « Écriture oppositionnelle, identité dialogique », p. 97-129].

CHAMBERS, Ross, « Les paysages dans *Sylvie* », *Nineteenth Century French Studies*, Fall-Winter 1977-1978, p. 57-71.

CHEVRIER, Jean-François, *L'Hallucination artistique de William Blake à Sigmar Polke*, Paris, L'Arachnéen, 2012 [« Gérard de Nerval. Les combinaisons du délire », p. 129-162].

CITRON, Pierre, *La poésie de Paris dans la littérature française de Rousseau à Baudelaire*, Paris, Paris Musées, 2006.

CLARK-WEHINGER, Alice, *William Shakespeare et Gérard de Nerval. Le théâtre romantique en crise. 1830-1848*, Paris, L'Harmattan, 2005.

CLOT, Catherine, « *Le Valois*, de Gérard de Nerval, illustré par Germaine Krull », article publié en ligne sur le site *PHlit*, Répertoire de la Photolittérature ancienne et contemporaine, actes du colloque *Photolittérature, Littérature visuelle et nouvelles textualités*, sous la direction de P. Edwards, V. Lavoie, J.-P. Montier, NYU, Paris, 26-27 octobre 2012.

COGEZ, Gérard, *Gérard de Nerval*, Paris, Gallimard, 2010.

COPHIGNON, Janine, « Figures féminines dans l'œuvre de Nerval », *Revue française de psychanalyse*, XLIV, 1980.

COLLOT, Michel, *Gérard de Nerval ou la dévotion à l'imaginaire*, Paris, PUF, 1992.

COLLOT, Michel, « Défense et illustration des droits de l'imaginaire », *Revue Nerval*, n° 1, 2017, p. 29-42.

COMPAGNON, Antoine, « Brisacier ou la suspension d'incrédulité », colloque en ligne *Frontières de la fiction*, publié sur le site *Fabula*.

COUTY, Daniel, « De *La Vita Nuova* à la vie nouvelle », dans *Le Rêve et la vie*, Paris, CDU-SEDES, 1986, p. 233-236.

COUTY, Daniel, « *Aurélia*, de l'impuissance narrative au pouvoir des mots », *Cahiers G. de Nerval*, 1980.

CROUZET, Michel, « La rhétorique du rêve dans *Aurélia* », *Nerval. Une poétique du rêve*, actes du colloque de Bâle, des 10, 11 et 12 novembre 1986, Paris, Honoré Champion, 1989, p. 183-208.

DELAY, Florence, *Dit Nerval*, Paris, Gallimard, « L'un et l'autre », 1999.

DEMARCQ, Jacques, *Nervaliennes*, Paris, José Corti, « en lisant en écrivant », 2010.

DENIS, Andrée, « Nerval et Kotzebue : la traduction de *Misanthropie et Repentir* », *Cahiers Gérard de Nerval*, n° 8, 1985, p. 25 et suiv.

DESSONS, Gérard, « L'Orient d'ici », dans Jean-Nicolas Illouz et Claude Mouchard (dir.), « Clartés d'Orient » : Nerval ailleurs, Paris, éditions Laurence Teper, 2004, p. 151-170.

DESTRUEL, Philippe, « *Angélique* et la bibliothèque de Babel », *Romantisme*, n° 48, 1985, p. 21-32.

DESTRUEL, Philippe, « Une histoire généalogique du temps » (« La Bibliothèque de mon oncle » et *Les Illuminés*), *Cahiers Gérard de Nerval*, n° 16, 1993, p. 68-75.

DESTRUEL, Philippe, « Origine, tradition et "mémoires littéraires" : Nerval de *La Bohême galante* aux *Petits Châteaux de Bohême* », *Littérature et Origine*, actes du colloque international de Clermont-Ferrand (17-18-19 novembre 1993), textes réunis par Simone Bernard-Griffiths, publiés par Simone Bernard-Griffiths et Christian Croisille, Saint-Genouph, Nizet, 1997, p. 17-31.

DESTRUEL, Philippe, « Les Filles du feu » de Gérard de Nerval, Paris, Gallimard, Foliothèque, 2001.

DESTRUEL, Philippe, *L'Écriture nervalienne du Temps. L'Expérience de la temporalité dans l'œuvre de Gérard de Nerval*, Saint-Genouph, A.-G. Nizet, 2004.

DESTRUEL, Philippe, « Nerval : le sonnet au risque de la folie », dans Bertrand Degott et Pierre Guarrigues (dir.), *Le sonnet au risque du sonnet*, Paris, L'Harmattan, 2006.

D'HULST, Lieven, « Fonction de la citation poétique dans *La Bohême galante* et *Petits Châteaux de Bohême* de Nerval », dans Nathalie Vincent-Munnia, Simone Bernard-Griffiths et Robert Pickering (dir.), *Aux origines du poème en prose français (1750-1850)*, Paris, Champion, 2003, p. 416-429.

D'HULST, Lieven, « Nerval et la notion de traduction », dans *Gérard de Nerval et l'esthétique de la modernité*, Paris, Hermann, 2010, p. 47-63.

DIDIER, Béatrice, « L'image du père dans quelques textes de Nerval », *L'Herne*, 1980, p. 265-274.

DIDIER, Béatrice, « Nerval et Senancour ou la nostalgie du XVIIIe siècle », *Le Rêve et la vie. Aurélia, Sylvie, Les Chimères de Gérard de Nerval*, actes du colloque du 19 janvier 1986, Paris, SEDES, 1986, p. 5-15.

DIDIER, Béatrice, « L'autobiographie en toutes lettres », *Cahiers Gérard de Nerval*, n° 11, 1988, p. 12-19.

DIDIER, Béatrice, « Nerval et la philosophie des Lumières, ou le deuil de la Foi », *Nerval. Une poétique du rêve*, Paris, Honoré Champion, 1989, p. 101-110.

DIDIER, Béatrice, « Révolution et identité dans *Les Illuminés* », *Cahiers Gérard de Nerval*, n° 12, 1989, p. 2-10.

DIETERLE, Bertrand, « Le Watteau de Gérard de Nerval. À propos de *Sylvie* », *Lendemains* (Berlin), n° 33, 1984, p. 55-63.

DRAGONETTI, Roger, « Portes d'ivoire et de corne dans *Aurélia* de Gérard de Nerval », dans *Mélanges offerts à Rita Lejeune*, Gembloux, Duculot, 1969, t. II, p. 1545-1565.

DUBOIS, Claude-Gilbert, « Une "sémiophantasie" romantique : Gérard de Nerval à la recherche du sens perdu », *Romantisme*, n° 24, 1979, p. 119-126.

DUMONT, François, « Nerval. L'histoire est une oreille qui entend mal la poésie », dans Gisèle Séginger (dir.), Écriture(s) de l'histoire, Strasbourg, Presses Universitaires de Strasbourg, 2005, p. 215-222.

DUNN, Susan, *Nerval et le roman historique*, Paris, Minard, Archives nervaliennes, n° 12, 1981.

DUNN, Susan, « Nerval et les portraits », *Australian Journal of French Studies*, n° 12, 1975, p. 286-294.

DUNN, Susan, « Nerval ornithologue », *The French Review*, vol. LII, n° 1, octobre 1978.

DUPRÉ, Guy, « *Les Illuminés* ou les précurseurs du socialisme », *L'Infini*, n° 38, 1992, p. 94-115.

EDWARS, Peter, « Problèmes d'étude de manuscrits : le cas de Nerval », *Sur la génétique textuelle*, Amsterdam, Rodopi, 1990, p. 55-63.

EISENZWEIG, Uri, *L'espace imaginaire d'un récit :* Sylvie *de Gérard de Nerval*, Neuchâtel, À la Baconnière, 1976.

ENDER, Évelyne, « "Mon semblable, mon frère" : Ballanche et Nerval autour d'Antigone », dans Claudie Bernard, Chantal Massol et Jean-Marie Roulin (dir.), *Adelphiques. Sœurs et frères dans la littérature française du XXIe siècle*, Paris, éditions Kimé, 2010, p. 211-230.

ENDO-SATO, Fumiko, « Sur l'unité du recueil *Les Filles du feu* », dans André Guyaux (dir.), *Gérard de Nerval*, actes du colloque de la Sorbonne du 15 novembre 1997, Paris, Presses de l'Université de Paris-Sorbonne, 1997, p. 41-69.

ENDO-SATO, Fumiko, « Une naissance rêvée. Polysémie d'un fragment manuscrit délaissé de *Promenades et souvenirs* », *Gérard de Nerval et l'esthétique de la modernité*, Paris, Hermann, 2010, p. 81-96.

FAVRE, Yves-Alain, « Nerval et l'esthétique du sonnet », dans *Nerval une poétique du rêve*, Actes du Colloque de Bâle, Mulhouse et Fribourg des 10, 11 et 12 novembre 1986, organisé par Jacques Huré, Joseph Jurt et Robert Kopp, Champion, 1989, p. 143-152.

Felman, Shoshana, *La Folie et la chose littéraire*, Seuil, 1978 [« Gérard de Nerval, folie et répétition », p. 59-96].

Finas, Lucette, *Le Bruit d'Iris*, Paris, Flammarion, 1979, [« L'Iris d'Horus (Nerval) », p. 37-77].

Finas, Lucette, *La Toise et le Vertige*, Paris, éditions des femmes, 1986, [« Le péristyle, à propos de *Delfica* de Nerval », p. 167-196].

Foglia, Aurélie, « Nerval ou la chimère du moi », *Revue Nerval*, n° 1, 2017, p. 59-76.

Fonyi, Antonia, « Nerval : territoires de sa folie. De la sociocritique à la psychanalyse », *Littérature*, n° 48, 1982, p. 36-56.

Fornasiero, Jean, « "Le Treizième revient" : la passion "grandiose et pivotale" de Fourier dans *Les Chimères* de Gérard de Nerval », *Cahiers Charles Fourier*, 7, 1996, p. 21-36.

Fornasiero, Jean, « Nerval vers 1850 ; éléments d'une biographie politique », *Australian Journal of French Studies*, XXXVI, 3, 199, p. 293-305.

Fornasiero, Jean, « Fouriérisme, politique et chimères chez Gérard de Nerval », *Revue romane*, 36 (1), 2001, p. 59-80.

Freyburger, Gérard, « Nerval et les cultes antiques à mystères », dans *Nerval. Une poétique du rêve*, actes du colloque de Bâle, des 10, 11 et 12 novembre 1986, Paris, Honoré Champion, 1989, p. 219-225.

Gaillard, Françoise, « Nerval, ou les contradictions du romantisme », *Romantisme*, n° 1-2, 1971, p. 128-138.

Gaillard, Françoise, « *Aurélia* ou la question du nom », *Le Rêve et la vie. Aurélia, Sylvie, Les Chimères de Gérard de Nerval*, actes du colloque du 19 janvier 1986, Paris, SEDES, 1986.

Gaillard, Françoise, « *Aurélia* ou le crépuscule des dieux », dans *Gérard de Nerval, Les Filles du feu, Aurélia*, « Soleil noir », textes réunis par José-Luis Diaz, actes du colloque d'agrégation des 28 et 29 novembre 1997, Paris, SEDES, 1997, p. 233-238.

Galibert, Thierry, *Le Poète et la modernité. Poétiques de l'individu de Gérard de Nerval à Antonin Artaud*, Paris, L'Harmattan, 1998.

Gendre, André, Évolution du sonnet français, Paris, PUF, 1976 [III, 2 : « Le sonnet de Nerval : porte d'ivoire ou porte de corne ? », p. 165-174].

Glatigny, Michel, « *La Main enchantée* de Gérard de Nerval : quelques sources du xviie siècle », *Revue des Sciences Humaines*, juillet-septembre 1965, p. 329-352.

Gordon, Rae Beth, « Dentelle : métaphore du texte dans *Sylvie* », *Romanic Review*, vol. LXXIII, n° 1, 1982, p. 45-66.

GROJNOWSKI, Daniel, « Poésie et chanson : de Nerval à Verlaine », *Critique*, n° 243-244, Paris, Éditions de Minuit, 1967, p. 768-783.

GROSSVOGEL, Anita, *Le Pouvoir du nom. Essai sur Gérard de Nerval*, Paris, José Corti, 1972.

GUILLAUME, Jean, *Aurélia*, Prolégomènes à une édition critique par Jean Guillaume, Namur, Presses universitaires de Namur, 1972.

GUILLAUME, Jean, *Aux origines de* Pandora *et d'*Aurélia, Namur, Presses universitaires, Études nervaliennes et romantiques, V, 1982.

GUILLAUME, Jean, *Nerval, masques et visages*, Namur, Presses universitaires, Études nervaliennes et romantiques, IX, 1988.

GUILLAUME, Jean, *Philologie et exégèse : trente cinq années d'études nervaliennes*, Textes réunis par M. Brix, L. D'Hulst, et L. Isebaert ; préf. de Claude Pichois, Louvain, Paris, Peeters, Namur, 1998.

GUNDERSEN, Karin, « La divagation d'*Angélique* et l'art de Nerval », *Orbis Literarum*, n° 29, 1974, p. 34-41.

GUNDERSEN, Karin, *Textualité nervalienne. Remarques sur la "Lettre de l'Illustre Brisacier"*, Oslo, 1980.

GUNDERSEN, Karin, « Inquiétudes d'Octavie », dans *Gérard de Nerval et l'esthétique de la modernité*, Paris, Hermann, 2010, p. 315-328.

GUYAUX, André, « Nerval dans la mémoire proustienne », dans Monique Streiff Moretti (dir.), *L'Imaginaire nervalien. L'espace de l'Italie*, Naples, Edizioni Scientifiche Italiane, 1988, p. 197-207.

HETZEL, Aurélia, *La Reine de Saba : des traditions au mythe littéraire*, Paris, Classiques Garnier, 2012.

HILLEN, Sabine Madeleine, « La Main coupée… ou la forme d'un récit bref chez Nerval, Maupassant et Schwob », *Revue romane* (Copenhague), 1994/1, p. 71-81.

HONG, Kuo-Yung, *Proust et Nerval. Essai sur les mystérieuses lois de l'écriture*, Paris, Champion, 2006.

HURÉ, Jacques, « La mémoire d'Orient et le discours sur la "maladie" de l'esprit dans *Aurélia* », dans André Guyaux (dir.), *Gérard de Nerval*, actes du colloque de la Sorbonne du 15 novembre 1997, Paris, PUPS, 1997, p. 165-176.

HUSSHERR, Cécile, *L'Ange et la bête. Caïn et Abel dans la littérature*, Paris, éditions du cerf, 2005 (ch. II : Caïn innocenté ou pardonné, – l'héritage byronien en France).

ILLOUZ, Jean-Nicolas, *Nerval. Le « rêveur en prose ». Imaginaire et écriture*, Paris, PUF, 1997.

ILLOUZ, Jean-Nicolas, « Savoir et mélancolie. Autour de l'hermétisme des *Chimères* », dans *Gérard de Nerval, Les Filles du feu, Aurélia*, « Soleil noir », textes réunis par José-Luis Diaz, actes du colloque d'agrégation des 28 et 29 novembre 1997, Paris, SEDES, 1997, p. 125-131.

ILLOUZ, Jean-Nicolas, « Nerval : langue perdue, prose errante (à propos des *Chansons et Légendes du Valois*) », *Sorgue*, n° 4, automne 2002, p. 15-25.

ILLOUZ, Jean-Nicolas, « Nerval, entre vers et prose », *Crise de prose*, dans Jean-Nicolas Illouz et Jacques Neefs (dir.), Saint-Denis, PUV, 2002, p. 73-88.

ILLOUZ, Jean-Nicolas, « "La lyre d'Orphée" ou le Tombeau des *Chimères* », *Littérature*, n° 127, septembre 2002, p. 71-85.

ILLOUZ, Jean-Nicolas, « Nerval : d'un théâtre à l'autre », dans Jean-Nicolas Illouz et Claude Mouchard (dir.), *"Clartés d'Orient", Nerval ailleurs*, Paris, Éditions Laurence Teper, 2004, p. 99-133.

ILLOUZ, Jean-Nicolas, « Une théorie critique du romantisme : *Sylvie* de Nerval », dans Jacques Neefs (dir.), *Le Bonheur de la littérature. Variations critiques pour Béatrice Didier*, Paris, PUF, 2005, p. 219-227.

ILLOUZ, Jean-Nicolas, « Nerval, "sentimental" et "naïf". L'idylle, l'élégie et la satire dans *Sylvie* », *Europe*, n° 935, mars 2007, p. 122-141.

ILLOUZ, Jean-Nicolas, « Nerval : l'Orient intérieur », dans Patrick Née et Daniel Lançon (dir.), *L'Ailleurs depuis le Romantisme. Essai sur les littératures en français*, Hermann, 2009, p. 55-83.

ILLOUZ, Jean-Nicolas, « Les religions de Nerval », dans Jacques Neefs (dir.), *Savoirs en récits*, t. II, *Éclats de savoirs. Nerval, Balzac, Flaubert, Verne, les Goncourt*, Saint-Denis, Presses universitaires de Vincennes, coll. « Manuscrits modernes », 2010, p. 49-69.

ILLOUZ, Jean-Nicolas, « Nerval, poète renaissant », *Littérature*, n° 158, juin 2010, p. 5-19.

ILLOUZ, Jean-Nicolas, « Nerval et Baudelaire devant Nadar », publication en ligne en 2011 sur le site « Phlit », répertoire de Photolittérature ancienne et contemporaine, http://phlit.org ; et dans *Baudelaire et Nerval : poétiques comparées*, Études réunies par Patrick Labarthe et Dagmar Wieser, avec la collaboration de Jean-Paul Avice, Paris, Honoré Champion, 2015, p. 181-207.

ILLOUZ, Jean-Nicolas, « "Un mille-pattes romantique" : *Aurélia* de Gérard de Nerval ou le Livre et la Vie », *Romantisme*, n° 161, 2013, p. 73-86.

ILLOUZ, Jean-Nicolas, « Œuvre fragmentaire et Livre-chimère : Note sur la composition des *Filles du feu* », préface à NERVAL, Gérard de, *Œuvres complètes*, Tome XI : *Les Filles du feu*, édition de Jean-Nicolas Illouz avec la collaboration de Jean-Luc Steinmetz, Paris, Classiques Garnier, 2015, p. 9-24.

ILLOUZ, Jean-Nicolas, Article « Nerval » dans *Dictionnaire de l'autobiographie française et francophone* (dirigé par Françoise Tenant, comité de pilotage : Jean-Louis Jeannelle, Michel Braud, Véronique Montémont et Philippe Lejeune), Paris, Champion, 2017.

ILLOUZ, Jean-Nicolas, « Nerval conteur (à propos de *Contes et facéties*) », revue

Féeries, 2017, [En ligne], 14 | 2017, mis en ligne le 31 juillet 2017. URL : http://feeries.revues.org/1047

ILLOUZ, Jean-Nicolas, « "Tu demandes pourquoi j'ai tant de rage au cœur" : écriture et opposition, entre mythe et histoire, des *Faux Saulniers* à *Angélique* de Gérard de Nerval », dans *Nerval : histoire et politique*, sous la direction de Gabrielle Chamarat, Jean-Nicolas Illouz, Mireille Labouret, Bertrand Marchal, Henri Scepi, Gisèle Séginger, Paris, Classiques Garnier, 2018, p. 189-207.

ILLOUZ, Jean-Nicolas, « Bohème, fugue et rhapsodie : *La Bohême galante* et les *Petits châteaux de Bohême* de Nerval », dans Sylvain Ledda et Gabrielle Chamarat (dir.), *Hommage à Jacques Bony*, Namur, Presses universitaires de Namur, 2018.

IRISAWA, Yasuo, « Histoire de la réception de Nerval au Japon », dans Jean-Nicolas Illouz et Claude Mouchard (dir.), « Clartés d'Orient » : Nerval ailleurs, Paris, éditions Laurence Teper, 2004, p. 219-229.

JACKSON, John E., *Souvent dans l'être obscur. Rêves, capacité négative et romantisme européen*, Paris, Corti, 2001.

JACKSON, John E., « La poésie et les dieux », *Hommages à Claude Pichois. Nerval, Baudelaire, Colette*, textes recueillis par Jean-Paul Avice et Jérôme Thélot, Paris, Klincksieck, 1999, p. 45-60.

JACKSON, John E., « Le dialogue de Baudelaire avec Nerval », *Baudelaire sans fin, Essai sur « Les Fleurs du mal »*, Paris, José Corti, 2005, p. 143-208.

JAMES, Tony, *Vies secondes*, Traduit de l'anglais par Sylvie Doizelet, Paris, Gallimard, 1995.

JATON, Anne-Marie, « Nerval historien des *Illuminés* », dans Mario Matucci (dir.), *Lumières et Illuminisme*, actes du colloque international de Cortone (3-6 octobre 1983), Pisa, Pacini Editore, 1985.

JATON, Anne-Marie, *Le Vésuve et la Sirène : le mythe de Naples de Madame de Staël à Nerval*, Pisa, Pacini, 1988.

JATON, Anne-Marie, « Nerval et le mythe de Naples », dans Monique Streiff Moretti, *L'Imaginaire nervalien. L'espace de l'Italie*, Naples, Edizioni Scientifiche Italiane, 1988, p. 43-58.

JEAN, Raymond, *Nerval par lui-même*, Paris, Seuil, Écrivains de toujours, 1964.

JEAN, Raymond, *La Poétique du désir, Nerval, Lautréamont, Apollinaire, Éluard*, Paris, Seuil, 1974, p. 31-303.

JEAN, Raymond, « Nerval romancier (à propos du *Marquis de Fayolle*) », *Cahiers du Sud*, n° 42, octobre 1955, p. 390-404.

JEAN, Raymond, « De Nerval et de quelques humoristes anglais », *Revue de Littérature comparée*, XXIX, 1955, p. 94-104.

JEAN, Raymond, « Rousseau selon Nerval », *Europe*, n° 391-392, nov.-déc. 1961, p. 198-205.

JEAN, Raymond, « La “scène” d’*Aurélia* », *Europe*, n° 516, avril 1972, p. 34-41.

JEAN, Raymond, « En ce temps, je *ronsardisais…* », *Europe*, n° 691-692, nov.-déc. 1986, p. 7-11.

JEANNERET, Michel, *La Lettre perdue. Écriture et folie dans l’œuvre de Nerval*, Paris, Flammarion, 1978.

JEANNERET, Michel, « Nerval et la biographie impossible », *French Studies*, Oxford, Basil Blackwell, n° 24, 1970, p. 127-144.

JEANNERET, Michel, « Ironie et distance dans *Les Filles du feu* », *Revue d’histoire littéraire de la France*, 1973, vol. 1, p. 33-47.

JEANNERET, Michel, « La folie est un rêve : Nerval et le docteur Moreau de Tours », *Romantisme*, n° 27, 1980, p. 59-75.

JEANNERET, Michel, « Nerval archéologue : des ruines de Pompéi au souterrain du rêve », dans Monique Streiff Moretti (dir.), *L’Imaginaire nervalien. L’espace de l’Italie*, Perugia, Edizioni Scientifiche Italiane, 1988, p. 133-151.

JEANNERET, Michel, « *Aurélia* : faire voir l’invisible », dans *Du visible à l’invisible. Pour Max Milner*, Paris, José Corti, 1988.

JEANNERET, Michel, « Dieu en morceaux : avatars de la figure divine dans *Aurélia* », dans André Guyaux (dir.), *Gérard de Nerval*, actes du colloque de la Sorbonne du 15 novembre 1997, Paris, Presses de l’Université de Paris-Sorbonne, 1997, p. 177-190.

JEANNERET, Michel, « “Vers l’Orient” (sur la mobilité des signes dans *Aurélia*) », dans Jean-Nicolas Illouz et Claude Mouchard (dir.), « Clartés d’Orient » : Nerval ailleurs, Paris, Éditions Laurence Teper, 2004.

JEANNERET, Michel, « “J’aime à conduire ma vie comme un roman”. Nerval devant la question des biographies », *Europe*, n° 935, mars 2007, p. 38-51.

JOURDE, Pierre, *Littérature monstre*, Paris, L’Esprit des péninsules, 2008 [« Nerval, la voix, l’irreprésentable », p. 567-596].

JUDEN, Brian, « Nerval et la crise du panthéisme », *L’Herne. Gérard de Nerval*, Éditions de l’Herne, 1980, p. 275-287.

JUDEN, Brian, « Le Panthéon, ou le rêve de l’humanité : Paul Chenavard et Gérard de Nerval », *Cahiers Gérard de Nerval*, n° 5, 1982, p. 37-42.

JUDEN, Brian, « Visages romantiques de Pan », *Romantisme*, n° 50, 1983, p. 27-40.

JUDEN, Brian, *Traditions orphiques et tendances mystiques dans le romantisme français (1800-1855)*, Genève-Paris, Slatkine Reprints, 1984 [« Les flèches de la lumière. Gérard de Nerval », p. 653-708].

JUIN, Hubert, « Du fantastique », Préface à Charles Nodier, *Infernaliana ou Anecdotes, petits romans, nouvelles et contes sur les revenants, les spectres, les démons et les vampires*, Lyon, éditions À rebours, 2004, p. 7-24.

KAPLAN, Edward, « L’imagination occulte chez Gérard de Nerval. Une épistémologie de la connaissance spirituelle dans *Aurélia* », *Revue des sciences humaines*, n° 126, 1967, p. 185-195.

KÉKUS, Filip, « Du canard romantique : enjeux de la mystification pour la génération de 1830 », *Romantisme*, n° 156, 2012, p. 39-51.

KLIEBENSTEIN, Georges, « Une mystification absolue. – Sur le “souper de Cazotte” », *Romantisme*, n° 116, 2002, p. 19-34.

KOFMAN, Sarah, *Nerval. Le Charme de la répétition*, Lausanne, L'Âge d'Homme, 1979.

KRISTEVA, Julia, *Soleil noir. Dépression et mélancolie*, Paris, Gallimard, 1987.

LABARTHE, Patrick, « Nerval ou le prosateur obstiné », *Versants*, n° 51, 2006, p. 95-112.

LACHAT, Jacob, « Livre manquant, récit manqué : *Les Faux Saulniers* ou l'histoire au second degré », *Fabula-LhT*, n° 13, « La bibliothèque des textes fantômes », novembre 2014, URL : http://www.fabula.org/lht/13/lachat.html

LAFORGUE, Pierre, *Romanticoco : fantaisie, chimère et mélancolie, 1830-1860*, Saint-Denis, Presses universitaires de Vincennes, 2001.

LAFORGUE, Pierre, « Soleil noir d'*Aurélia* », *RHLF*, vol. 105, oct.-déc. 2005, p. 843-858.

LAPLACE-CLAVERIE, Hélène, « Qu'est-ce qu'un drame-légende ? Choix dramaturgiques et scéniques dans *L'Imagier de Harlem* », *Revue Nerval*, n° 1, 2017, p. 93-104.

LARUE, Anne, « La *Mélancolie* de Dürer dans la poésie du XIXᵉ siècle. *Ekphrasis*, allégorie, logotype ? », dans S. Dorangeon, *Literature and the Visual Arts*, Reims, P. U. de Reims, 1998.

LEBENSTEJN, Jean-Claude, *Le Champ des morts. Fleurs de rêve* I, Bassac, Éditions du Limon, 1997.

LEDDA, Sylvain, « Nerval et les genres dramatiques », *Revue Nerval*, n° 1, 2017, p. 105-118.

LEROY, Christian, *Les Filles du feu, Les Chimères et Aurélia, ou « La poésie est-elle tombée dans la prose ? »*, Paris, Honoré Champion, coll. « Unichamps », 1997.

LEVY-BERTHERAT, Déborah, « Détour du désir : le Caïn de Byron et de Nerval », *Littérales*, 24, université Paris X – Nanterre, printemps 1999, p. 171-181.

LOISELEUR, Aurélie, « Le monde sans garde-fous : Proust lisant Nerval et Baudelaire », dans *Baudelaire et Nerval : poétiques comparées*, Études réunies par Patrick Labarthe et Dagmar Wieser, avec la collaboration de Jean-Paul Avice, Paris, Honoré Champion, 2015, p. 243-254.

LOMBEZ, Christine, « Vers et prose dans la traduction de poésie : le cas de Gérard de Nerval », *Transfert. Travaux franco-allemands de traduction*, n° 4, 2003.

LUCKEN, Christopher, « Du manuscrit retrouvé au livre infaisable. Nerval et les philologues », dans Christine Montalbetti et Jacques Neefs, *Variations critiques pour Béatrice Didier*, Paris, PUF, 2005, p. 229-240.

LUND, H. P., « Distance de la poésie. Heine, Nerval et Gautier en 1848 », *Orbis litterarum*, n° 38, 1983, p. 24-40.

MACÉ, Gérard, *Ex libris. Nerval – Corbière – Rimbaud – Mallarmé*, Paris, Gallimard, 1980.

MACÉ, Gérard, *Je suis l'autre*, Paris, Gallimard, 2007.

MANNONI, Octave, « Le théâtre et la folie », dans *Clefs pour l'imaginaire ou l'Autre scène*, Paris, Seuil, 1986.

MARCHAL, Bertrand, « Nerval et le retour des dieux ou le théâtre de la Renaissance », dans *Gérard de Nerval, « Les Filles du feu », « Aurélia ». Soleil noir*, Paris, SEDES, 1997, p. 125-132.

MARCHAL, Bertrand, « *Les Chimères* de Nerval », dans André Guyaux (dir.), *Gérard de Nerval*, actes du colloque de la Sorbonne du 15 novembre 1997, Paris, Presses de l'Université de Paris-Sorbonne, 1997, p. 117-128.

MARCHAL, Bertrand, « Du "Ténébreux" aux "Clartés d'Orient" dans *Les Chimères* de Nerval », dans Jean-Nicolas Illouz et Claude Mouchard (dir.), « Clartés d'Orient », Nerval ailleurs, Paris, Éditions Laurence Teper, 2004, p. 31-43.

MARCHAL, Bertrand, « Nerval et la chimère poétique », dans *Quinze études sur Nerval et le Romantisme*, hommage à Jacques Bony, textes réunis et présentés par Jérôme Thélot et Hisashi Mizuno, Paris, Kimé, 2005.

MARCHAL, Bertrand, « "Je suis le ténébreux...". Notes sur un *incipit* nervalien, ou saint Gérard, comédien et martyr », dans Fabienne Bercegol et Didier Philippot (dir.), *La Pensée du paradoxe. Approches du romantisme. Hommage à Michel Crouzet*, Paris, Presses de l'Université Paris-Sorbonne, 2006, p. 559-566.

MARCHAL, Bertrand, « Des *Odelettes* aux *Chimères* », dans *Gérard de Nerval et l'esthétique de la modernité*, Paris, Hermann, 2010, p. 33-45.

MARCHAL, Bertrand, « *Le Christ aux Oliviers* », dans Patricia Oster et Karlheinz Stierle, *Palimpsestes poétiques*, Paris, Honoré Champion, 2015, p. 191-205.

MARCHETTI, Marilia, « Inventer, au fond c'est se ressouvenir : l'intertextualité nervalienne », *Cahiers Gérard de Nerval*, n° 10, 1987, p. 36-40.

MARIE, Aristide, *Gérard de Nerval. Le poète et l'homme*, 1914, Genève, Paris, Slatkine Reprints, 1980.

MAURON, Charles, *Des métaphores obsédantes au mythe personnel. Introduction à la Psychocritique*, Paris, José Corti, 1963 [chapitre IV : « Nerval », p. 64-80 ; chapitre IX : « Nerval : Artémis », p. 148-156].

MARTIN, David, « D'un "certain phénomène" de la lecture, ou Nerval et l'autobiographie impossible », *Cahiers Gérard de Nerval*, n° 11, 1988, p. 33-40.

MARTY, Philippe, « *Traductio pedestris*. Nerval devant l'*Intermezzo* de Heine », dans P. Petitier (dir.), *Paul-Louis Courier et la traduction. Des littératures étrangères à l'étrangeté de la traduction*, Tours, Société des amis de Paul-Louis Courier, 1999, p. 101-116.

MAY, Georges, « Des figures aux structures, un passage mal frayé : *La Modification*, *Sylvie* », *Poétique*, n° 13, 1982, p. 259-277.

MAZELIER, Roger, *Gérard de Nerval et l'humour divin*, Saint-Quentin-en-Yveline, Éditions les trois R, 1995.

MEES, Martin, « Nerval traduit Schiller. De l'ici à l'ailleurs, dynamique d'une poétique de la traduction », dans Corinne Wecksteen, Xiaoshan Dantille, *L'ici et l'ailleurs dans la littérature traduite*, Artois Presses Université, 2017, p. 219-238.

MENANT, Geneviève, « Aspects du XVIIIe siècle nervalien », dans *Quinze études sur Nerval et le Romantisme*, Paris, Kimé, 2005, p. 47-63.

MESCHONNIC, Henri, « Essai sur la poétique de Nerval », *Europe*, avril 1972, repris dans *Pour la poétique III. Une parole écriture*, Paris, Gallimard, 1973.

MÉTAYER, Guillaume, « Nietzsche, Nerval et la littérature romantique », *Critique*, n° 745-746, juin-juillet 2009, p. 614-624.

MICHAUD, Stéphane, « Isis et Marie : Gérard de Nerval », *Muse et Madone*, Paris, Seuil, 1985, p. 173-204.

MICHEL, Alain et Arlette, *La Littérature française et la connaissance de Dieu (1800-2000)*, Paris, Les éditions du Cerf, Ad Solem, 2008, 3 vol. [Volume II, chapitre premier : « Nerval : au-delà de la folie, une poétique mystique] ».

MIGUET, Marie, « Géographie virgilienne d'*Aurélia* », dans *Nerval. Une poétique du rêve*, Actes du colloque de Bâle, Mulhouse et Fribourg des 10, 11 et 12 novembre 1986, organisé par Jacques Huré, Joseph Jurt et Robert Kopp, Paris, Genève, Champion-Slatkine, 1989, p. 209-218.

MIGUET, Thierry, « Formes, nombres et couleurs dans *La Main enchantée* », dans *Nerval, une poétique du rêve*, Paris, Honoré Champion, 1989, p. 67-78.

MILNER, Max, « Religions et religion dans le *Voyage en Orient* de Gérard de Nerval », *Romantisme*, n° 50, 1985, p. 41-52.

MILNER, Max, « Désir et archaïsme dans *Aurélia* de Nerval », *Elseneur*, n° 3, 1984, p. 56-70.

MILNER, Max, « Rêve et révolte chez Gérard de Nerval », dans Karl Maurer et Winfried Wehle (éd.), *Romantik. Aufbruch zur Moderne*, Wilhelm Fink, 1991, p. 173-199.

MILNER, Max, « Le XVe siècle comme miroir du XIXe dans *Le Prince des sots* », dans Emmanuèle Baumgartner et Jean-Pierre Leduc-Adine (dir.), *Moyen Âge et XIXe siècle. Le Mirage des origines*, actes du colloque Paris III-Sorbonne Nouvelle, Paris X-Nanterre, 5 et 6 mai 1988, Nanterre, Centre de recherches du département de français de Paris X-Nanterre, 1990, p. 81-91.

MILNER, Max, *Le Diable dans la littérature française de Cazotte à Baudelaire*, 1772-1861, Paris, José Corti, [1960], 2007.

MOIOLI, Aurélie, « Les arabesques de Nerval : une théorie romantique de l'imagination créatrice », *Revue Nerval*, n° 1, 2017, p. 77-92.

MONCELON, Jean, « Vers l'Orient. Novalis et Gérard de Nerval », *Cahiers de l'Herne*, n° 37, 1980.

MOUCHARD, Claude, « Position du poème », dans Jean-Nicolas Illouz et Claude Mouchard (dir.) « Clartés d'Orient », Nerval ailleurs, Paris, Éditions Laurence Teper, 2004, p. 309-344.

MOUCHARD, Claude, « Les harmonies magnétiques », *Romantisme*, 1972, n° 5, p. 66-83.

MOUGET, Sandra, « Élégie et Histoire : le cas des élégies nationales en France sous l'Empire et la Restauration », *Cahiers Roucher – André Chénier*, n° 26, 2007.

MOUSSA, Sarga, « Nerval et la tombe de J.-J. Rousseau », *Revue de l'Institut de Sociologie*, Université libre de Bruxelles, 1998 / 1-2, 2000, p. 119-131.

MOUSSA, Sarga, « Orientalisme et intertextualité : Nerval lecteur de Lamartine », dans *Quinze études sur Nerval et le Romantisme*, Paris, Kimé, 2005, p. 77-90.

MURAT, Laure, *La Maison du docteur Blanche*, Paris, Hachette, 2002.

MURAY, Philippe, *Le XIXe siècle à travers les âges*, [1984], Paris, Denoël, 1984 [« Pythagore en gilet rouge (Nerval) », p. 399-424].

MURESANU IONESCU, Marina, « Mise en abyme et niveaux narratifs dans *Angélique* de Gérard de Nerval », *Dialogue. Revue d'études roumaines*, Montpellier, Université Paul Valéry, n° 7, 1981, p. 83-94.

MURESANU IONESCU, Marina, *Pour une sémiotique du narratif. Une lecture de Nerval*, Editura Junimea, Iasi, 2007.

MURESANU IONESCU, Marina, *Eminescu et Nerval. Un intertexte possible*, Institutul European, coll. Academica, Espaces francophones, 2008.

NÉE, Patrick, « De Nerval à Gautier, l'empiègement romantique du trajet de l'âme », *Romantisme*, n° 142, 2008, p. 107-123.

NÉE, Patrick, « De quel voile s'enveloppe le *Voyage en Orient* de Nerval ? », *Littérature*, n° 158, juin 2010, p. 75-91.

NOZAKI, Kan, « Emprunt et transformation chez Nerval : le cas de Cythère », *Cahiers Gérard de Nerval*, n° 10, 1987, p. 74-78.

NOZAKI, Kan, « Le partage du rêve chez Nerval », *Revue Nerval*, n° 1, 2017, p. 43-58.

NOZAKI, Kan, « L'écriture du rêve dans le *Voyage en Orient* : Nerval et la mise en scène onirique du réel », dans *Vers l'Orient par la Grèce : avec Nerval et d'autres voyageurs*, textes recueillis par Loukia Droulia et Vasso Lentzou, Paris, Klincksieck, 1993.

OEHLER, Dolf, « Carrousel de cygnes. Baudelaire, Nerval, Heine », *Hommages à Claude Pichois. Nerval, Baudelaire, Colette*, textes recueillis par Jean-Paul Avice et Jérôme Thélot, Paris, Klincksieck, 1999, p. 77-88.

OLSEN, Michel, « *La Reine des poissons*, conte populaire ou création poétique ? », *Revue romane* (Copenhague), 1967/1, p. 224-231.

PACHET, Pierre, « Nerval et la perte du rêve », *La Force de dormir*, Paris, Gallimard, NRF/Essais, 1988, p. 55-80.

PASCAL, Gabrielle, *Le Sourire de Gérard de Nerval*, Québec, V. L. B. éditeur, Le Castor astral, 1989.

PASTOURTEAU, Michel, *Une histoire symbolique du Moyen Âge occidental*, Paris, Seuil, La Librairie du XXIe siècle, 2004 (« "Le soleil noir de la mélancolie" : Nerval lecteur des images médiévales », p. 317-326).

PETIT, Maryse, « Nerval : de l'étoile à la lanterne », dans Christian Chelebourg (dir.), *Le Ciel du romantisme. Cosmographie, rêverie*, *Cahiers Écritures XIX*, n° 4, 2008.

PICHOIS, Claude, *L'Image de Jean-Paul Richter dans les lettres françaises*, Paris, José Corti, 1963.

PICHOIS, Claude, « Gérard traducteur de Jean-Paul », Études germaniques, n° 18, 1963, p. 98-113.

PICHOIS, Claude, « Aspects de la politique nervalienne dans le *Voyage en Orient* », *Lendemains*, n° 33, 1984, p. 7-9.

PICHOIS, Claude, « Nerval, Baudelaire et les formes littéraires », *Baudelaire, Mallarmé, Valéry. New Essays in honour of Lloyd Austin*, Cambridge, Cambridge University Press, p. 95-104.

PICHOIS, Claude, « Nerval en 1830 », *Romantisme*, n°39, vol. 13, 1983, p. 170-171.

PITTWOOD, Michael, *Dante and the French Romantics*, Genève, Droz, 1985, [« Gautier and Nerval », p. 219-234].

PLANCHE, Alice, « Regards sur le monde végétal dans l'œuvre de Nerval. De la surface au secret », *Cahiers Gérard de Nerval*, n° 2, 1979, p. 7-16.

PLANCHE, Alice, « Le Diderot de Nerval », *Cahiers Gérard de Nerval*, n° 12, 1989, p. 20-28.

POPA, Nicolas, « Les Sources allemandes de deux *Filles du feu*, "Jemmy et "Isis" de Gérard de Nerval », *Revue de littérature comparée*, 1930, p. 503-519.

POULET, Georges, *Les Métamorphoses du cercle*, Paris, Flammarion, 1979 [première édition, Plon, 1961], [« Nerval », p. 273-294].

POULET, Georges, *Trois essais de mythologie romantique*, Paris, José Corti, 1971 [« *Sylvie* ou la pensée de Nerval », p. 11-81 ; « Nerval, Gautier et la blonde aux yeux noirs », p. 83-134].

POULET, Georges, « Nerval et l'expérience du temps », *L'Herne*, n° 37, 1980.

PRENDERGAST, Christopher, « Nerval : the madness of mimesis », *The Order of Mimesis*, Cambridge, Cambridge University Press, 1986, p. 148-179.

PROUST, Marcel, « Gérard de Nerval », *Contre Sainte-Beuve*, édition établie par Pierre Clarac, Paris, Gallimard, « Bibliothèque de la Pléiade », 1971, p. 233-242.

QUEFFELEC, Christine, « L'occultation des référents dans *Aurélia* : une esthétique de l'indéfini », *Hommage à Jean Richer*, Paris, Les Belles Lettres, 1985.

REY, Paul-Louis, « Proust lecteur de Nerval », *Bulletin d'informations proustiennes*, n° 30, 1999, p. 19-27.

RICHARD, Jean-Pierre, *Poésie et profondeur*, Paris, Seuil, 1976 [première édition : 1955 ; « Géographie magique de Nerval », p. 15-89].

RICHARD, Jean-Pierre, *Microlectures*, Paris, Seuil, 1979 [« Le nom et l'écriture », p. 13-24].

RICHER, Jean, « Nodier et Nerval », *Cahiers du Sud*, 1950.

RICHER, Jean, *Nerval. Expérience et création*, Paris, Hachette, 1970 [première édition : 1963].

RICHER, Jean, *Nerval par les témoins de sa vie*, Paris, Minard, 1970.

RICHER, Jean, *La Description du Panthéon de Paul Chenavard par Gérard de Nerval*, Paris, Minard, Archives des Lettres modernes, n° 48, 1963.

RICHER, Jean, *Problèmes posés par l'établissement du texte d'*Aurélia, Paris, Minard, 1965.

RICHER, Jean, *Les Manuscrits d'*Aurélia *de Gérard de Nerval*, Paris, Les Belles Lettres, 1972.

RICHER, Jean, « À propos d'*Isis* : Nerval et la religion isiaque », *Cahiers Gérard de Nerval*, n° 10, 1987, p. 60-62.

RICHER, Jean, « Nerval auteur de l'Âne d'or », Œuvres et critiques, XVIII, 2, 1988, p. 109-116.

RICHER, Jean, « Le baiser de la reine : Nerval et les néo-platoniciens de Florence », dans *L'Imaginaire nervalien. L'espace de l'Italie*, Ed. Scientifiche Italiane, 1988, p. 401-412.

RIEGER, Dietmar, « Nerval poète politique. Ébauche d'une analyse critique de l'idéologie nervalienne », *Romanistische Zeitschrift für Literaturgeschichte*, n° 2, 1978, p. 21-38.

RIEGER, Dietmar, « "Inventer au fond c'est se ressouvenir". Remarques sur quelques bibliothèques classiques et romantiques », *Lendemains*, n° 23/90, 1998, p. 40-56.

RIGOLI, Juan, *Lire le délire. Aliénisme, rhétorique et littérature en France au* XIX*e siècle*, Paris, Fayard, 2001 [« Le fou et ses lecteurs ("À Alexandre Dumas", *Aurélia*) », p. 517-581].

RIGOLI, Juan, « Les Orients de la folie », dans Jean-Nicolas Illouz et Claude Mouchard, *Clartés d'Orient. Nerval ailleurs*, Paris, Laurence Teper, 2004, p. 45-80.

RINSLER, Norma, « Gérard de Nerval et Heinrich Heine », *Revue de littérature comparée*, 1959, n° 33, p. 94-102.

ROSSINI, Anne, « l'ironie dans *Sylvie* », *L'Information littéraire*, avril-juin 2002, p. 12-22.

ROULLIN, Jean-Marie, « Sœurs et frères de lait dans *Indiana*, *On ne badine pas avec l'amour* et *Sylvie* : communauté de sein et disparité de destins », dans Claudie Bernard, Chantal Massol et Jean-Marie Roulin (dir.), *Adelphiques.*

Sœurs et frères dans la littérature française du XIXe siècle, Paris, éditions Kimé, 2010, p. 285-300.

ROUSSEL, Jean, « De Girardin à Nerval : la célébrité des soupers d'Ermenonville », Œuvres et critiques, X, I, 1985, p. 5-18.

ROYET, Hubert, *Bucquoy, Casanova, Nerval : littérature d'évasion*, Le Puy-en-Velay, L'Éveil de la Haute-Loire, 1980.

SAÏDAH, Jean-Pierre, « Les facéties enchantées de Nerval dans *La Main de Gloire* », *Modernités*, n° 16, *Enchantements. Mélanges offerts à Yves Vadé*, 2002.

SANDRAS, Michel, « Nerval et le débat entre la prose et la poésie », dans José-Luis Diaz (dir.), *Gérard de Nerval, Les Filles du feu, Aurélia, « Soleil noir »*, actes du colloque d'agrégation des 28 et 29 novembre 1997, Paris, SEDES, 1997, p. 133-143.

SANGSUE, Daniel, « Propositions pour une lecture d'*Angélique* », *Lendemains 33*, 1984.

SANGSUE, Daniel, *Le Récit excentrique, Gautier, De Maistre, Nerval, Nodier*, Paris, José Corti, 1987 [Chapitre X : « Nerval : *Voyage en Orient, Les Nuits d'octobre, Les Faux Saulniers* », p. 349-406].

SANGSUE, Daniel, *Fantômes, esprits et autres morts-vivants. Essai de pneumatologie littéraire*, Paris, José Corti, 2011 [Chapitre 23 : « Revenance et morts-vivants chez Nerval », p. 407-429].

SANGSUE, Daniel, « Le canard de Nerval », *Europe*, n° 935, mars 2007, p. 52-67.

SAFIEDDINE, Mona, *Nerval dans le sillage de Dante : de la « Vita nuova » à « Aurélia »*, précédé de Jean SALEM, « Un Magistère inopérant ? », Paris, Cariscript, Librairie Samir, 1994.

SCHAEFFER, Gérald, *Une double lecture de Gérard de Nerval :* Les Illuminés *et* Les Filles du feu, Neuchâtel, À la Baconnière, 1977.

SACHÄRER, Kurt, *Thématique de Nerval ou le monde recomposé*, Paris, Minard, 1968.

SACHÄRER, Kurt, « "À Alexandre Dumas". L'auteur et son miroir », *L'Herne*, 1980, p. 223-236.

SACHÄRER, Kurt, « La tentation du drame chez Nerval », *Cahiers Gérard de Nerval*, n° 3, 1980, p. 3 et suiv.

SACHÄRER, Kurt, *Pour une poétique des « Chimères » de Nerval*, Lettres modernes, coll. « Archives nervaliennes », n° 13, 1981.

SACHÄRER, Kurt, « Nerval juge d'*Aurélia* », dans *Le Rêve et la vie*, Paris, SEDES, 1986, p. 249-260.

SACHÄRER, Kurt, « Nerval et l'Italie des Romantiques allemands », dans Monique Streiff Moretti (dir.), *L'Imaginaire nervalien. L'espace de l'Italie*, Perugia, Edizioni Scientifiche Italiane, 1988, p. 25-42.

SACHÄRER, Kurt, « Nerval et l'ironie lyrique », dans *Nerval. Une poétique du rêve*, Actes du colloque de Bâle, Mulhouse et Fribourg des 10, 11 et

12 novembre 1986 organisé par Jacques Huré, Joseph Jurt et Robert Kopp, Paris, Genève, Champion-Slatkine, 1989, p. 153-164.

SACHÄRER, Kurt, « Reprendre à la musique notre bien : Nerval et le symbolisme », dans *Baudelaire et Nerval : poétiques comparées*, Études réunies par Patrick Labarthe et Dagmar Wieser, avec la collaboration de Jean-Paul Avice, Paris, Honoré Champion, 2015, p. 227-242.

SCHOPP, Claude, « Les étoiles mortes », préface à Alexandre Dumas, *Sur Gérard de Nerval. Nouveaux mémoires*, Éditions Complexe, 1990.

SCEPI, Henri, *Poésie vacante. Nerval, Mallarmé, Laforgue*, Lyon, ENS éditions, 2008.

SCEPI, Henri, « Dire le réel : détours et recours biographiques (*Les Illuminés*) », *Littérature*, n° 158, juin 2010, p. 92-104.

SCEPI, Henri, « L'essayisme nervalien. Étude d'une déviation », dans Pierre Glaudes et Boris Lyon-Caen (dir.), *Essais et essayisme en France au XIXe siècle*, Paris, Classiques Garnier, collection « Rencontres », 2014, p. 153-170.

SÉGINGER, Gisèle, *Nerval au miroir du temps : Les Filles du feu, Les Chimères*, Paris, Ellipses, 2004.

SÉGINGER, Gisèle, « Révolte et création. Nerval et l'éthique de Caïn », dans *Amoralité de la littérature, morales de l'écrivain*, actes du colloque international organisé par le Centre « Michel Baude – Littérature et Spiritualité » de l'Université de Metz, les 26 et 27 mars 1998, textes réunis et publiés par Jean-Michel Wittmann, Paris, Champion, 2000, p. 153-161.

SÉGINGER, Gisèle, « Nerval : une révolution à retardement ? », *Les révolutions littéraires : idée et histoire*, Textes réunis par Jean-Yves Guérin et Agnès Spiquel, Presses universitaires de Valenciennes, 2006, p. 157-173.

SÉGINGER, Gisèle, « Tout est mort, tout vit. Musset, Nerval : la double figure d'une génération », *Romantisme*, n° 147, 2010, p. 55-68.

SÉGINGER, Gisèle, « La modernité du sacré nervalien », dans *Gérard de Nerval et l'esthétique de la modernité*, Paris, Hermann, 2010, p. 279-299.

SEILLAN, Jean-Marie, « *Sylvie* et la tradition élégiaque », dans *Aspects du lyrisme du XVIe au XIXe siècle. Ronsard, Rousseau, Nerval*, actes du colloque organisé par M.-H Cotoni, J. Rieu et J.-M. Seillan, 1997, Publications de la Faculté des Lettres, arts, et sciences humaines de Nice, n° 42, 1998, p. 165-182.

SERGEANT, Philippe, *Gérard de Nerval, la mort d'Andros*, Paris, éditions de la Différence, 2006.

SEYLAZ, Jean-Luc, « Temporalité et narration dans *Angélique* de Gérard de Nerval », Études de lettres, III-9, Lausanne, 1976, p. 31-43.

SIMON, Anne, « De *Sylvie* à la *Recherche* : Proust et l'inspiration nervalienne », *Romantisme*, n° 95, 1997, p. 39-49.

SOSIEN, Barbara, « Les débris d'un monde éclaté. Une lecture de Gérard de Nerval », *Iris*, n° 23, 2002, p. 249-256.

SIQUEL, Agnès, « La déesse dévoilée » dans *Gérard de Nerval, Les Filles du feu, Aurélia, – Soleil noir*, Actes du Colloque d'Agrégation des 28 et 29 novembre 1997, Paris, SEDES, 1997, p. 101-110.

SIQUEL, Agnès, « Isis au XIXe siècle », *Mélanges de l'École française de Rome. Italie et Méditerranée*, t. 111, n° 2, 1999, p. 541-552.

STEINMETZ, Jean, *L'Encre de la mélancolie*, Paris, Seuil, 2012, [p. 480-484].

STEINMETZ, Jean-Luc, *Signets. Essais critiques sur la poésie du XVIIIe au XXe siècle*, Paris, José Corti, 1995 [« Les poésies dans les *Petits châteaux de Bohême* », p. 71-86 ; « Un disciple de Du Bartas : Gérard de Nerval », p. 87-106].

STEINMETZ, Jean-Luc, « Le corps-parole de *Delfica* », *Romantisme*, n° 15, 1977, p. 18-33.

STEINMETZ, Jean-Luc, « Quatre hantises (sur les lieux de Bohême) », *Romantisme*, n° 59, 1988, p. 59-69.

STEINMETZ, Jean-Luc, « Remarques comparatives sur quatre sonnets de Nerval (manuscrit Loubens) », *Revue belge de philologie et d'histoire*, tome 72, fasc. 3, 1994, p. 617-630.

STEINMETZ, Jean-Luc, Préface à *Gérard de Nerval*, Presses de l'Université de Paris-Sorbonne, Mémoire de la critique, 1997, p. 7-27.

STEINMETZ, Jean-Luc, *Reconnaissances. Nerval, Baudelaire, Lautréamont, Rimbaud, Mallarmé*, Nantes, éditions Cécile Defaut, 2008 [« La double poésie de Gérard de Nerval », p. 21-50 ; « Le texte et la vie », p. 51-72 ; « La réception critique de Nerval au XIXe siècle », p. 73-102].

STEINMETZ, Jean-Luc, « Le texte et la vie, ou le retour de Jenny Colon », *Europe*, n° 935, mars 2007, p. 25-37.

STEINMETZ, Jean-Luc, « La non-révélation des *Chimères* », dans *Gérard de Nerval et l'esthétique de la modernité*, Paris, Hermann, 2010, p. 19-32.

STEINMETZ, Jean-Luc, « Les rêves dans *Aurélia* de Gérard de Nerval », *Littérature*, n° 158, juin 2010, p. 105-116.

STIERLE, Karlheinz, *La Capitale des signes. Paris et son discours*, préface de Jean Starobinski, traduit de l'allemand par Marianne Rocher-Jacquin, Paris, Éditions de la Maison des sciences de l'homme, 2001 [« Une lisibilité imaginaire : expérience de la ville et conscience mythique de soi chez Gérard de Nerval », p. 386-407].

STREIFF-MORETTI, Monique, *Le Rousseau de Gérard de Nerval, mythe, légende, idéologie*, Bologna, Patron, 1976.

STREIFF-MORETTI, Monique, « Portraits dans une bibliothèque : Nerval, Töppfer et quelques autres », *Cahiers Gérard de Nerval*, V, 1982, p. 23-36.

STREIFF-MORETTI, Monique, « Les Chiens de Civitavecchia », *Cahiers Gérard de Nerval*, n° 10, 1987, p. 56-59.

STREIFF-MORETTI, Monique, « Le *Pastor Fido* et les thèmes de *L'Arcadia* dans

Promenades et souvenirs », dans Monique Streiff Moretti (dir.), *L'Imaginaire nervalien. L'espace de l'Italie*, Naples, Edizioni scientifiche italiane, 1988, p. 261-272.

STREIFF-MORETTI, Monique, « *El Desdichado*, la clef du Tarot », dans *Nerval. Une poétique du rêve*, Actes du colloque de Bâle, Mulhouse et Fribourg des 10, 11 et 12 novembre 1986 organisé par Jacques Huré, Joseph Jurt et Robert Kopp, Paris, Genève, Champion-Slatkine, 1989, p. 267-281.

STREIFF-MORETTI, Monique, « Artaud, lecteur des *Chimères* », *Cahiers Gérard de Nerval*, 1991, n° 14, p. 40 et suiv.

STREIFF-MORETTI, Monique, « Gérard de Nerval et les métamorphoses d'Isis », *Revue de Littérature française et comparée*, Pau, PUP, 1997, p. 141-158.

STREIFF-MORETTI, Monique, « Réflexion sur un faux titre : *Les Filles du feu* », dans André Guyaux (dir.), Gérard de Nerval, actes du colloque de la Sorbonne du 15 novembre 1997, Paris, Presses de l'Université de Paris-Sorbonne, 1997, p. 23-39.

SYLVOS, Françoise, *Nerval ou l'Antimonde. Discours et figures de l'utopie*, Paris, L'Harmattan, 1997.

SYLVOS, Françoise, « La référence au Burlesque dans l'œuvre de Gérard de Nerval », dans D. Bertrand et A. Montandon, *Poétiques du Burlesque*, actes du colloque de Clermont-Ferrand, Paris, Champion Slatkine, 1997.

SYLVOS, Françoise, « Magnétisme et attraction dans *Aurélia* », *Littératures*, n° 42, 2000, p. 99-113.

SYLVOS, Françoise, « Gérard de Nerval, *Contes et Facéties* », *Romantisme*, n° 115, 2002, p. 98-99.

SYLVOS, Françoise, « Nerval et Gautier, l'aventure d'une collaboration », *Bulletin de la Société Théophile Gautier*, n° 30, *Le cothurne étroit du journalisme : Théophile Gautier et la contrainte médiatique*, année 2008, p. 43-58.

SYLVOS, Françoise, « Vénus et le syncrétisme poétique dans le *Voyage en Orient* de Nerval », dans Sophie Linon-Chipon et Jean-François Guennoc (dir.), *Transhumances divines. Récits de voyage et religion*, Presses de l'université Paris-Sorbonne, 2005, p. 259-277.

TADIÉ, Jean-Yves, et SIMON, Anne, « Proust et Nerval », *Europe*, n° 935, p. 154-158.

TAGUCHI, Aki, *Nerval. Recherche de l'autre et conquête de soi*, Berne, Peter Lang, 2010.

TAMURA, Takeshi, « Poésie et traduction. Le cas des *Chimères* », dans Jean-Nicolas Illouz et Claude Mouchard (dir.), « Clartés d'Orient » : Nerval ailleurs, Paris, éditions Laurence Teper, 2004, p. 231-246.

TAMURA, Takeshi, « Fantaisies nervaliennes sur les Celtes Gaulois », *Revue Nerval*, n° 1, 2017, p. 119-134.

THOMAS, Catherine, *Le Mythe du XVIIIe siècle au XIXe siècle (1830-1860)*, Paris, Honoré Champion, 2003 [« Gérard de Nerval : le XVIIIe siècle ou le désordre créateur », p. 97-102].

THOMAS, Catherine, « Nerval et Cagliostro », dans Monique Streiff Moretti (dir.), *L'Imaginaire nervalien. L'Espace de l'Italie*, Naples, Edizioni Scientifiche Italiane, 1988, p. 297-305.

THOMAS, Catherine, « Casanova dans le *Voyage en Orient* », dans *Nerval. Une poétique du rêve*, actes du colloque de Bâle, Mulhouse et Fribourg des 10, 11 et 12 novembre 1986, organisé par Jacques Huré, Joseph Jurt et Robert Kopp, Paris, Champion, 1989, p. 41-47.

THOREL-CAILLETAU, Sylvie, « La Loutre empaillée. Réalisme et fantaisie dans *Les Nuits d'octobre* », dans Jean-Louis Cabanès et Jean-Pierre Saïdah (dir.), *La Fantaisie post-romantique*, Toulouse, Presses Universitaires du Mirail, 2003, p. 253-264.

TIBI, Laurence, *La Lyre désenchantée. L'instrument de musique et la voix humaine dans la littérature française du XIXe siècle*, Paris, Honoré Champion, 2003.

TIERSOT, Julien, *La Chanson populaire et les écrivains romantiques*, Paris, Plon, 1931 (chap. II : « Gérard de Nerval ; les chansons populaires du Valois », p. 49-138).

TILBY, Michaël, « Nerval amateur de théâtre : sur les origines du personnage d'*El Desdichado* », *RHLF*, 2014/2, p. 368-382.

TOUTTAIN, Pierre-André, « Cythère en Valois : Gérard de Nerval et les peintres du XVIIIe siècle », *Cahiers Gérard de Nerval*, n° 12, p. 33-37.

TRITSMANS, Bruno, *Textualité de l'instable. L'Écriture du Valois de Nerval*, Berne, Peter Lang SA, 1989.

TRITSMANS, Bruno, Écritures nervaliennes, Tübingen, Gunter Narr Verlag, 1993.

TRITSMANS, Bruno, « Le discours du savoir dans *Aurélia* », *Littérature*, n° 58, 1985, p. 19-28.

TRITSMANS, Bruno, « Les métamorphoses du palimpseste. Souvenir et régénération chez Nerval », *Revue romane*, n° 21, Copenhague, 1989.

TRITSMANS, Bruno, « Pouvoirs et contraintes du masque. L'acteur possédé par son rôle chez Nerval et Villiers », *Romantisme*, n° 79, 1993, p. 29-38.

TSUJIKAWA, Keiko, *Nerval et les limbes de l'histoire. Lecture des* Illuminés, Préface de Jean-Nicolas Illouz, Genève, Droz, 2008.

TSUJIKAWA, Keiko, « Nerval, le temps à l'œuvre : politique et résistance dans *L'Histoire de l'abbé de Bucquoy* », *RHLF*, juillet-septembre 2008.

TUZET, Hélène, « L'image du soleil noir », *Revue des sciences humaines*, fascicule 88, octobre-décembre 1957, p. 479-502.

TUZET, Hélène, *Le Cosmos et l'imagination*, Paris, José Corti, 1988.

TYERS, Meryl, *Critical Fictions. Nerval's* Les Illuminés, Oxford, Legenda, 1998.

VADÉ, Yves, *L'Enchantement littéraire. Écriture et magie de Chateaubriand à Rimbaud*, Paris, Gallimard, 1990.

VADÉ, Yves, « Les fantômes des *Filles du feu* », dans José-Luis Diaz (dir.), *Gérard de Nerval, Les Filles du Feu, Aurélia, « Soleil noir »*, actes du colloque d'agrégation des 28 et 29 novembre 1997, Paris, SEDES, 1997, p. 181-191.

VADÉ, Yves, « L'énonciation lyrique dans *Les Chimères* », dans *Aspects du lyrisme du XVIe au XIXe siècle. Ronsard, Rousseau, Nerval*, actes du colloque organisé par M.-H. Cotoni, J. Rieu, J.-M. Seillan à Nice, 5 et 6 décembre 1997, Nice, Publications de la Faculté des Lettres, Arts et Sciences humaines de Nice, Université de Nice Sophia-Antipolis, Centre de recherches littéraires pluridisciplinaires, 1998, p. 183-197.

VALENCY-SLAKTA, Gisèle, « Sur Gérard de Nerval pendant la crise de 1841. Chimères, rébus et calembours. Une poétique de l'enfermement », dans André Magnan (dir.), *Expériences limites de l'épistolaire. Lettres d'exil, d'enfermement, de folie*, Paris, Champion, 1993, p. 215-234.

VIATTE, Alexandre, « Mysticisme et poésie chez Gérard de Nerval », *Cahiers de l'Association internationale des études françaises*, n° 15, 1963.

WASSELIN, Christian, *Le Paris de Nerval*, Paris, Éditions Alexandrines, 2017.

WIESER, Dagmar, « "En repassant le Rhin" : la dialectique de l'identité chez Heine et chez Nerval », dans *Variations*, n° 3, 1999, p. 13-26.

WIESER, Dagmar, « Nerval au miroir de Ronsard et de Corneille », dans Laurent Adert et Éric Eigenmann (dir.), *L'Histoire dans la littérature*, Genève, Droz, 2000, p. 195-217.

WIESER, Dagmar, *Nerval : une poétique du deuil à l'âge romantique*, Genève, Droz, 2004.

WIESER, Dagmar, « Théophanies : Nerval lecteur de Fénelon », *Plaisance*, n° 7, 2006, p. 29-44.

WIESER, Dagmar, « Poésie et douleur », *Europe*, n° 935, mars 2007, p. 80-89.

WIESER, Dagmar, « Écritures de l'irrationnel : Proust lecteur de Nerval », dans *Gérard de Nerval et l'esthétique de la modernité*, Paris, Hermann, 2010, p. 359-378.

WIESER, Dagmar, « Nerval et la science des déplacements », *Littérature*, n° 158, juin 2010, p. 33-46.

WIESER, Dagmar, « Proust, Nerval et l'illusion poétique », *Bulletin d'informations proustiennes*, n° 41, 2011, p. 73-87.

WIESER, Dagmar, « Poésie et charité : Nerval et Baudelaire entre saint Paul et Saturne », dans *Baudelaire et Nerval : poétiques comparées*, Études réunies par Patrick Labarthe et Dagmar Wieser, avec la collaboration de Jean-Paul Avice, Paris, Honoré Champion, 2015, p. 209-226.

WIESER, Dagmar, « Un *blanc* descriptif au XIXe siècle : la robe de mariée », dans Alain Montandon (dir.), *Tissus et vêtements chez les écrivains au XIXe siècle. Sociopoétique du textile*, Paris, Champion, 2015, p. 109-132.

WHITE, Peter, « Gautier, Nerval et la hantise du *Doppelgänger* », Bulletin de la Société Théophile Gautier, nº 10, 1988, p. 17-32.

WHITE, Peter, « Gérard de Nerval, inspirateur d'un conte de Gautier, *Deux acteurs pour un rôle* », *Revue de littérature comparée*, juillet-septembre, 1966, p. 474-478.

ZIEGLER, Jean, « Nerval à la Bibliothèque nationale », Gérard de Nerval et la Bibliothèque nationale, Namur, Presses Universitaires de Namur, Études nervaliennes et romantiques, nº 4, 1982, p. 11-18.

ZIMMERMAN, Martin, *Nerval lecteur de Heine. Essai de sémiotique comparative*, Paris-Montréal, L'Harmattan, 1999.

ZINK, Michel, *Le Moyen Âge et ses chansons. Ou un passé en trompe-l'œil*, Paris, Éditions de Fallois, 1996, [« "La fée des légendes éternellement jeune". Chansons populaires, vieilles chansons. De Marot à Nerval, p. 73-90 »].

OUVRAGES COLLECTIFS OU NUMÉROS SPÉCIAUX CONSACRÉS À NERVAL

Cahiers de l'Herne. Gérard de Nerval, Éditions de l'Herne, 1980.

Le Rêve et la vie. Aurélia, Sylvie, Les Chimères de Gérard de Nerval, actes du colloque du 19 janvier 1986, Paris, SEDES, 1986.

L'Imaginaire nervalien. L'espace de l'Italie, textes recueillis et présentés par Monique Streiff Moretti, Naples, Edizioni Scientifiche Italiane, 1988.

Nerval. Une poétique du rêve, actes du colloque de Bâle, des 10, 11 et 12 novembre 1986, organisé par Jacques Huré, Joseph Jurt et Robert Kopp, Paris, Honoré Champion, 1989.

Gérard de Nerval, actes du colloque de la Sorbonne du 15 novembre 1997, éd. André Guyaux, Paris, Presses de l'Université de Paris-Sorbonne, 1997.

Gérard de Nerval, Les Filles du Feu, Aurélia, « Soleil noir », textes réunis par José-Luis Diaz, actes du colloque d'agrégation des 28 et 29 novembre 1997, Paris, SEDES, 1997.

Médaillons nervaliens. Onze études à la mémoire du Père Jean Guillaume, sous la direction de Hisashi Mizuno, Saint-Genouph, Nizet, 2003.

« Clartés d'Orient », Nerval ailleurs, sous la direction de Jean-Nicolas Illouz et Claude Mouchard, Paris, Éditions Laurence Teper, 2004.

Quinze études sur Nerval et le romantisme, en hommage à Jacques Bony, sous la direction de Hisashi Mizuno et Jérôme Thélot, Paris, Éditions Kimé, 2005.

Revue d'histoire littéraire de la France, 2005, nº 4.

Plaisance, rixista di letteratura francese moderna e contemporanea, nº 7, « Gérard de Nerval et la mort », éd. Jacques Bony, 2006.

Europe, n° 935, « Gérard de Nerval », mars 2007.

Gérard de Nerval et l'esthétique de la modernité, sous la direction de Jacques Bony, Gabrielle Chamarat-Malandain et Hisashi Mizuno, Paris, Hermann, 2010.

Littérature, n° 158, « Nerval », Textes réunis et présentés par Jean-Nicolas Illouz, juin 2010.

Baudelaire et Nerval : poétiques comparées, Études réunies par Patrick Labarthe et Dagmar Wieser, avec la collaboration de Jean-Paul Avice, Paris, Honoré Champion, 2015.

Gautier et Nerval : collaborations, solidarités, différences, Textes réunis par Anne Geisler-Szmulewicz et Sarga Moussa, *Bulletin de la société Théophile Gautier*, année 2006, n° 38.

Nerval et l'Autre, sous la direction de Corinne Bayle, Paris, Classiques Garnier, 2017.

Nerval : histoire et politique, Textes réunis et présentés par Gabrielle Chamarat, Jean-Nicolas Illouz, Mireille Labouret, Bertrand Marchal, Henri Scepi, Gisèle Séginger, Paris, Classiques Garnier, 2018.

Revue Nerval, n° 1, 2017, Textes réunis et présentés par Jean-Nicolas Illouz et Henri Scepi, Paris, Classiques Garnier, 2017.

Revue Nerval, n° 2, 2018, Textes réunis et présentés par Jean-Nicolas Illouz et Henri Scepi, Paris, Classiques Garnier, 2018.

INDEX DES NOMS DE PERSONNES ET DE PERSONNAGES

TABLE DES MATIÈRES

LES NUITS D'OCTOBRE

PARIS, – PANTIN – ET MEAUX

CONTES ET FACÉTIES

ANNEXES